الخدمة الاجتماعية الطبية

العمل الاجتماعي من أجل صحة الإنسان

الدكتور فيصل محمود غرايبه

قسم العلوم الاجتماعية

كلية الآداب – جامعة البحرين

الطبعة الأولى

2008

دار وائل للنشر

رقم الايداع لدى دائرة المكتبة الوطنية : (2007/7/2255)
غرايبه ، فيصل
الخدمة الاجتماعية الطبية: العمل الاجتماعي من اجل صحة الانسان/ فيصل محمود غرايبه. - عمان ، دار وائل ، 2007 .
(263) ص
ر.إ. : (2007/7/2255)
الواصفات: الخدمات الاجتماعية / الخدمات الصحية / الطب
* تم إعداد بيانات الفهرسة والتصنيف الأولية من قبل دائرة المكتبة الوطنية

****

رقم التصنيف العشري / ديوي : 362.1
(ردمك) ISBN 978-9957-11-721-4

* الخدمة الاجتماعية الطبية
* الدكتور فيصل محمود غرايبه
* الطبعة الأولى 2008

* جميع الحقوق محفوظة للناشر

دار وائل للنشر والتوزيع
* الأردن - عمان - شارع الجمعية العلمية الملكية - مبنى الجامعة الاردنية الاستثماري رقم (2) الطابق الثاني
هاتف : 00962-6-5338410 - فاكس : 00962-6-5331661 - ص. ب (1615 - الجبيهة)
* الأردن - عمان - وسط البلد - مجمع الفحيص التجاري- هاتف: 00962-6-4627627
www.darwael.com
E-Mail: Wael@Darwael.Com

فهرس الكتاب

المقدمة

اهتم الإنسان بالمرض، من حيث محاولته للكشف عن أسبابه وكيفية حدوثه و انتشاره، بدافع من كرهه للمرض وعدم الرغبة بالإصابة به بطبيعة الحال،لأن المرض يوقع عليه الألم، ويضعف جسمه ويعيقه عن الحركة من أجل الأكل أو التنفس أو التكلم أو المشي أو حتى النوم،كما أن المرض يعيقه عن تلبية حاجاته بصورة طبيعية،وعن ممارسة أدواره في الحياة بصورة اعتيادية.

وتأخذ عوامل المرض طابعاً اجتماعيا رغم أنها عوامل مادية ذات أصل حيوي بيولوجي،عدا عن أنها تمتد في أبعادها النفسية والاجتماعية، لا تمس الإنسان في كينونته البيولوجية الأحادية فحسب، و إنما تتعدى ذلك إلى حياته الاجتماعية ومزاجه الوجداني.

يتجلى الأمر بهذه الصورة كذلك في آثار المرض وانعكاساته على الإنسان المريض، فإنها تتجاوز طابعها الجسمي البنائي والوظيفي إلى طابعها الاجتماعي ببعديه البنائي والوظيفي، فقد يصاب الإنسان بمرض ما ويحدث تلفاً أو ورماً أو التهاباً في أحد أعضاء جسمه، يصاحبه تعطلاً لهذا العضو عن أداء وظيفته الطبيعية التي كان يقوم بها تجاه جسم الإنسان المصاب أو يلحق عجزاً جزئياً أو كسلاً ظاهراً عن هذا الأداء ،إلا أن الأمر لا يقف عند هذا الحد،إذ ما تلبث الحالة المرضية أن تعكس مزاجاً حزيناً أو غاضباً لدى صاحبها، أثرت على علاقته بالآخرين وعلى اندماجه في محيطه وعلى حجم عطائه وعلى انتظامه بعمله وعلى وفائه بالتزاماته، حتى اذا اشتدت الآثار والانعكاسات في الحالة المرضية،فإنها تكون قد أدت إلى انقطاع عن الآخرين بمختلف وسائط الحس،وانفصل المريض عن محيطه تماماً بجميع وسائل الاتصال

فضلاً عـن توقفـه عـن العمـل والإنتـاج والعطاء،ويـدخل المـريض نفسـه وأسرتـه والفريق الطبي الذي يشرف على علاجه في حالة المرض والتماثل إلى الشفاء، وللحـد من الآلام.

إن التخلص من المرض والحد من الآلام والتماثل إلى الشفاء يركز على جسم المريض نفسه،وتبدأ باستشارة الطبيب لتشخيص الداء ووصف الـدواء، ومـا يتعلـق بها مـن فحوصـات وتصـويرات وتحليلات ، وتمتـد إلى ضبط عملية تنـاول الـدواء والغذاء ومـا يتبعهـا مـن إجـراءات تـداري الجسـد وتدربـه وتمـده بـالعزم والقـوة للتغلب على المرض ،الا أن المعالجة لا تقتصر على تلك الخطوات ،وهي تثبت عـدم قدرتها على تخليص المصاب من المرض، إذ علمت الناس التجربة والواقـع أنـه لابـد من استنفار المحيط واستثارة المجتمع لتحقيق التماثل إلى الشفاء.

أن هذا يعني أن المريض لـيس حالـة يقتصر التعامـل معهـا عـلى الطبيـب وفريقه المساعد مـن أطبـاء مسـاعدين وممرضـات وممرضـين وصـيادلة ومصـوري أشعة وقائمين بالعلاج الطبي، ولا يتحدد التعامل معهـا في العيـادات والمستوصـفات والمستشفيات، ولا ينحصر العلاج فيها بالأدوية والعقاقير ومـا شـابه، إذ أن المـريض يعني حالة اجتماعية ،تتصل بعواملها وآثارها وتأثيراتها والتعامـل معهـا ومعالجتهـا بمختلف الوسائل الاجتماعية ومن مختلف الأطراف الإنسانية وفي مختلـف جوانـب البيئة الاجتماعية.

أننا تلمس من خلال ما ينجز من دراسات وما يمر به الإنسان مـن تجـارب وخبرات، أن التغير الاجتماعي الذي تشهده المجتمعات المعاصرة، يشكل عاملاً بارزاً في نشوء أمراض العصر، والتـي نلحـظ انتشـارها الكبـير ،والسرطان والسـكري أكـبر مثالين لهـا،كما أنهـا تلحـق بآثارهـا عمـر الإنسـان نفسـه،إذ تتكـاثر حـالات الوفـاة بأمراض العصر ومن أبرزها السرطان والأزمات القلبيـة،والتي حلـت محـل الأمـراض المعدية كالكوليرا والتيفوئيـد والملاريـا،التي كانـت عوامـل تـؤدي إلى اعـتلال صـحة الإنسان وتهدد حياته في عصر سابق،وقل الشيء نفسـه بالنسـبة للطـاعون في عصر أسبق.

إن ظاهرة التغير الاجتماعي التي تسود المجتمعات الإنسانية دائماً ولكن بسبب تفاوته زماناً ومكاناً،بدأت هذه الظاهرة بالتسارع والانتشار تتخطى الحدود السياسية والثقافية،بعد أن أصبح العالم اليوم لا ينحصر بحدود تقيد حركة الناس بين أجزائه، أو تقيد أفكارهم و أنماط أنتاجهم وطرائق عيشهم ،والأعراف والأصقاع،تتفاعل وتقتبس وتكاد أن تتشابه،وهي قد تأثرت إلى حد كبير أن لم نقل إنها انخرطت بالنمط الغربي للحياة ،واعني نمط الحياة في أوروبا وأمريكا الشمالية تحديداً.

هذا الوضع الحياتي العالمي الذي فرضته عوامل التغيير الاجتماعي تحت مسمى التحديث، أضاف عوامل أخرى في تكوين الوضع الصحي للمجتمع الواحد عموماً وللفرد الأسرة في هذا المجتمع خصوصاً، أخذت صورة مواصفات وجبات الأكل المتناول وتوقيت تناولها، أو صورة طبيعة سلوك الفرد من حيث الجلوس والانتقال والحركة، والتي قللت إلى حد كبير من فرص تناول الأكل الصحي والنظام الغذائي المناسب واللياقة البدنية السليمة،إضافة إلى هموم الحياة وتدبير شؤون العيش وتكاليفه والسعي لبناء المستقبل لرب الأسرة نفسه ولأعضاء الأسرة معه،وما يستتبع ذلك من أزمات نفسية وانشغالات ذهنية تنجر عليها أوضاع صحية جسمية/نفسية ،وربما ذهنية أيضاً تسير بصاحبها نحو الاعتلال حتى التدهور ويتهدده الموت في كثير من الحالات. كما أنه بالمقابل، لم تسلم حياة مجتمعات الوفرة والعائلات الميسورة فيها في ظل هذه التغيرات الاجتماعية الاقتصادية المعاصرة من مهددات الصحة وعوامل اعتلالها وتدهورها، بشكل مختلف ووتيرة مغايرة، تجلت في الميل إلى الراحة وحب القعود واستخدام الأجهزة، التي تعطل فرص الحركة والنشاط البدني المطلوب خلال حياة اليوم الواحد،واستتبعت بالسمنة والخمول والاعتماد على الخدم والممرضات والمربيات والسكرتيرات ومدبرات البيوت.

ولكن ما حدث على النحو الذي أشرنا إليه آنفاً لا يقلل من شأن الغذاء وأهمية التغذية بالنسبة للإنسان ،ولا يلغي الدعوة إلى إتباع الأسس السليمة في التغذية مثل توخي الغذاء المتوازن المتكامل وتحديد نوعيته وكميته وطريقة إعداده،كما أن ذلك لا يغني عن الإشارة إلى عوامل أخرى لا بل إلى مقومات أخرى للوضع السليم على المستوى الفردي والأسري والمجتمعي، والتي يمكن أن ندرج فيها: شروط السكن المناسب إضاءة وتهوية وصرفاً صحياً،واختيار الملابس الملائمة للراحة البدنية المتوافقة مع المناخ ومع الثقافة السائدة ،والعلاقة القائمة على التجارب والثقة بين الأجهزة الطبية والصحة من جهة والإنسان فرداً وأسرة من جهة أخرى ،إلى جانب ما تطالب به الدولة من مد مظلة للتأمين الصحي ونشرـ المرافق الصحية وتوفير الشروط الصحية العامة لمختلف فئات المواطنين في مختلف أنحاء البلاد،لا ننس في هذا السياق الإشارة إلى ضرورة دعم الأسرة متدنية الدخل بما يمكنها من توفير الغذاء والدواء والرجوع إلى الأطباء في ظل شبكة الحماية الاجتماعية في المجتمع.

ولعل ما يستكمل الحديث لإرساء قاعدة الصحة للجميع في مجتمع يقاوم المرض ويقي أبناءه إلى حد بعيد من أخطاره وتهديداته، هو إرساء ثقافة الاهتمام بالصحة سواء على المستوى الشخصي أو على المستوى العام،فإنه كثيراً ما يسود اعتقاد بين الناس أنهم في غنى عن مراجعة الطبيب وعن تناول الدواء، وعن أخذ الحيطة بالنسبة لمضار الغذاء، وعن الحرص على النظافة في اليدين والبدن والملبس والمسكن، والاهتمام بالمحافظة على نظافة البيئة ونقائها بأرضها وهوائها ومائها،ومنهم الكثيرون الذين يتعاملون في هذه المواقف والأحوال بشيءـ من التحدي، عدا عن تشكيك بقدرات الأطباء والأجهزة الطبية والصحية على علاج المريض أو الوقاية العامة، إضافة إلى أن طائفة من الناس تستبدل ذلك بالاجتهاد الشخصيـ أو بالتطبيب الشعبي أو الاعتماد على أدعياء المعالجة من السحرة والمشعوذين.

لا يغرب عن بالنا هنا ما يلجأ إليه الكثيرون ممن أسلمتهم صعوبات العيش وأزمات الحياة إلى المرض أو إلى مسببات المرض، ولعل أبرزها تعاطي المخدرات والإدمان عليها،وتناول المشروبات والمسكرات والتدخين،التي يلجأ هؤلاء إليها لتساعدهم على نسيان الأزمة وتجاوز الصعوبة ،ولا تكون إلا في مدى إيهام الذات بأنها خلو من صعوبات وبعيدة عن أزمات ، يتشابه مع هذه الحالة ولو في قالب آخر ذاك اللجوء إلى الحيل الدفاعية والوقوع نتيجة ذلك في صراع بين الواقع والخيال ، وبين الشعور واللاشعور،وبين الإدراك والتجاهل والإهمال، وما يستتبع ذلك من اعتلال في الصحة بأوجهها النفسية والعقلية ،وحتى الجسمية،والتي تظهر على أصحابها بعدة أوجه من الألم والتذمر والشكوى.

وانطلاقاً من فلسفتها الإنسانية ومبادئها في التعامل الرشيد مع الإنسان، وجدت مهنة الخدمة الاجتماعية أن من مسؤولياتها المجتمعية ،ومن أجل تحقيق أهدافها تجاه الناس أن تتدخل مهنياً في القطاع الصحي الطبي ، وأن تكون الشريك الفاعل في الفريق الطبي المعالج،هذا التدخل الذي لمست القيادات الطبية في القطاع الصحي أنه أمر ضروري ،وهذا التشارك الذي رحبت به تلك القيادات المهتمة بصحة الإنسان اعترافاً بتكالب العوامل الشخصية الإنسانية جسمانياً ونفسياً وعقلياً واجتماعياً ، وأن الإنسان ابن بيئته ووارث ثقافة مجتمعه، وأن الوقاية لا يمكن أن تتم إلا في ظل وعي كامل وشامل وتكاتف للجهود الرسمية والأهلية، كما العلاج الذي لا يمكن أن يكون ناجحاً إذا لم يطال مختلف الجوانب ويحيط بالظروف.

وهكذا دخلت الخدمة الاجتماعية الطبية،المؤسسة الطبية بمختلف أجنحتها ودخلت القطاع الصحي بتعدد أجهزته، لتكون الوسيط المثابر بين مصدر المرض والمصاب بالمرض ،والوسيط النشط بين مصدر الخدمات ومتلقي الخدمات، وتوجه هذه المثابرة وهذا النشاط وفقاً لإطار مهني يضمن التوصل إلى تحقيق التكيف وتحسين

الأداء وهذا هو ديدن مهنة الخدمة الاجتماعية في مختلف مجالاتها وعلى تعدد طرائقها وأساليبها.

لذلك، فقد عمدت إلى تأليف هذا الكتاب بغية الإحاطة بهذا المجال الحيوي الذي بدأ يزدهر في مختلف أنحاء العالم، ولأضعه بين يدي العاملين فيه في الدول العربية، أو طلبة الخدمة الاجتماعية الذين يؤمل أن ينخرط عدد منهم في وظائف مهنية اجتماعية في القطاع نفسه في إنحاء شتى من الوطن العربي، الذي يؤمل منه أن يفسح المجال واسعاً لأمثال هؤلاء ليساهموا في الجهدين الوقائي والعلاجي لمقاومة المرض ومعالجة المريض وتوفير أجواء صحية سليمة لأداء الإنسان العربي في مختلف المواقع الإنتاجية وتوفير الأجواء الأسرية والبيئية الصحية للجيل العربي الجديد، ليذلل الكثير من الصعوبات التي تعترض وصوله إلى الغد الأفضل وليزيل العديد من العقبات التي قد تواجهه في بناء مستقبله.

أملا أن يجد المهتمون في الكتاب ما يزيد من المعرفة وما يغذي الخبرة وينصر الفكرة التي ينادي بها الاجتماعيون، وتتكاتف جهودهم مع من سواهم لإحرازها في مجتمع عربي صحيح معافى يتمتع بالنقاء والاستقامة والنظافة، وداعياً الله عز وجل أن يوفق أصحاب الجهود المخلصة لبناء هذا المجتمع المأمول في المستقبل المنظور، والله المستعان.

د. فيصل غرايبه

1

الفصل الأول
البعد الاجتماعي للحالة المرضية

1-الرعاية الاجتماعية في المجال الطبي

كان مصدر الرعاية الطبية في القرن الماضي الطبيب وحده، ولكن لم يلبث الطبيب أن أحس أن خطة العلاج تحتاج إلى جهود من لون آخر غير وجود الطبيب ، إذ أنه لنجاح هذه الخطة ، يجب السيطرة على البيئة أحيانا،وعلى أعمال المريض أحياناً أخرى، كما يتحتم في بعض الحالات معرفة مصدر المرض، لوقف انتشاره بين الأفراد ،ومعرفة حالة المريض المعيشية لكي يدخل فيها عناصر التغير بما يتماشى مع احتياجات المريض الفردية. وفي أوائل القرن العشرين وجد أن الشخص المهني المؤهل لهذا العمل هو الأخصائي الاجتماعي الذي دخل إلى ذلك الميدان عام 1905 ،وكان المستشفى الذي فتح أبوابه للأخصائي الاجتماعي ذلك العام هو مستشفى ماساشوستس العام ببوسطن وتبعه بعد قليل مستشفى بلتيمور بنيويورك.

ومما زاد من أهمية الرعاية الاجتماعية في المؤسسات الطبية في العصر الحالي قوة الإيمان بالفكرة الحديثة عن العلاج الطبي، وهو ضرورة توفير العلاج لكل ذي حاجة إليه، دون قصره على القادر على الدفع، كما أن الوسائل التشخيصية والعلاجية التي تستجد من آن لآخر وتتطلب أنواعا من المجهودات لمساعدة المريض وأسرته في تنمية قدرتها على مواجهة الظروف الصحية والتلاؤم معها، زادت من ذاك الاهتمام.

وليس تطور علوم الطب والفلسفة التي تسند إليها الرعاية الطبية هما العاملان الوحيدان اللذين بعثا الاهتمام بضرورة إدخال الرعاية الاجتماعية إلى الميدان الطبي ، بل ساهم الطب النفسي والتحليل النفسي مساهمة فعالة في بيان ضرورة الاهتمام بالرعاية الاجتماعية للمرضى كمجهود هام مكمل المجهودات العلاجية الطبية، وذلك بعد أن كشفت الأبحاث ضرورته في إثمار العلاج.

إن لقيام هـذا النـوع مـن الاهـتمام بالرعايـة الاجتماعيـة للمـرضى عوامـل ممهدة أهمها :

1- ظاهرة التعاطف والعطف على المرضى:

هذه الظاهرة القائمة منذ القدم في المجتمع الإنسـاني، باعتبـار أن المـريض إنسان يتطلع إلى الرعاية والعطف والمساعدة، فكـان وجـود هـذه الظـاهرة نقطـة انطلاق تطورت مـن خلالهـا الرعايـة الاجتماعيـة، وخاصـة بعـد مـا وصـلت إليـه الإنسانية من تعقد في علاقاتها وتعقد الإجراءات الطبية، فضلاً عـن مظـاهر العزلـة والفرقة التي وصـلت إليهـا الأسرة ،وخاصـة في المجتمعـات المتقدمـة التـي أفقدهـا التقدم الصناعي والحياة المدنية الصاخبة تكامل الأسرة ووحدتها كـما كانـت مـن قبل.

2- نظام سيدة الإحسان:

في أواخر القرن الماضي ظهرت في انجلـترا لأول مره الحاجـة إلى تعيـين سيدة بالمستشفى الملكي المجاني بلندن تقوم بالتأكد من أحقية المرضى للعلاج المجاني بعد أن تكررت الشكوى من ارتياد القادرين لهذه المستشفى وحصولهم عـلى الخدمات الطبية بالمجان في الوقت الذي يحرم فيه المحتاجون من هذه الخدمات، ولما كانـت هذه الشكوى مقدمة من أصحاب النفوذ في المجتمع خاصة فئات أصحاب الأعـمال من دافعي الضرائب، فقد اهتمت بها جمعية تنظيم الإحسان، وعينت لأول مرة في هذه المستشفى سيدة مدربة لبحث حالة المريض وعن أفضل وسيلة لعلاجه.

3- حركة تنظيم الإحسان:

كانت هذه الحركة قد انتشرت في انجلـترا والولايات المتحـدة ابـان القـرن الثامن عشر ـكمحاولة لتنظيم الإحسان،والحد مـن ازديـاد موجـات التسـول،التي انتشرت في المدن الانجليزية والأمريكية في أعقـاب قـانون الفقـر، و مهـدت لظهـور الحاجة إلى رعاية المرضى اجتماعياً.

فقد كشف أبحاث جمعيات تنظيم الإحسان على أن المرض وعدم توفر فرص العلاج للفقراء هي الأسباب التي تدعوهم إلى العودة إلى التسول وكذلك عدم تقديم الهيئات إليهم، ومن أهم التقارير التي نشرت في هذا الشأن تقرير كلارك ، الذي عين رئيساً للجنة المشكلة لبحث أسباب الفقر في المدن البريطانية ،والذي نادى فيه بضرورة توفير الرعاية الاجتماعية للمرضى،إلى جانب العلاج الطبي،لضمان نجاح العلاج الطبي ذاته، ومن ثم عدم العودة الى المرض أو العودة إلى التسول مرة ثانية.

4- ظهور الأفكار الأولى للطب السيكوسوماتي:

رغم أن الطب السيكوسوماتي لم يعرف إلا في أوائل القرن الحالي و خاصة في أعمال العالم والطبيب النمساوي سيجمون فرويد الذي كشف عن العلاقة بين الجسم والنفس أو بين الأمراض الجسمية والظروف الشخصية والنفسية للمرض، إلا أن القرن الماضي شهد الكثير من النظريات والآراء وأن لم تصل بعد إلى حد اليقين العلمي، والتي نادت بضرورة وجود هذه العلاقة وحتمية تأثير الحالة الصحية للمريض لظروفه الاجتماعية والشخصية، ففي انجلترا نادى شارلز لوك بضرورة العناية اجتماعيا بالمريض وبيئته الاجتماعية ومتابعة ظروفه الخاصة بعد الشفاء ،حتى يعود إلى عمله أو بيئته بصورة تضمن له الاستقرار النفسي والاستجابة الكاملة للشفاء التام.

5- نظام الممرضة الزائرة:

كان انتشار نظام الممرضة الزائرة في بعض المستشفيات الأمريكية في أواخر القرن الماضي لمعاينة المرضى في منازلهم بعد خروجهم من المستشفى من العوامل التي كشفت عن الحاجة إلى الجهود الاجتماعية الطبية في حقل الطب والتمريض. فقد اضطرت الممرضة الزائرة خلال الكثير من زياراتها للمرضى إلى القيام بخدمات اجتماعية للمرضى خارج نطاق المهمة الأساسية، حيث تستدعي ظروف المرضى

سرعة القيام بهذه الخدمات ،كان تدخل الممرضة الزائرة في مشكلات المريض العائلية والشخصية والمنزلية ومحاولة التخفيف عن المرض بشتى الوسائل من العوامل التي دعت إلى ضرورة تحديد مهمة الممرضة الزائرة ،وفي نفس الوقت نبهت الأذهان إلى حاجة المرضى إلى من يرعى شئونهم الاجتماعية إلى جانب العلاج الطبي، وأن كثيراً من المرضى لا يمكنهم الاستجابة إلى الإجراءات العلاجية لهم قبل تقديم خدمات اجتماعية ونفسية معينة .

أدت هذه الاتجاهات والأفكار المستحدثة إلى قيام كليات الطب في ما بعد بتدريب طلابها على الخدمات الاجتماعية وأهمية مراعاة الظروف النفسية للمريض. وكانت المستشفى جون هوبكنز بولاية ماريلاند الأمريكية أول المستشفيات التي قامت بهذا العمل . ولاشك أن هذه الجهود قد أسهمت في تهيئة الأذهان لقبول فكرة الرعاية الاجتماعية بالمرضى بصفة عامة.

2-الطابع الاجتماعي للخدمات الطبية

منذ العقد السابع من هذا القرن ، بدأ الاهتمام بعلم الاجتماع الطبي بتزايد وينضج كمجال جديد من مجالات بحوث العلوم السلوكية، ومع ذلك فلا يزال هذا المجال الجديد يتميز بعدد من الاهتمامات والمداخل ووجهات النظر.وقد أصبح العلم في السنوات العشر الأخيرة أكثر اختلافاً عن ذي قبل ، بفعل الحاجة المتزايدة إليه وزيادة اهتمام المجتمع بمشكلات الرعاية الصحية ، وأسلوب أدائها ، والسياسة الصحية. أضف إلى ذلك أن تقدم المعرفة الطبية، وتكنولوجيا الطب،وتزايد مسئولية الدولة عن الرعاية الصحية، وتحمل تكاليفها المرتفعة، يثير اهتمام البلدان المتقدمة والمتخلفة على السواء، بكيفية التنظيم الأمثل للقوى البشرية والمصادر الصحية المحدودة في المجتمع.

علم الاجتماع الطبي ومجالات اهتمامه

يمثل علم الاجتماع الطبي مجالا للتداخل العلمي والاعتماد المتبادل بين علوم متعددة، ولا يستفيد هذا العلم الجديد من جهود ودراسات علماء النفس والاجتماع وعلماء النفس الاجتماعي فقط، بل يستفيد أيضا من جهود الباحثين في مجال الطب والصحة العامة وعلماء الأوبئة واقتصاديات الصحة والأطباء المهتمين ببحث ودراسة الأدوار التي يؤدونها، ويقدم علم الاجتماع وعلم النفس الاجتماعي وجهات نظر، ومفاهيم ومصطلحات متقدمة تسمح بتراكم للمعرفة، وتحديد دقيق لبؤرة البحث، وتقديم أولويات المستقبل في علم الاجتماع الطبي.

وعلى هذا فإن علم الاجتماع الطبي يمثل مجالاً مشتركاً بين الطب وعلم الاجتماع، ويمثل من ناحية أخرى مجالا للبحث التطبيقي. وقد كان للتعاون المشترك بين الأطباء وعلماء الاجتماع دوراً في انتهاج مدخل لمشروعاتهم التي كانت تطابق أغراضهم وتخضع لتخطيطاتهم.لذا عرف علم الاجتماع الطبي بأنه : مجموعة الجهود الرامية إلى تطوير الأفكار السوسيولوجية في داخل سياقات الأنساق الطبية، وإلى دراسة القضايا التطبيقية الهامة فيما يتصل بعمليات المرض ورعاية المريض [1].

وإذا كان الطب يهتم بقضايا الصحة والمرض، وعلم الاجتماع يدرس البناء الاجتماعي، فإن علم الاجتماع الطبي بذلك يمثل حلقة الوصل بين العلمين، الاجتماع والطب. بمعنى أنه يدرس قضايا الصحة والمرض في ضوء علاقتهما بالنظم الاجتماعية والاقتصادية والسياسية [2]، بحيث يعرف علم الاجتماع الطبي بالدراسة السوسيولوجية لقضايا الصحة والمرض ، والتعامل مع المستشفى كنسق اجتماعي وثقافي ، وفحص

---

[1] عطية ، عبد الحميد : الخدمة الاجتماعية ومجالاتها التطبيقية، المكتب الجامعي الحديث ، الإسكندرية 1998م ص 23
[2] الدج، هـ كارولين ، تأهيل المرضى، دار الفكر العربي، القاهرة 1995م،ص 47.

علاقة المريض بالقوى العاملة الطبية وبالمؤسسات العلاجية كما يحددها البناء الاجتماعي والوضع الطبي.

و بالاطلاع على موضوعات علم الاجتماع الطبي نجد أنه يدرس العوامل الاجتماعية والخدمات الصحية ،والتنظيم الاجتماعي للمستشفى، وأساليب الاتصال، والالتحاق بالعمل الطبي والدافعية، والتعليم الطبي وما يرتبط بها من موضوعات و اهتمامات..

الانثروبولوجيا الطبية:

يعتقد علماء الانثروبولوجيا أن ممارسات المجتمعات الإنسانية تجاه المرض ترتبط بثقافة المجتمع، حيث يستجيب لها استجابة ثقافية،فمن المجتمعات من أرجع هذا الشفاء إلى قوى غير طبيعية وأن المرض عقوبة إلهية أو تأثير سحري،ومنها ما يرجعه إلى النمط الثقافي الذي نشأ المريض فيه وتربى، ولهذا السبب يختلف تعريف المريض والاستجابة له بعين الثقافات.

لذلك اهتمت الانثروبولوجيا الطبية بفهم الصحة في إطار المعتقدات الطبية والصحية السائدة في الثقافة، والتفاعل بين الصحة والثقافة، وتحليل الممارسات الطبية الحديثة التي تحتاج إلى تصورات اثنوغرافية يقدمها الانثروبولوجيون، وكذلك وضع تصورات علاجية تساعد في التخطيط الصحي في المجتمع ،وإلى تقديم الخدمات الطبية والصحية.

تتطرق الانثروبولوجيا الطبية إلى أربع مجالات هي: الانثروبولوجيا وعلم الأوبئة، الطب الشعبي،المظاهر الطبية للإنسان ، والطب والتغير الاجتماعي، وهي ترتبط بشكل مباشر بنتائج العلوم الطبية ومناهجها في البيولوجيا والكيمياء الحيوية

والجينات والطفيليات والباثولوجيا والتغذية والأوبئة، وبشـكل مكنهـا مـن تقـديم العلاج والرؤى لقضايا طبية،جعل منها انثربولوجيا تطبيقية [1].

3- المشكلات المصاحبة للإصابة بالمرض

تلقي الحالة المرضية على صاحبها انعكاسات سالبة، تتطور إلى مشكلات قد تشتد أو تتواصل تبعـا لتـداعيات المـرض الجسـمية، و تمتـد إلى أجـواء الأسرة وفقـا لظروف الأسرة و تقبلها لتلك الحالة و تداعياتها، كما أن ظواهر سالبة قد تسود إلى المجتمع عند انتشار الحالة المرضية و اتساع أضرارها داخل المجتمع.هذا مما سنعرضه ضمن أربعة أصناف من المشكلات فيما يلي:

أولاً: المشكلات الاقتصادية:

يؤثر المرض وخاصة إذا تضمن جراحـة، وإذا كانـت فـترة العـلاج طويلـة في ميزانية الأسرة، ويتزايد أثره في حالة عدم وجود مدخرات لديها،إذ أن ميزانية الأسرة لا تحتمل تكاليف العلاج.أما إذا كـان المـريض العائـل الوحيد لأسرته فإن دخولـه المستشفى سيتسبب في انقطاع الدخل من عمله ،مما يضطر أسرته إلى الاستدانة أو بيع الممتلكات أو خروج الأبناء من مدارسهم أو خروج الزوجـة إلى العمـل ، وقـد يضطر المريض إلى مغادرة المستشفى قبل إتمام العلاج ليعمل ويعول أسرته، وتسوء حالته نتيجة الإرهاق ونقص العلاج، و قد لا يتحمل المريض نفقات العلاج، مما قـد يجعله يضطر للاحتفاظ بمرضه، الذي قد يستعصى علاجه في ما بعـد، أو يحتـاج إلى فترة طويلة.

---

[1] أنظر: يعقوب يوسف الكندي: الثقافة والصحة والمرض،رؤية جديدة في الانثروبولوجيا المعاصرة،مجلس النشر العلمي،جامعة الكويت 2003.

قد تكون الحالة الاقتصادية سببا لعدم تنفيذ خطط العلاج،فقد يصف الطبيب نظاما معينا في تغذيته، فيصعب على المريض تنفيذه لارتفاع تكاليفه فتسوء حالته الصحية، أو يرى الطبيب أن الحالة تقتضي استراحة المريض مدة طويلة قبل العودة إلى العمل ،ولكن حاجة المريض الاقتصادية تدفعه إلى عدم تنفيذ هذه التعليمات فتنتكس حالته، أو قد ينصح الطبيب بتقليل عدد ساعات العمل، مما تعني لدى المريض نقصاً في دخله ،مما لا يستطيع به تغطية تكاليف المعيشة، وقد يشير الطبيب إلى تغيير نوع العمل بما يتناسب مع الحالة الصحية، ولكن عدم توافر فرص العمل مع ضغط الحالة الاقتصادية ،لا تساعد المريض على التغير المطلوب،وقد يوجه المريض لتغيير المسكن إذا كان سببا في الحالة المرضية ،وقد تحول الحالة الاقتصادية دون تنفيذ هذا التوجيه، فتسوء حالة المريض أو قد ينتقل المرض إلى غيره من أفراد الأسرة.

ثانياً: المشكلات الاجتماعية:

إن وجود المريض في المستشفى لفترة من الزمن قد يؤثر على باقي أفراد أسرته وعلى من يرعاهم في غيابه ، و ربما تضعف علاقتهم به، وإذا قلت زيارتهم له اعتبر ذلك نبذاً من الأسرة له، وقد يخشى أحد الزوجين في حالة وجوده بالمستشفى للعلاج على الطرف الآخر من وجود بمفرده، خاصة إذا كان الزوج هو الموجود بالمستشفى فإن الغيرة قد تستبد به، ويفضل الاحتفاظ بمرضه عن الغياب عن المنزل. وقد تنهار بعض الروابط الأسرية نتيجة للمرض، فقد يطلب أحد الزوجين الطلاق، إذا وجد أنه لا يستطيع الاستمرار في الحياة الزوجية بسبب مرض الطرف الآخر، مما يجعل الحياة الزوجية صعبة.

ربما يكون المرض سببا في تفكك العلاقات الأسرية وتهدمها، إذا كانت المعاملة للعضو المريض فيها نوع من الإهمال ،فتتأثر العلاقات فيما بعد بهذه المعاملة للعضو المريض بعد شفائه، أكثر حبا أو أكثر كرها لأحد أفراد الأسرة أو الأسرة

كلها، حسب الخبرة التي مر بها، وقد لا تمكنه المشاعر الجديدة من الاستمرار في الحياة الزوجية، أما إذا كان مرض أحد الزوجين ميئوس من شفائه أو نتج عن المرض عجز جنسي، وخاصة إذا كان الزوجين في بداية حياتهم الزوجية، فإنه يصعب الاستمرار في الحياة الزوجية، و ربما تصبح مستحيلة.

إن غياب الأب والأم عن المنزل بسبب المرض سيحد من كفاءته وقدرته على توجيه أفراد أسرته، الأمر الذي قد لا يتيح لهم فرص التنشئة الاجتماعية السليمة، وقد يدفع ذلك الأبناء بسبب شعورهم بالإهمال إلى البحث عن مصادر أخرى ينالون فيها الاهتمام، وقد تكون مصادر غير صحيحة أو غير مرغوبة.كما تتأثر علاقات المريض الاجتماعية ،إذا كان يعاني من مرض خطير معد كالدرن والأمراض المعدية، وقد يقطع بعض أصدقائه وأقاربه صلتهم به ،فيشعر المريض بأنه منبوذ منهم، وكثيراً ما يرفض المرضى أن يتغير أساس علاقتهم بالناس ،فبعد أن كان يتبادل الود والصداقة ،يصبح أساسها الإشفاق والمساعدة ويرفض دخول المستشفى مفضلا الاحتفاظ بالمرض على تغيير علاقته الاجتماعية وشعوره نحوها، كما يرفض بعض المرضى حياة المستشفى، عندما يشعر بالعزلة ،و هو لا يستطيع ممارسة أنشطته الاجتماعية وعلاقاته المختلفة.

ثالثاً: المشكلات النفسية :

تتمثل هذه المشكلات بالمخاوف والمشاعر السالبة، فمن المخاوف: الخوف من الموت نتيجة للمرض، وارتباط دخول المستشفى ببعض التجارب المؤلمة في حياة المريض،أو تكون هناك مخاوف لا شعورية بسبب تجارب مريرة كبتت في الصغر، كتخويف الأطفال بالأطباء والجراحة والبتر ...الخ،ويرفض البعض الآخر دخول المستشفى لأنها في نظرة خبرة جديدة مخيفة، لجهله بما تم داخلها من أمور ،فهو يخاف من الذين يقومون بالرعاية الطبية ،لأنه لم يألفهم من قبل فهم غرباء،ولا يدري

كيف ستكون معاملتهم، وكثيراً ما يخاف المرضى من المستشفيات، ويكرهون ما فيها من ممرات طويلة وسكون ورائحة أدوية ومطهرات ومنظر الآلات الغريبة.

قد يربط الخوف بالعلاج الطبي المجاني حيث قد يعني ذلك للمريض عدم جدوى هذا العلاج، بالإضافة إلى الإهمال الذي يشيع عن العلاج، أو التخوف من ردة الفعل الناتج عن أخبار زوجته بحقيقة مرضه، أو خوفه من نقل العدوى إلى شخص في أسرته، وإحساسه بأن هذا يهدد صحتهم، مما يسبب صعوبات كبيرة. كما أن هناك مخاوف كبيرة مرتبطة بالتخدير، نظراً لارتباط التخدير بالموت، إذ قد يتوهم المريض أنه لن يعود للحياة مرة أخرى، وستكون النهاية بالنسبة له، كما أن بعض المرضى يخشى أن يفضي ببعض أسراره وهو تحت تأثير المخدر.

يخاف المريض من الجراحة لأنها قد ينتج عنها تشوهات مزمنة أو عاهات أو عجز دائم، وهذا يسبب له الشعور بأنه سيكون مختلفاً عن غيره من الناس، وخاصة إذا استلزمت الجراحة استخدام جهاز تعويض، قد يثير في الفرد بعض المشاعر، نتيجة الصعوبات التي يواجهها المريض من استخدام الجهاز، بالإضافة إلى معناه بالنسبة لأسرته ولمجتمعه، ويدور في أذهان كثير من المرضى أفكار وأوهام بالنسبة لحجرة العمليات، وما يجري داخلها حيث تتوارد أفكار عن نقلهم إلى حجرة العمليات كنقل الموتى، بالإضافة إلى الأجهزة والمعدات الخاصة بالجراحة، وكذا صورة الأطباء وهم يرتدون الأقنعة والملابس الخاصة بحجرة العمليات، والتي تثير مخاوف متعددة. وتثير الجراحة بعض المخاوف التي تتعلق بفكرة الدم والنزف والأسلحة، وإذا كانت الجراحة ستجري في احد المستشفيات التعليمية فإن المريض تنتابه بعض المخاوف من انه سيكون حقلاً لتجارب وتعليم طلاب كليات الطب.

أما المشاعر، فمنها الشعور بالذنب ومنها الشعور بالنقص، إذ أن هناك ثلاث مظاهر للشعور بالذنب لدى المريض، فقد يشعر المريض بان المرض عقاب لخطيئة أو

لذنب ارتكبه، وعلى ذلك يستحق الجزاء والعقاب ،الذي يعانيه من متاعب المرض المختلفة ،كما أنه قد يشعر بأنه عبء ثقيل على من يقوم برعايته،وقد يتسبب المرض في انقطاع الدخل أو نقصه، نتيجة ارتفاع مستوى إنفاق الأسرة لشراء الأدوية وباقي متطلبات العلاج، ويحس بأن أفراد أسرته يضحون بالكثير بسبب مرضه،وشعور المريض أنه أصبح عبئاً على ميزانية الأسرة ،وفي حالة خروج أحد أفراد الأسرة للعمل وخاصة إذا كانت الزوجة، و قد يحتقر المريض نفسه لأنه تسبب في أوضاع لا يرضاها، وتثير فيه الضيق والشعور بالذنب.

يزداد اعتماد المريض على أسرته في الأمراض المزمنة، ويصبح فاقداً لإرادته، ويترك تدبير شأنه بمن يحيطون به، ويرهقهم بمتطلبات رعايته والسهر بجانبه، ونتيجة للمرض قد يضطر المريض للتخلص من مسؤولياته وعلاقاته بالآخرين، و هذه كلها أسباب تدعو المريض للشعور بالذنب، تجاه من يتسبب لهم في هذه المتاعب. قد يشعر المريض بأنه يمثل خطراً على الأفراد الذين يعيش ويتعامل معهم بسبب طبيعة مرضه إذا كان معدياً، خاصة أن مشاعر الذنب المرتبطة بالمرض المعدي شائعة،إذ تعتمد على إحساس المريض بأنه يشكل خطراً على غيره من الناس، لأنه يعتبر مصدر للعدوى، وخاصة في وسط من يحبهم من أهله وأسرته.

و تبدو مشاعر النقص في اضطرار الأسرة لطلب المساعدات المالية لمواجهة نفقاتها ونفقات الشخص المريض،فيشعر المريض بما سيصاحب طلب الإعانة المالية من الذل والعار،وما يؤدي إلى إحساسه بالنقص،وفي حالة ما نتج عن المريض من عاهة، فإن المريض يعاني من مشاكل نفسية،تدور كلها حول الشعور بالنقص بسبب العاهة أو العجز، وخاصة إذا كانت العاهة أو العجز يفرض عليه حدوداً معينة في نشاطاته وتحركاته وعلاقاته داخل المجتمع.

رابعاً: المشكلات السلوكية:

قد يترك المرض بعض الآثار السـلوكية، منهـا مـا هـو دائـم، ومنهـا مـا هـو مؤقت، فقد تكون الخبرات والتجارب أثرت في تركيب الشخصية أثنـاء المـرض عـلى صورة تشاؤم، أو تردد أو مخاوف،وربما تكون للحالة المرضـية بعـض الآثار المؤقتـة، كالاعتماد على الغير وسرعة الاستثارة أو شدة الحساسية ،أو الرجوع إلى بعض ألـوان السلوك الخاصة بالطفولة كالبكاء والتثبت بأشـياء تافهـة، ومـا إلى ذلك مـن ألـوان التصرف غير المألوفة في حياة المريض.

2

الفصل الثاني
التدخل الاجتماعي المهني تجاه المرض

1- الحاجة إلى التدخل الاجتماعي المهني

يؤدي المرض إلى تعطل أداء الأدوار الاجتماعية للإنسان وتعطل الأداء الوظيفي المفترض لهذا الإنسان في مرحلة مرضه،والذي كان ناتجاً عن عوامل عضوية-جسمية تمنع المريض من مواصلة أداء دوره في المجتمع بصورة اعتيادية.ويصاحب المرض العضوي - الجسمي للإنسان عادة مشكلات أو اختلالات نفسية،تبدو على هيئة مشاعر سلبية مختلفة كالخوف والشعور بالعجز أو الذنب أو النقص أو القلق، الذي يساور المريض إزاء إجراء عملية جراحية أو تناول علاج ذي آثار جانبية كبيرة ،وتزداد هذه المشاعر،لا بل المشكلات ،مع طول مدة المرض وعدم التمكن من الشفاء منه.

يحتاج المريض في هذه الحالة وفي هذه الفترة من يقف إلى جانبه،بصورة مهنية فنية ترفع من مستوى قدراته الذاتية على مواجهة الحالة،وان يتقبل المرض ،وأن يتجاوب مع العلاج وفقاً لمقتضيات الاستشفاء، وفي ضوء توجيهات الأطباء ونصائحهم، ومواصلة العمل المهني الفني مع المريض خارج إطار المعالجة الطبية إلى معالجة النواحي الاجتماعية والاقتصادية الخاصة به، لكي يعود المريض قادراً على أداء دوره الاجتماعي وعلى القيام بأداء وظيفته أو متطلبات عمله الإنتاجي،ليزيل بذلك الآثار الاجتماعية التي نشأت عن إصابته بالمرض.

وانسجاماً مع هذه المقتضيات التي يتطلبها مثل هذا العمل أو التدخل المهني مع فلسفة الخدمة الاجتماعية وأهدافها فقد تمكنت مهنة الخدمة الاجتماعية من أن تفتح لنفسها مجالاً وظيفياً واسعاً في المجال الصحي والطبي،لتعمل مع المستفيدين من خدمات المؤسسات الصحية والطبية من المرضى أو ممن لديهم شكوى من تأثيرات سالبة على صحتهم أو قواهم الجسمية والنفسية والعقلية،لتزداد إمكانية استفادتهم

من خدماتها،وليزداد بالتالي مدى الاستفادة من فرص تحسين الأداء الاجتماعي والقيام بالدور الوظيفي بعد الشفاء أو حتى أثناء فترة المعالجة،والتي يصاحبها عادة عوارض سوء التكيف الاجتماعي وازدياد التوتر الانفعالي.

ولا يقتصر دور الخدمة الاجتماعية على هذا الدور العلاجي الموجه نحو المرض،ولكنه يتعداه إلى دور وقائي يوجه نحو أعضاء المجتمع بشكل عام،لتسهم هذه المهنة في برنامج الوقاية من الأمراض والحد من انتشارها وبناء شبكة حماية للأفراد وللبيئة من تغلغل الأمراض والحد من تأثيرها على حياة المجتمع.

ويعود نشوء الخدمة الاجتماعية في المجال الطبي والصحي إلى نهايات القرن الثامن عشر ،عندما بدأت سيدات راغبات بالتطوع في خدمة المرضى ومساعدتهم على مواجهة مشكلاتهم المصاحبة للمعاناة من المرض وخاصة هؤلاء الذين يقضون فترات العلاج في المستشفيات على النحو الذي سبقت الإشارة إليه، كانت مثل هذه المبادرات مدعاة لمحاولة تأطيرها في إطار مهني علمي أكاديمي، بالاستفادة من انبثاق الخدمة الاجتماعية كمهنة تساعد الإنسان أفرادا وجماعات ومجتمعات ، على حل المشكلات ومواجهة صعوبات حياتية، وتحقيق تكيفه وتحسين أدائه في مختلف المجالات والمؤسسات الاجتماعية، وتركيزهم على دراسة المشكلات الاجتماعية والنفسية، وإلقاء الضوء عليها ضمن خطة العلاج،ومن ثم إنشاء مكاتب للخدمة الاجتماعية بعد نجاح المبادرة في عدة مستشفيات أمريكية بالتدريج،ونتيجة لذلك تشكلت الجمعية الأمريكية للأخصائيين الطبيين 1918م،لتعمل على تطوير المجال الصحي الطبي للخدمة الاجتماعية وممارستها في المؤسسات ذات العلاقة.

ومنذ بداية القرن التاسع عشر بدأ الاهتمام الأكاديمي في كليات الخدمة الاجتماعية بهذا الموضوع، كأحد المجالات التي يمكن للأخصائي الاجتماعي أن يمارس عمله فيها،وتشجع التخصص فيه في الدراسات العلمية على مستوى

الماجستير والدكتوراه،ويركز فيها على التأطير النظري والتدريب العملي على ما يتعلق بالمرض والمرض والصحة الشخصية والعامة،مثل:معرفة الخصائص والاحتياجات والتصرفات وأنماط السلوك والأحوال النفسية والاجتماعية للمرضى وأسرهم، والتعرف على القضايا القانونية والتشريعية الخاصة بالتأمين الصحي والضمان الاجتماعي والتأهيل المهني،وإدراك إمكانيات المساعدة وأطرها الإدارية والمالية والمهنية.

في إطار هذا الفهم للخدمة الاجتماعية الطبية وضع عدد من المؤلفين العرب في هذا المجال تعريفاً للخدمة الاجتماعية، نستعرضها على النحو التالي:

1. تعريف محمود حسن:

إن الخدمة الاجتماعية الطبية " العملية المهنية والجهود العلمية التي يقوم بها الأخصائي الاجتماعي ،لدراسة استجابات المريض نحو مشاكله المرضية، وتتضمن كل من خدمة الفرد،وخدمة الجماعة في بعض المواقف،وتقوم بوظيفتها في المستشفيات والعيادات وغيرها من المؤسسات الطبية لتوفر الفرص الملائمة التي تسمح للمريض بالاستفادة من الخدمات الطبية بصورة فعالة وتهتم الخدمة الاجتماعية بصفة خاصة بتقديم المساعدة في مشكلات التكيف الاجتماعي والمشكلات الانفعالية التي تؤثر في تطور المرض وسير العلاج،وتهدف إلى مساعدة المريض على الاستفادة الكاملة من العلاج ومساعدته هو وأسرته على التكيف مع البيئة الخارجية" [1].

2. تعريف أحمد الشبكشي:

إن الخدمة الاجتماعية الطبية " إحدى فروع الخدمة الاجتماعية بصفة عامة، مجال تخصصها العمل في المؤسسة الطبية،وأساسها العمل المشترك بين الطبيب

---

[1] محمود حسن: " مقدمة الخدمة الاجتماعية " دار النهضة العربية،ص 488،

وهيئة التمريض والأخصائي الاجتماعي،وتهدف إلى الوصول بالمريض إلى الاستفادة الكاملة من العلاج الطبي،والتكيف في البيئة الاجتماعية"[1].

3. تعريف إقبال بشير:

إن الخدمة الاجتماعية الطبية " إحدى مجالات الخدمة الاجتماعية ،تمارس في المؤسسات الطبية،لمساعدة المريض فرداً كان أو جماعة،باستغلال إمكانياته،وإمكانيات مجتمعه للتغلب على الصعوبات التي تعوق أداءه لوظيفته الاجتماعية،وذلك بالاستفادة من العلاج الطبي،ورفع الأداء الاجتماعي إلى أقصى حد ممكن "[2].

4. تعريف عطيات ناشد:

إن الخدمة الاجتماعية الطبية " مجال نوعي للخدمة الاجتماعية يساعد المريض فرد أو جماعة،طالما يواجه مشكلة على الاستفادة الكاملة من العلاج الطبي،أو الخدمات الطبية المتاحة،أو الإسهام الايجابي في العمليات العلاجية ذاتها،أو تمثل الجانب الهام من العلاج نفسه، فضلاً عن الخدمات الوقائية والإنشائية"[3].

5. تعريف إبراهيم عبد الهادي المليجي:

إن الخدمة الاجتماعية الطبية " تلك الجهود المهنية التي يبذلها الأخصائي الاجتماعي في المؤسسات الطبية ومع الهيئات الطبية المختلفة،بهدف إفادته القصوى من جهود الفريق الطبي،كي يتماثل للشفاء ،ويحقق أقصى أداء اجتماعي له في أسرع وقت ممكن "[4].

---

[1] أحمد حسن الشبكشي: " أسس الخدمة الاجتماعية الطبية " القاهرة ،مطبعة العلوم .ص 67،

[2] إقبال بشير وآخرون :" الخدمة الاجتماعية في المجال الطبي " الإسكندرية،المكتب الجامعي الحديث.1977،ص27.

[3] عطيات عبد الحميد ناشد وآخرون:" الرعاية الاجتماعية للمعوقين "،القاهرة،مكتبة الأنجلو المصرية،1969م،ص9.

[4] إبراهيم عبد الهادي المليجي :" الرعاية الطبية التأهيلية من منظور الخدمة الاجتماعية " الطبعة الأولى،الإسكندرية،المكتب الجامعية الحديث،1991م،ص34

6. تعريف محمد سلامة غباري:

إن الخدمة الاجتماعية الطبية " مجال هام من مجالات الخدمة الاجتماعية يهدف إلى مساعدة المؤسسات الطبية لتحقيق أهدافها ، ويمارسها أخصائيون اجتماعيون معدون بصورة علمية ليستفيد المريض أكبر استفادة ممكنة من الخدمات العلاجية،وبالتعاون مع الفريق الطبي،حتى يتم الشفاء ،ويعود المريض إلى التوافق مع البيئة، قادراً على أدائه الاجتماعي إلى أقصى حد ممكن "[1] .

يتضح من خلال هذه التعريفات ما يلي:

1. الخدمة الاجتماعية الطبية هي إحدى مجالات الخدمة الاجتماعية،لذا تعتمد في ممارستها على فلسفة ومعارف وقيم ومبادئ وأساليب وطرق المهنة الأم.
2. أنها تمارس في مؤسسات طبية ،بغض النظر عن أهداف هذه المؤسسات وقائية كانت أو علاجية أو إنشائية أو تأهيلية، و تسعى إلى تقديم العون لجميع الأنساق الفرعية داخل النسق الطبي.
3. يمارسها أخصائيون اجتماعيون متخصصون أعدوا خصيصاً للعمل من خلال إكسابهم المعارف والخبرات والمهارات المهنية اللازمة لإنجاح العمل في هذا المجال.
4. لا تتعامل مع المريض فحسب، بل تتعامل مع المؤسسة الطبية بأكملها فتتعامل مع الإدارة والطبيب وهيئة التمريض والإداريين،بل يمتد تعاملها مع البيئات المختلفة للمريض كالأسرة وبيئة العمل، لتكامل أساليب العلاج وتحقيق الأهداف بصورة أفضل.

[1] أدوار الأخصائي الاجتماعي في المجال الطبي،مصدر سابق،ص19.

5. تتعامل مع المريض كوحدة واحدة لها جوانبها الاجتماعية والنفسية والجسمية والصحية والاقتصادية، لتحقيق أهداف وقائية وعلاجية وإنمائية، تتلاءم مع الأهداف الطبية.

6. تستهدف إفادة المريض القصوى من جهود الفريق الطبي، كي يتماثل للشفاء أولا ويحقق أقصى أداء اجتماعي له في أسرع وقت ممكن آخرا.

2- فلسفة الخدمة الاجتماعية

ترتكز الخدمة الاجتماعية الطبية على فلسفة الخدمة الاجتماعية عموماً، والتي تؤمن بفردية الإنسان وبحاجته لمعاملة خاصة تتفق وحاجاته المتعددة والمختلفة عن الأشخاص الآخرين ، وتؤمن كذلك بأن العوامل الاجتماعية ً ترتبط دائما ارتباطاً وثيقاً بالمرض،وقد تكون سبباً في وجود هذا المرض، لذا تراعي سير مختلف أنواع العلاج سيراً طبيعياً مـن العـلاج الطبـي إلى الاجتماعي إلى العقلي،بصورة مترابطة ،يتوفر فيها الجانب التكاملي،الذي يوضح المعنى الحديث للمرض والصحة،وإن الإنسان كل متفاعل ،وهي تعترف بكرامة الإنسان واحترامه ، بغض النظر عن اللون أو الجنس أو الجنسية أو العقيدة أو اللغة [1].

أما الخدمة الاجتماعية الطبية فهي تمثل وسيلة هامة مـن وسائل تنمية موارد المجتمع وزيادة سلامته وصحته وأمنه ومواطنيه، وهي تـؤدي إلى عـودة المريض الى المشاركة المجتمعية بكل فاعلية،كما أن لها أهـداف وقائيـة كالاكتشـاف المبكر للمشكلات الفردية الطبية والمجتمعية،ومواجهتها بالوعي الصحي والثقافة الصحبة لمنع انتكاس المريض مـرة ثانيـة، والمساهمة في حمـلات التوعيـة لترشيد وتوعية وتنظيم الأسرة،وفي

[1] محمد،مصطفى محمد: "تطبيقات في مجالات الخدمة الاجتماعية"، المكتب الجامعي،الحديث، الإسكندرية، 1999م،ص61.

تهيئة وتوفير الأجواء والظروف الاجتماعية المناسبة للمرضى بعد عودتهم وشفائهم من مرضهم إلى بيئتهم الطبيعية، كما أنها تتفهم أن كثيراً من المرضى لا يتقدمون للعلاج بسبب مخاوف الإنفاق على العلاج، باعتقادهم أنه يوجد من يساعدهم في المساهمة في تحمل العلاج من خلال الاستفادة من الموارد المتاحة في المستشفى أو في البيئة المحيطة، كصناديق التكافل الاجتماعي، أو لجان الزكاة أو المساعدات المالية المتوفرة في المستشفى.[1]

وتقوم عمليات الخدمة الاجتماعية الطبية، كما في عمليات الخدمة الاجتماعية في مختلف المجالات، على أساس العلاقة المهنية التي يسعى الأخصائي الاجتماعي إلى إقامتها مع وحدة العمل أفراداً وجماعات ومجتمعات، وهذه العلاقة مؤسسية موضوعية حيادية، يقيمها الأخصائي الاجتماعي مع المرضى المستفيدين من خدمات المؤسسة التي يعمل بها الأخصائي الاجتماعي، ويتم تدخله المهني على أساسها ليوفر لها مقومات النجاح في الخدمة حالات المرضى.

وتعتبر العلاقة المهنية أم المبادئ التي تقوم عليها الخدمة الاجتماعية وتحرص على الالتزام بها من قبل الممارسين لهذه المهنة في مختلف المواقع ومن بينها المجال الطبي والصحي، أما المبادئ الأخرى فهي التي تساعد على إقامة هذه العلاقة المهنية المنشودة، تلك المبادئ التي من أهمها مبدأ حق تقرير المصير، ومبدأ سرية المعلومات، والتي تعطي الحق إلى أبعد الحدود لصاحب الحالة ليقرر الحل المناسب للمشكلة أو الشكل النهائي لحالته، من ضمن البدائل التي يطرحها الأخصائي الاجتماعي، في ضوء مشورة الأطباء الاختصاصيين، وبالتعاون مع ذوي المريض، وبالاستعانة بالخبراء المختصين، بالإضافة إلى تأكيد الأخصائي الاجتماعي للمريض أن المعلومات التي يعطيها أو يدلي بها سوف تظل طي الكتمان ولن يطلع أحد

---

[1] عبد الرحمن عبد الرحيم الخطيب، ممارسة الخدمة الاجتماعية الطبية والنفسية، مصر للخدمات العلمية، القاهرة 2004م، ص 34.

عليها،سوى من يعنيه الأمر مـن الفريـق المعـالج،وفي الجوانـب التـي تهـم اختصاصه وجهوده تجاه الحالة.

تقوم عمليات الخدمة الاجتماعية على القناعات التالية:

1. **إن الرعاية الاجتماعية خدمات منظمة:**

إذ أن الرعايـة الاجتماعيـة تخضـع للتنظيم،وتـؤدى مـن خـلال تنظيمات اجتماعية، تشكل استجابة لمقابلـة الاحتياجـات الأساسـية والثانويـة لأبنائـه.وهـذه التنظيمات لها بناؤها ولها وظائفها،كما أن لها نظام يشتمل علـى مجموعـة مـن القواعد والأحكام التي تنظم هذه الخـدمات ،وفـق حـدود بـين القائم بالمساعدة وطالب الخدمة،وفي هذا ضمان لاستمرارية هذه الخدمات،وإتاحة الفرصة لجميع الأفراد ،الذين ينطبق عليهم شروط الحصول على هذه الخدمات، دون أن تؤثر على ذلك علاقات القرابة أو الصداقة،التي كانت تميز نظام الإحسان الفردي أو خـدمات الرعاية المتبادلة.

2. **إن الرعاية ذات قيمة أخلاقية:**

إذ أنهـا تستمد وجودهـا مـن القيـم الروحيـة والإنسـانية التـي تـدعو إلى مساعدة الإنسـان لأخيـه الإنسـان،ولذا فهـي ضرورة اجتماعيـة تنشـأ حتمـا في أي مجتمع إنساني ومن التفاعل الحتمي بين الأفراد،وعلى الأساس الأخلاقي المثالي.

3. **إن الرعاية الاجتماعية مسئولية اجتماعية يكفلها المجتمع:**

وهذا يعني أن مسئولية الرعاية الاجتماعية تقع ضمن مسؤوليات المجتمـع ككل،في كل شكل من أشكال التنظيمات الحكومية والأهلية،تكمل كـل منهـا الآخر لتحقيق أهداف الرعاية الاجتماعية،وتوفرها لسكان المجتمع.

4. **إن الرعاية الاجتماعية تستعبد دوافع الربح والكسب المادي :**

تسعى الرعاية الاجتماعية إلى تحقيق إشباع الحاجات الإنسانية في إطار تنمية واستثمار الموارد البشرية للمجتمع وهي تشكل حقاً من حقوق الأفراد التي يمكن الحصول عليها بدون مقابل مادي.ولا يعني ذلك أن برامج الرعاية الاجتماعية خدمات استهلاكية وإنما هي ذات مردود اجتماعي واقتصادي من خلال إشباع الحاجات الإنسانية والإقلال من حدة المشكلات، مما يترتب عليه تنمية الموارد البشرية، وبذا فهي شكل من أشكال الاستثمار بعيد المدى ،والذي نلاحظ نتائجه في تحسين الأحوال المعيشية ومواجهة الاختلالات والإخفاقات الاجتماعية .

5. **إن الرعاية الاجتماعية تهتم بالحاجات الإنسانية المباشرة :**

إذ أن الرعاية الاجتماعية في المجتمعات المعاصرة من الحقوق الأساسية فهي حق من حقوق الإنسان التي تتمثل في الخدمات الاجتماعية المباشرة، التي تعمل على إشباع الاحتياجات الإنسانية الجسيمة والنفيسة والعقلية والاجتماعية.وهي عند مواجهتها لمعالجة المشكلات الاجتماعية تتسم بالاتجاه العلاجي ، وفي مواجهتها لمقابلة الاحتياجات الإنسانية بهدف وقاية الأفراد من الوقوع في المشكلات، فإنها تتسم بالاتجاه الوقائي، وهي تسعى لتحقيق أهداف إنمائية من خلال تنمية قدرات الأفراد وحسن استثمارها لصالحهم ولصالح المجتمع .

6. **الرعاية الاجتماعية تتميز بالشمول والتكامل :**

لما كانت الحاجات الإنسانية متعددة ومتنوعة ومترابطة، فان مقابلة جزء منها وإغفال الجزء الآخر، يشكل قصوراً في برامج الرعاية الاجتماعية ،لأنه يترتب عليه ظهور العديد من المشكلات ، لذلك فان برامج الرعاية الاجتماعية تتعدد وتتنوع أيضا حتى يمكن مقابلة احتياجات الإنسان المتعددة والمتنوعة ،كما إنها لا تقتصر على فئة

دون أخرى حتى تحقق أهدافها ، فرعاية الأطفال دون أسرهـم يبقيهم دون رعاية ، لذا فان برامج الرعاية الاجتماعية تقدم لمختلف فئات السكان في جميع أنحاء المجتمع .

وتعتقد فلسفة الخدمة الاجتماعية الطبية ،إن الإنسان مخلوق مكرم، أمر الله بمساعدته وتقديم يد العون له في شتى المجالات، والخدمـة الاجتماعيـة الطبية مجال من مجالات الخدمة التي تقدم للإنسان في سبيل تكريم أدميتـه ،وان وجـود الإنسـان في المؤسسـة الطبيـة يعنـي حاجتـه إلى المسـاعدة والعـون ،وان الخدمـة الاجتماعيـة الطبيـة في هـذه المؤسسـة مـا هـي إلا لمساعدة المريـض مـن جميـع الجوانب، لذا فان دراسة الجوانب الاجتماعية لحالة المريض وعلاجها يعتبر جـزءاً مكملاً لخطة العلاج الطبي .

كما تعتقد إن الإنسان كل متكامل متفاعل في جوانبه العقلية والجسمية والنفسية والاجتماعية ،فأي اضطراب في احد هذه الجوانب،يؤدي إلى إصابة الفرد بالمرض والخدمة الاجتماعية الطبية قامت لعلاج الإنسـان مـن خـلال إصـلاح هـذه الجوانب الأربعة والعمل على راحتها ،وهي تؤمن بفردية الإنسـان مهمـا تشـابهت الأمراض والظروف المحيطة بالمريض، إلا أن لكل فرد منهم طريقة معينة في علاجـه والعمل على راحته، ومعاملته كفرد له شخصيته المميزة .

تمثل الخدمـة الاجتماعيـة الطبيـة، التعامـل المهنـي لنظام الرعايـة الاجتماعية، وهي تسعى من خلال الأخصائي الاجتماعي إلى تكوين علاقة مهنية مع المرضى، والتي تشكل هدفاً رئيسية في نفس الوقت ، حيث أنها في حد ذاتها تمثل خطوة علاجية ، كما أنها الوسيلة الأساسية التي يستخدمها الأخصائي الاجتماعي، ويستطيع من خلالها القيام بعملية المساعدة ،وهي تقصد من وراء ذلك تحقيق ما يلي :

1- مساعدة المرضى وإعانتهم للتخلص من المرض والتماثل للشـفاء بالوسـائل والأدوات والطرق المناسبة.

2- إزالة المشاعر السلبية التي يعاني منها المريض ، كالشعور بالنقص أو الدونية أو الحرمان ،أو أيه أمراض نفسية يعاني منها المريض وتؤثر على سير خطة العلاج وغيرها.

3- مساعدة المريض في تحديد احتياجاته وأولوياته ،وتحديد مشكلته واقتراح الخطة المناسبة لمواجهتها بالاعتماد على نفسه وبمساعدة الأخصائي الاجتماعي .

4- ربط المريض المحتاج للمساعدة بمؤسسات المجتمع المناسبة والتنسيق معها ، وذلك لضمان حصوله على العلاج أو المساعدة المالية المناسبة .

5- تنسيق الجهود لتقديم مختلف أنواع المساعدة للمرضى ، من خلال تكاتف جهود العاملين بالمجال الطبي ، في إطار العمل الفريقي ومن خلال تكامل جهود الأطباء والأخصائيين وسائر العاملين في المؤسسة العلاجية .

6- السعي إلى تعديل أو تغيير بعض أهداف المؤسسة لصالح المرضى، والدفاع عن مصالحهم داخل المستشفى ولدى المؤسسات أخرى كالمؤسسة التي يعمل المريض فيها. والمشاركة في تنظيم موارد المؤسسة في وضع خطط المؤسسة، وتحديد أهدافها، ومن ثم مساعدة المؤسسة على تحقيق أهدافها لما فيه مصلحة المجتمع وتنميته .

هناك مجموعة من الأهداف الجزئية التي تخدم سعي الخدمة الاجتماعية الطبية لتحقيق أهدافها، على المستويات الفردية والجماعية والمجتمعية.

(أ) على المستوى الفردي :

تتعدد أهداف الخدمة الاجتماعية الطبية في العمل مع الحالات الفردية ،عن طريق دراسة الحالة الاجتماعية للفرد، وذلك لتقديم خدمات مادية له إذا كان يحتاجها

أو إذا كان يعاني من مشكلات اجتماعية ،بغية زيادة الأداء الاجتماعي للفرد ،وإزالة المعوقات البيئية التي تعترضه ، وتوفير جو أسري خالي من المشكلات إذا كانت المشكلة في الأسرة ، أو توفير جو مهني مناسب في مكان العمل .. بالاستناد إلى فلسفة الخدمة الاجتماعية ومبادئها وأساليبها .

(ب) على مستوى الجماعي:

إن العمل العلاجي من خلال الجماعات له تأثير خاص على الأفراد ، وخاصة مع جماعات المدمنين على المخدرات ، وجماعات مدمني الكحول ، وأصحاب الأمراض المزمنة مثل السكري وفقر الدم ، وأصحاب الأمراض النفسية الذين يعانون من نفس المرض ،إذ يتبع الأخصائي الاجتماعي طريقة العمل مع الجماعات ،فتكون هناك جماعة من المدمنين الراغبين في الإقلاع عنه ،بحيث يطرح كل منهم ما يعاني من ضغوط نفسية واجتماعية والأسباب التي أدت به إلى الإدمان ، فتكون بذلك طريقة علاجية من خلال الإفراغ الوجداني ووقائية في نفس الوقت ،حيث يحاول كل من هؤلاء عدم الوقوع في الإدمان ، فتتكون خبرة جماعية لدى كل فرد من هؤلاء الأفراد عن آثار وأضرار الإدمان ونتائجه السلبية على المستوى الشخصي-والأسري ،وعلى مستوى العمل والعلاقات الاجتماعية.. وكل هذه المقابلات والجلسات تكون بحضور الأخصائي الاجتماعي وقيادته وتوجيهه أعضاء الجماعات.

(ج) على المستوى المجتمعي :

حيث يسعى الأخصائي الاجتماعي إلى التنسيق بين المؤسسات المختلفة والمستشفى، والمساهمة في تقديم الخدمات والبرامج للجماعات والمجتمعات المحلية المختلفة ، سواء كانت مادية مثل المعونات المادية ،والمساهمة في تقديم نفقات علاج للمحتاجين بالتنسيق مع إدارة المستشفى ، أو معنوية من خلال تغيير أفكار المجتمع عن المؤسسات الحكومية ، وكذلك إكسابهم العادات الصحيحة كالعادات الغذائية

،وذلك عن طريق الندوات والمحاضرات والكتيبات والملصقات ووسائل الإعلام ،ومن المهم الاتصال بالقيادات المجتمعية غير الرسمية والقيادات الرسمية التي تمثل الحكومة، وذلك لتكاتف الجهود في تحقيق الأهداف، بحيث تصبح متكاملة شاملة لمختلف احتياجات أعضاء المجتمع بصورة متوازنة وفعالة ،وينبغي الإشارة هنا إلى أن أي مهنة من المهن لا تستطيع البقاء والتقدم ما لم يكن هناك اعتراف من المجتمع بأهميتها له ، وإنها صالحة للمجتمع و يستفيد منها ،هذا الاعتراف هو الذي يترتب عليه إمداد المهنة بالموارد والدعم اللازم للممارسة من قبل المؤسسات الأهلية والحكومية .

وتظهر مكانة الخدمة الاجتماعية من خلال الصورة التي توصلها إلى أذهان المستفيدين والرأي العام والتخصصات المهنية الأخرى وما يتضمنه ذلك من فكرة للآخرين عن الأخصائيين الاجتماعيين أنفسهم ، بالإضافة إلى فكرتهم عن الخدمة الاجتماعية من حيث ماهيتها ووظائفها ومدى فاعليتها وضرورتها في المجتمع ،وكلما كانت أهداف المهنة واضحة يستطيع إدراكها كل الناس على مختلف مستوياتهم الفكرية ، كلما ساهم ذلك في نجاح الأهداف التي تسعى المهنة إليها.

ويشكل الأخصائي الاجتماعي مرآة لمهنة الخدمة الاجتماعية في أي مجال، ومنها المجال الطبي والصحي فكلما كان ملتزما بأخلاقيات ومبادئ المهنة، كلما ساعده ذلك على الوصول إلى الأهداف المنشودة ،وكلما تزايدت خبرات الأخصائي، وتوافرت لديه المهارات اللازمة لممارسة المهنة ،واستخدام الوسائل والطرق والأساليب المناسبة مع كل موقف، كلما ساعد ذلك على الوصول إلى الأهداف المرجوة .

3- الأعداد المهني للأخصائي الاجتماعي الطبي

لكي يستطيع الأخصائي الاجتماعي الطبي أداء أدواره المهنية ، وممارسة أساليبه الفنية في المؤسسات الطبية العلاجية ، لابد من إعداده مهنياً بطريقة علمية سليمة ، حتى يصبح قادراً على تطبيق ما تعلمه نظرياً بصورة علمية ، لكي يكتسب المهارات اللازمة للعمل في هذا المجال لذا فأن معاهد وكليات الخدمة الاجتماعية حريصة على إعداد خريجيها بأحسن المستويات، لكي يكونوا قادرين على ممارسة أدوارهم بكفاءة وفاعلية .

وان لم يكن المجال متاحاً للعرض التفصيلي للقنوات التي يمر بها الأخصائي الاجتماعي أثناء إعداده في المعاهد والكليات المخصصة ، لا باس من الحديث بإيجاز عن ذلك ، و التطرق للاستعداد المهني الذي يجب أن يتصف به الأخصائي الاجتماعي كأحد المراحل الهامة التي لا غنى عنها للعاملين في هذا المجال .

الاستعداد المهني:

هناك استعدادات لابد أن تتوفر في الأخصائي الاجتماعي الطبي وهي : قدرات جسيمة وصحية مناسبة، وان يتحلى اتزان انفعالي في الشخصية، يكسبه القدرة على ضبط النفس والنضج الانفعالي ،بدون اندفاع وعدم تحمل المسئولية ،يصاحبه اتزان عقلي مناسب يتضمن معارف ومعلومات عن العلوم المهنية المختلفة مع نسبة ذكاء مناسبة وسرعة البديهية، مع بعض القدرات الخاصة كالقدرات التعبيرية اللفظية ،وأن يتسم بالقيم الاجتماعية والسمات الأخلاقية السوية والتحكم في نزعاته وأهوائه الخاصة، وفصلها جانباً عن عمله وعملائه ،ولديه انتباه كافي ليدرك وجهات نظر من يقومون على علاج المريض .

الإعداد المهني:

يتألف من جانبين الإعداد النظري والإعداد العملي أو التطبيقي ،إذ أن ما تهتم به معاهد وكليات الخدمة الاجتماعية هو القاعدة العلمية أو الأساس النظري الذي يعتمد الأخصائي الاجتماعي عليه في عمله ، وهذه القاعدة تتضمن مجموعة من المعارف النظرية والعلوم الإنسانية المختلفة ، والنظريات والاتجاهات العلمية المختلفة ، و تشتمل على معلومات طبية مبسطة ،ومعرفة أنواع المرضى ،ومسبباته وفهم المصطلحات الطبية الشائعة في ميدان الطب ،وعليه أن يلجأ إلى الطبيب في النواحي الطبية، وأن يكون على معرفة بالاحتياجات والخصائص النفسية للمرضى ، فعلم النفس والطب النفسي يعتبران أهم المصادر الأساسية للأخصائيين الاجتماعيين الطبيين في فهم معاني بعض الألوان السلوكية والأغراض النفسية عند المريض في المراحل المرضية المختلفة، والتي يجب أن يعاملها بالطريقة التي تقلل من آثارها السيئة على سير المرض ، ودراسة مستفيضة لأسس الخدمة الاجتماعية وطرقها ومجالاتها مع التركيز على الخدمة الطبية .

ويتوخى أن يكون طالب الخدمة الاجتماعية ذا ثقافة واسعة بالمسائل التأهيلية والقانونية وغيرها التي تفيد الأخصائي الاجتماعي الطبي في عمله كالقوانين الخاصة بالتأهيل المهني والتأمينات الاجتماعية ،ومعاشات العجزة ، وإصابات العمل وقوانين الضمان الاجتماعي ،و أن يكون لديه علم ووعي بالمشكلات الناتجة عن المرض والإلمام التام بالاحتياجات البشرية في حالة المرض وأثناء العلاج ،ومعرفة واسعة بالمصادر التي يمكن الاستعانة بها لتكملة خدمات المستشفى كدور الثقافة والمؤسسات الاجتماعية ومكاتب العمل ومساعدة المرضى للاستفادة من إمكانيات المجتمع .

كما تتاح للطالب فرصة التدريب العملي على مسؤوليات وأعمال الأخصائي الاجتماعي الطبي بما يصقل الاستعداد النظري، على أن يكون هناك أشراف فني على مستوى عالي من الكفاءة والخبرة..

إن تكامل الاستعداد والإعداد النظري والعملي لشخصية الأخصائي الاجتماعي الطبي ، شيء أكيد حتى يتمكن من ممارسة أدواره المهنية بكفاءة ، وان القصور في جانب على حساب الآخر يؤدي بلا شك إلى خلل وظيفي قد يؤثر على مستوى الخدمات المقدمة للمرضى ، ويقلل من الاعتراف المجتمعي للأخصائي الاجتماعي سواء في هذا المجال أو المجالات الأخرى . هذا عدا عن الأضرار المترتبة عن سوء التدخلات المهنية التي قد ينجم عنها مخاطر على المرضى والمستفيدين من الخدمات الطبية.

يتعاون الأخصائي الاجتماعي مع فريق عمل متكامل داخل المؤسسة الطبية لتحقيق أهدافها وأهداف المؤسسة العلاجية، حتى يتوفر فيها المناخ المناسب الذي يحقق للمريض اكبر استفادة ممكنة من الفرص العلاجية المتاحة. إن هذا الفريق من أهم الأسس التي تساعد في تحقيق الأهداف وهو يجمع التخصصات اللازمة لمساعدة المرضى ، فالطبيب هو أساس نجاح العلاج الطبي ، والمختص النفسي ـ يسعى إلى إشباع حاجات المريض النفسية والأخصائي الاجتماعي الطبي لممارسة أدواره المهنية الاجتماعية والنفسية وأخصائي التأهيل والتدريب ، يقدم خدماته التدريبية والتأهيليه ، وغيرها من التخصصات التي تتطلبها كل مؤسسة طبية حسب طبيعة تخصصاتها وخدماتها العلاجية .

قد لا يمثل فريق العمل جميع التخصصات اللازمة في المؤسسة الطبية، وربما ينقصها التعاون والتكامل المطلوب للنجاح، فبعض الأطباء لا يؤمنون بأهمية الخدمة الاجتماعية الطبية . ولذلك لا يتعاونون مع الأخصائي الاجتماعي ، ولا يدركون خدماته

وجهوده ، وبعض الأطباء يقدرون أهمية دور الأخصائي الاجتماعي الطبي ، ولكنهم ينكرون مهاراته وقدراته ويشككون في قيمة جهوده المهنية ، ولا يوفرون له المناخ المناسب ولا الإمكانيات اللازمة لممارسة عمله . ولكن هناك بعض الأطباء ومديري المؤسسات العلاجية يدركون أهمية وجود الأخصائي الاجتماعي الطبي والأخصائي النفسي وغيرهم من المتخصصين اللازمين، ويحرصون على وجود فريق عمل متكامل، لأنه كلما كان فريق العمل متكاملاً ومتعاوناً ، كلما كانت استفادة المريض كبيرة ، وبذلك تنجح المؤسسة الطبية في تحقيق أهدافها.

4- دور الأخصائي الاجتماعي في المؤسسة الطبية والصحية

نتيجة لتزايد اهتمام المؤسسات الطبية والصحية بالخدمة الاجتماعية واتجاهها لتوظيف أخصائيين اجتماعيين فيها . تزايد اهتمام الدارسين للخدمة الاجتماعية بهذا المجال، فزادوا من حجم التخصص فيه والبحث العلمي بالظواهر والظروف المحيطة به والتدريب في حقله، ويشكل تبلور فيه دور واضح للأخصائي الاجتماعي في هذا المجال على النحو التالي :

1-   التعرف على قدرة المريض على مواجهة مشكلاته بنفسه، والكشف عن درجة حاجته لمساعدة الأخصائي الاجتماعي، ومحاولة لمس المخاوف التي تعتري المريض، ليساعده على التخلص منها، كي لا تكون عاملاً من عوامل التأخر في الشفاء.

2-   تبصير المريض بما يعنيه ،وخاصة فيما يراه الطبيب المعالج ضرورياً لمواجهة الحالة المرضية ، وخاصة في تلك الحالات التي تتطلب الجراحة بما فيه البتر لبعض الأعضاء في جسمه ، وتستلزم شعور المريض بالاطمئنان على سلامة الإجراءات وايجابيات النتائج .

3- دراسة مستقبل الحالة الخاصة بالمريض مـن الناحيـة الجسمية وإمكانية عودته إلى عمله الذي كان يقوم به ، أو تعديله أو تغييره أو تأهيله ،بما يتناسب مع عمله السابق أو العمل اللاحق الذي يناسبه بعـد شـفائه ،كمـا انه يدرس البيئة الأسرية تمهيداً لوضع خطة لاستقبال المريض فيها بعد شفائه، وسـط ظـروف جسمية جديدة . وما يستتبع ذلـك مـن أبعـاد اقتصادية وتعليمية واجتماعية مع سائر أفراد الأسرة والأقارب والأصدقاء .

4- القيام بالتوعية والثقافة الصحية ،بالاتصال بالمواطنين مباشرة، مـما يجنبهم الإصابة بالمرض وانتشار العدوى والأعراض ،التي لا يؤثر فيها العلاج الطبـي الـدوائي وحـده، وهـي ذات أبعـاد اجتماعيـة حتـى في أسـباب حـدوثها وانتشارها.

5- التعامل مع الظروف المصاحبة للمرض، والتي قد تشكل خطراً على المـريض أكـثر مـن المـرض نفسـه ،ويصاحب ذلك بعض الانعكاسات عـلى الأسرة وتكيفها وأداء أعضائها وعلاقاتهم بالمريض نفسه

6- ربـط المؤسسـات الطبيـة والصحية بـالمجتمع وسـائر هيئاتـه التطوعيـة ومؤسساته الرسمية ، لإحداث التكامل في إمكانياتها وخدماتها ،وتوظيـف هذه الإمكانيات والخدمات، لتوفير أجـواء بيئيـة صحيـة سليمة للأصحاء والمرضى على السواء

7- الإحاطة بظروف المـرضى ومشكلاتهم ،بما يسـهم في إنجـاح خطـة العـلاج، وخاصة من تصل حالاتهم إلى الاضطراب النفسي، وبما يساعد المرضى عـلى اختيار العلاج الأفضل ،وعلى سلوك الطريق الأنسب في تطبيق العلاج ،ومن ثم التماثل للشفاء .

8- تخطيـط وتنفيـذ برنامج علاقـات المـرضى للتعرف عـلى اتجاهـاتهم وعـلى الصـعوبات ذات الطبيعـة العامـة التـي قـد يواجهونها ، تمهيـداً لاتخـاذ الإجراءات اللازمة لتذليلها ،بالتعاون مـع إدارة المؤسسـة الطبيـة ،وشرح سياستها

للمواطنين ،والإسهام في جهود التثقيف الصحي ،والدعوة إلى اتخاذ الإجراءات والممارسات الوقائية من الأمراض .

9- تخطيط وتنفيذ برنامج خدمات المؤسسة الطبية والعاملين فيها، وذلك من خلال المساعدة على إيجاد الجو المناسب والاتجاهات المناسبة لخدمة المرضى، ومساعدة العاملين في تلك المؤسسات على مواجهة مشكلاتهم الشخصية و الاجتماعية، التي تؤثر على أدائهم لعملهم.

10- تجنيد المتطوعين وتوزيعهم على الخدمات المناسبة لخدمة المرضى والإشراف على أعمالهم بالتعاون مع الأقسام المختصة، وذلك في حالة وجود عدد كاف من الأخصائيين الاجتماعيين بالقسم.

5- النشاطات المصاحبة لدور الأخصائي الاجتماعي الطبي

يقوم الأخصائي الاجتماعي من اجل إتمام دوره المهني الآنف الذكر داخل المؤسسة الطبية والصحية ، بجملة من الأنشطة على غرار ما يلي :

1) إعداد الدراسات الاجتماعية، الشاملة والتبعية والقيام بالدراسات الخاصة بحالات معينة تستدعي خدمتها إعداد دراسة اجتماعية معمقة.

2) حضور الاجتماعات الإكلينيكية التي تقام داخل الأقسام الداخلية في المستشفى، حيث يقوم بإعطاء فكرة كاملة عن أهم المشكلات التي يعاني منها المريض سواء داخل أو في علاقته مع أسرته ومجتمعه، وذلك بغية إعطاء الفريق المعالج خلفية اجتماعية وافيه عن حالته ووضعه الاجتماعي ، والرد على استفسار أي عضو من أعضاء الفريق عن وضعه بما يساعد على وضع التشخيص النهائي للحالة كذلك تسجيل ما يخصه من مهام علاجية والتي

احتوتها الخطة العلاجية الخاصة بكل مريض لتنفيذها كمقابلة ذوي المريض ، أو أشراكه في البرامج الاجتماعية المتاحة .

3) حضور الاجتماعات الصباحية الخاصة بالنزلاء في الأقسام الداخلية ،لإعطائهم فرصة التحدث بحرية والإفصاح عما يجول في خواطرهم ، وتعديل ما قد يرون انه الصحيح ، وذلك يشجع المريض على تعديل أفكاره وسلوكه بشكل مقبول اجتماعياً ،وذلك حتى لا تفقدهم فترة المكوث بالمستشفى المرضى مهاراتهم الاجتماعية في التحدث والتعبير والإصغاء ،وإبداء الرأي والمشاركة والتفاعل الاجتماعي مع المحيط.

4) رصد سلوكيات المرضى وضمها إلى الملف الطبي لكل واحد منهم ،وذلك في إطار الدراسة الاجتماعية التتبعية ليطلع عليه الفريق المعالج مما يساعد في تشخيص الحالة ووضع الخطة العلاجية لها ، مثلما يطلع على تقارير الهيئة التمريضية خلال ملاحظتهم للمرضى في الفترات المسائية والتي يكون الأخصائي الاجتماعي غائباً عن المستشفى أثناءها .

5) استطلاع آراء المرضى ورغباتهم حول نوع الخدمات التي تقدم لهم كخدمة التغذية والنظافة والخدمة التمريضية ومناقشة ذلك مع الأقسام المعنية،لمعالجة جوانب التقصير .

6) إعداد وتنفيذ البرامج والأنشطة الاجتماعية التي تهدف الى إخراج المرضى من عزلتهم المرضية وإدخال البهجة والسرور إلى نفوسهم وإعادة النشاط والحيوية لأجسامهم عن طريق :

أ- الرحلات الاجتماعية : كالخروج يوم كامل والخروج للحديقة للتنزه الحر بالحدود التي يمكن فيها ذلك في ضوء الحالة الصحية للمريض .

ب- البرامج الرياضية: ويتم ذلك باختيار النزلاء المستقرين، والذين يمكنهم الحركة وليس لديهم موانع طبية تمنعهم من الحركة، على أن تقدم البرامج بشكل بسيط يراعى فيه قدراتهم الجسدية وحالاتهم النفسية.

ت- البرامج الثقافية والفنية على أن يشارك فيها المرضى المستقرين، بما يتناسب مع مستوياتهم التعليمية والثقافية، وتقدم في نهايتها الجوائز التشجيعية والحوافز المعنوية للمرضى أو الفرق الفائزة المكونة من المرضى أنفسهم.

ث- البرامج العملية المهنية وذلك عن طريق إرسال المرضى المستقرين والذين لا يخشى عليهم من استخدام الأدوات والأجهزة الكهربائية في مواقع تدريبهم وملاحظة استجاباتهم لما يتلقونه من تدريب حيث سيتم تسجيل تلك الملاحظات والمشاهدات الحية ضمن الدراسة الاجتماعية التتبعية، وذلك لاطلاع الفريق المعالج لتكوين انطباع تشخيصي من خلالها، بما يعين في تحديد مسار الخطة العلاجية .

ج- البرنامج الديني : فيقوم الأخصائي الاجتماعي باختيار الموضوعات الدينية التي تتناسب مع مستويات المرضى العلمية والثقافية حسبما تمكنهم قدراتهم على الاستيعاب بما يحمله موضوعاتها من الهداية والأمل بالشفاء والإقلاع عن العادات الضارة كالتدخين والتعاطي والإدمان وتنمية الثقة بالنفس .

7) متابعة الجهات الرسمية لإنهاء المعاملات الخاصة ببعض النزلاء و مخاطبة بعض الجهات ، لطلب مساعدات عينيه أو نقدية لصالح المرضى ،مثل دور الرعاية الاجتماعية ،مراكز التأهيل ،مكاتب الضمان الاجتماعي ،الجمعيات الخيرية ،صناديق العون الاجتماعي وما إلى ذلك

8) الاتصال بأهالي المرضى للمداومة على زيارة مرضاهم ،والتأكيد عليهم للحضور إلى المستشفى لاصطحابهم إلى بيوتهم عند انتهاء فترة العلاج ،وكذلك الاتصال بذوي المرضى عند حاجة الفريق المعالج إلى بعض المعلومات عن حالة المريض قبل دخوله المستشفى وتصرفاته داخل المنزل وخارجه والمحاولات العلاجية السابقة التي لجأ إليه الأهل قبل مغادرة المستشفى وغيرها من المعلومات الضرورية التي تساعد الفريق المعالج على التشخيص النهائي للبدء في تنفيذ الخطة العلاجية .

9) القيام بزيارة المرضى في منازلهم على أن يسبق ذلك التنسيق مع ذويهم للموافقة على الزيارة ، وذلك على اخذ العلاج ومدى تكيفه مع بيئته الطبيعية داخل أسرته والمجتمع المحلي وتتم خلال الزيارة مناقشة ذوي المريض في مستقبل المريض ويتفق الأخصائي الاجتماعي مع الأسرة على الطريقة السليمة والصحية في التعامل مع المريض وخاصة المرضى النفسيين والمقلعين عن التعاطي والإدمان .

10) التعاون والتنسيق مع كليات ومعاهد وأقسام الخدمة الاجتماعية وعلم الاجتماع في الدورات التدريبية على العمل الاجتماعي في الميدان الطبي والصحي والحلقات الدراسية وبرامج التدريب الميداني للطلبة ومشروعات البحوث التطبيقية في ذات المجال.

11) المشاركة في إعداد التشريعات التي يسير العمل داخل المؤسسة الطبية على أساسها أو تعديلها بما يتفق مع النظرة الاجتماعية للعلاقة بين المؤسسة والمستفيدين من خدماتها وكذلك تقديم تصورات لتبسيط الإجراءات وتيسير التحرك وانجاز المعاملات داخل المؤسسة .

يعتمـد الأخصائـي الاجتماعـي علـى طـرق وأسـاليب ومهـارات ومبـادئ وقيـم وفلسفة الخدمة الاجتماعية ، التي هي أسـاس العمـل المهنـي ، وان كـان لابـد مـن تطويعها كي تتناسب مع الممارسة في المجال الذي يتعامل مع جميع المستفيدين من الجانب الصحي سـواء ضـمن إطار المؤسسـة الطبيـة أو خارجهـا ،إذ انه يسـتند في ممارسته لمهنته إلى أسس ومبادئ خدمة الفرد كقاعـدة عامـة ، عنـدما تحـال إليـه حالة معينة يقوم بدراستها وقد تستدعي هـذه الدراسـة عـددا مـن المقابـلات أو الزيـارة المنزلية، أو الاتصـال بالمصـادر التي تمـده بالمعلومـات المفيـدة عـن الحالة وغيرها من الخطوات، وعلى أسـاس هذه الدراسة وبعد استشارة الطبيـب يقـوم في تنفيذ خطة العلاج متعاونـاً مع المريض أو من يهمه أمره ، واضعـاً هدفـاً أساسيا هـو مساعدة المـريض للاستفادة مـن العـلاج الطبـي المقـرر لـه والتكيـف مـع الهيئـة الاجتماعيـة التـي يعيـش فيهـا ، ملتزمـا بمبادئ هـذه الطريقـة كالسـرية والتقبـل والعلاقة المهنية .

كما أن الأخصائي الاجتماعي يستخدم طريقة خدمة الجماعـة مسـتنداً علـى أسـس ومبادئ ومهـارات هـذه الطريقـة كالبرنامـج ، والتفاعـل الايجابـي والتجانس وتكوين الجماعة على أساس مرسـوم والديمقراطية، حتى يصل إلى أقصى ما يستطيع أن يصل إليه المرضى من الحصول على العلاج المناسب، فممارسـة خدمة الجماعـة في المجال الطبي يمكن أن يكون لها دورا في حياة المرضى وخاصة مـن طالـت إقامتهم بالمستشفى ، أو مع بعض المرضى الذين يعود مرضهم لممارسـة سـلوكيات وعـادات سـيئة تضر بصـحتهم كمدمني المخـدرات والتـدخين والمسـكرات، الـذين يحتـاج علاجهم إلى تغيير جـذري في اتجاهـاتهم وسـلوكياتهم، وكي لا يعـودوا للمـرض مـرة أخرى بعد شفائهم .

ويستخدم الأخصائي الاجتماعي طريقة تنظيم المجتمع معتمداً علـى مهـارات ومبادئ وأهداف الطريقة ، إذ أن المؤسسة الطبية أشبه ما تكون بالمجتمع المحـلي وان مجتمع المؤسسة يعتبر بمثابة بيئة اجتماعيـة لهـا نظامها ، وأهدافها المبرمجـة على

أسس علمية وفنية ، و قد وضعت وظيفة المؤسسة لإشباع حاجة المرضى . و أن الخبرات التي تنظمها المؤسسة الطبية تعبر عن الخبرات التي يعيشها المجتمع المحلي في تحقيق الأهداف ،لأن هذه المؤسسات تساعد المجتمع على إشباع احتياجات أفراده ولذلك تتدخل طريقة تنظيم المجتمع كأداة فعاله للتعرف على ألوان القصور والثغرات الموجودة في هذه المؤسسات ، ومعرفة الأساليب العلاجية لسد هذه الثغرات ، من خلال عمليات طريقة تنظيم المجتمع : الدراسة ، التخطيط ، التنفيذ ، المتابعة ، التقويم، كذلك من مسؤولية الأخصائي الاجتماعي الطبي إجراء البحوث وإقامة الندوات والمحاضرات ،كجانب وقائي وتنموي يهدف إلى تفادي ما هو متوقع من أمراض ومشكلات صحية .

6- مواجهة المواقف الاجتماعية في المؤسسة الطبية

يعالج الأخصائي الاجتماعي الطبي كثيراً من المواقف الاجتماعية داخل المؤسسة الطبية مثل :

1- إقناع المريض بإجراء عملية جراحية مثلاً ، أو لحل مشاكله المهنية أو الاقتصادية أو الأسرية التي تؤدي إلى الانقطاع عن العلاج فترة من الزمن .

2- توضيح النواحي الاجتماعية الطبية التي تؤثر في حالة المريض للقائمين على علاجه ولأفراد أسرته وللمريض نفسه .

3- اتخاذ الاحتياطات اللازمة لمنع انتقال العدوى للمخالطين في الحالات التي تستدعي ذلك ، مثل زيارة المريض والسلام عليه وعدم تقبيله .

4- تهيئة سبل الاستمتاع بالحياة لمثل المرضى الذين يشعرون بأن حياتهم معرضة للموت.

5- تقديم المقترحات لمجلس الإدارة أو اللجان المختلفة لتأدية المهام المنوطه بها بنجاح بخصوص بعض الجوانب الاجتماعية .

6- ربط المرضى ببيئتهم الأصلية حتى لا يشعروا بالعزلة عن هذه البيئة من خلال بعض الأنشطة مثل نشاط جمعيات أصدقاء المرضى

7- العمل على إقامة علاقات اجتماعية طيبة بين النزلاء، والعاملين بالمستشفى من خلال المناسبات المترتبة لذلك

8- العمل على معالجة الصراعات أو التناقضات داخل المؤسسة ، وبخاصة تلك التي تنشأ بين العاملين أو بينهم وبين المراجعين .

9- توعية المراجعين للعيادات الخارجية عن طريق الندوات والنشرات والملصقات وغيرها من وسائل التثقيف الصحي، في الأمور التالية:

أ- إرشاد المراجعين عن كيفية عرض أنفسهم على الطبيب المختص بعد الحصول على بطاقة الكشف لدى الطبيب، وحثهم على عدم التزاحم والصياح على أبواب العيادة أو داخلها ،وكذلك إرشادهم الى كيفية صرف الدواء من الصيدلية ، وعدم التزاحم على نافذتها ،والاستفسار جيداً من الصيدلي أو الطبيب الذي قام بالكشف عليه عن كيفية الاستعمال .

ب- المرور على العيادات الخارجية بصورة دورية للمحافظة على ظهورها بالمظهر اللائق، مع المحافظة على نظافتها. والتحدث مع المراجعين للمحافظة على النظافة العامة واستعمال أوعية القمامة المخصصة لذلك .

ت- التحدث مع المراجعين للاستماع منهم عما يتسبب في مضايقتهم، ومحاولة إيجاد الحلول المناسبة لذلك مع المسئولين لتفاديها .

10- مساعدة الممرضات في فهم العوامل الوجدانية والاجتماعية للمرض وكيفية التعامل مع ألوان السلوك الدائم والمؤقت التي يبديها المرضى فيما إذا كان للمريض موقف شاذ يحتاج إلى معاملة من لون خاص بما يساعدهن على تقبله ورسم خطة لمعاملته

11- العمل على تعديل بيئة المريض، كأن يعمل على تعديل اتجاهات الأقارب أو بإحداث ما يلزمه من تسهيلات خاصة ، واستغلال الموارد البيئية في فترة النقاهة وبعد إتمام الشفاء ،وتحويل المرضى وأسرهم إلى المؤسسات الاجتماعية والطبية الخارجية التي يمكنها أن تقدم لها ألوانا من المساعدات المناسبة المرغوبة في موقفهم.

12- إعداد المرضى لتقبل الاختبارات الطبية التي قد تضايقهم أو تزعجهم أو تثير مخاوفهم إذا لم يسبقها التمهيد لها والشرح لطريقتها ،وضرورتها في الفحص المسبق أو في العلاج ، في حالة حقن الهواء لمرضى الدرن الرئوي ، والكشف على المثانة في حالة مرضى الكلى، وكذلك إفهام المريض حقيقة المرض ،وتوضيح معنى الاصطلاحات الطبية التي تخيفه ومعاونته في تنفيذ الخطة العلاجية بدقة .

7- علاقة الأخصائي الاجتماعي بالفريق المعالج

لا تقتصر علاقة الخدمة الاجتماعية الطبية على علاقتها بالمريض بل تمتد علاقتها بأعضاء الفريق الطبي المعالج وخاصة الطبيب وهيئة التمريض. وذلك على النحو التالي :

- علاقة الأخصائي الاجتماعي بالطبيب : إذ يشارك الطبيب التفكير والتخطيط المهني لصالح المريض ويعطيه صورة واضحة عن أحوال المريض الاجتماعية والاقتصادية ومستواه الثقافي وظروفه الأسرية وبالمقابل يزوده الطبيب بمعلومات عن أنواع المساعدات الطبية التي يحتاجها المريض إضافة إلى أن الأخصائي يعين في تقبل المريض للعلاج .

- علاقة الأخصائي الاجتماعي بالممرضة: ترجع أهمية هذه الصلة لطبيعة عمل الممرضة واحتكاكها الدائم المستمر بالمرضى والفرص المتاحة لها لملاحظتهم كما لها إسهامها الفعال في تنفيذ خطط العلاج. وتعتمد العلاقة بين الأخصائي الاجتماعي الطبي والممرضة في اتجاهين :

1- يوجه الأخصائي الاجتماعي هيئة التمريض إلى أنواع احتياجات المريض من راحة وهدوء وأسلوب التعامل الذي يناسبه، ويوضح للممرضة أثر العوامل البيئية أثناء تقديم الدواء. وقد يطلب الأخصائي من هيئة التمريض معاونته في فهم شخصية المرضى وملاحظة سلوكهم، وملاحظة أثر الزيارات عليهم .

2- تطلب الممرضة من الأخصائي الاجتماعي تفسير بعض أنواع السلوك الذي يتبعه المرضى وكيفية التعامل معهم في بعض المواقف وإذا ما اعترضتها الممرضة بعض الصعوبات أثناء تعاملها معهم ، فإنها تلجأ إلى الأخصائي الاجتماعي لمساعدتها على التغلب على مثل هذه الحالات .

- علاقة الأخصائي بإدارة المؤسسة الطبية : يمكن للأخصائي الاجتماعي أن يؤدي كثيرا من الأعمال الإدارية أثناء تأديته لعمله . وعلى ذلك تكون العلاقة بين الأخصائي الاجتماعي الطبي وإدارة المؤسسة الطبية علاقة مزدوجة فالإدارة تقدم جميع الإمكانيات والتسهيلات اللازمة لانجاز عمله وهو بالتالي يمكنه أن

يقـدم بعـض المسـاعدات الإداريـة لصـالح المـرضى . وكـذلك يمكن أن يقـوم بالاتصالات اللازمة لتأمين مختلف أوجـه العـلاج بالمؤسسـة الطبيـة كأقسـام الأطراف الصناعية والأجهزة التعويضية والمختبرات وقسـم التغذية، حيث يقوم بالتفاهم والعلاقات الطبية بين رؤساء هذه الأقسام وموظفيها، للاتفاق على أسلوب سير العمل وطريقة تقديم خدماتها للمرضى بالتعاون مع مكتب الخدمة الاجتماعية الطبية .

8- الصعوبات التي قد يواجهها الأخصائي الاجتماعي بالمؤسسة الطبية

تتعدد الصعوبات التي يواجهها الأخصائي الاجتماعي بالمؤسسـة الطبيـة عـلى النحو التالي:

1. صعوبات تعود إلى المريض : وهي صعوبات تتصل بالمريض من حيـث مرضـه ، وعاداته وقيمه ومعتقداته وخبراته السابقة ،وهي تبدو على شكل مقاومة مـن المريض لأي مساعدة تقدم إليه ، وقد تعـود مقاومـة المريض إلى عـدة عوامـل مثل : شك المريض في قيمـة العلاج المجـاني وارتبـاط المريض ببعـض التجـارب المؤلمة في المؤسسة الطبية كوفاة بعـض الأقـارب والمعـارف أو فشـل علاجهـم ، والمخاوف المكبوتة من الصغر وقد تعـود إلى جو المؤسسـة المجهول بالنسبـة لبعض المرضى الذين يترددون في قبول العلاج بها خشية سـوء المعاملـة أو سـوء التغذية أو ما شـابه ذلك ،ويبـذل الأخصائي الاجتماعي الطبي في مثل هـذه الحالات جهده إلى إقناع المريض وزيادة ثقته بنفسه مـن جانـب ، وفي الخدمـة الطبية التي تؤدى له من جانب آخر ،كما أن ثمة صعوبات تتصل بأسرة المريض اذ قد تحتاج الأسرة إلى مساعدات ماليـة لعـدم وجـود إمكانيـات لـديها يمكن استغلالها في فترة وجود عائلها بالمؤسسة الطبية وتكمن الصعوبة في احد أمرين : إما الحساسية الزائدة لبعض

المرضى مما يجعلهم يرفضون أي معاونة مادية إلى أسرهم وإما لنقص إمكانيات المؤسسة المادية وبالتالي لا تستطيع أن تقدم أية مساعدة لأسر مثل هؤلاء المرضى ،ويمكن للأخصائي الاجتماعي في هذه الحالة استغلال موارد البيئة المحيطة بالمؤسسة الطبية حتى يسد عجز ميزانية أسر هؤلاء المرضى .

2. صعوبات تعود إلى المؤسسة الطبية: وهي تتمثل في قصور إمكانيات المؤسسة ومدى اعتراف الإدارة بدور الخدمة الاجتماعية الطبية، وطبيعة العمل الإداري بها، ومدى تعاون أعضاء الفريق العلاجي بها، ومدى ضغط العمل على أطبائها. وتبدو تلك الصعوبات في عدم استطاعة المؤسسة الطبية توفير بعض الإمكانيات المادية التي يحتاجها الأخصائي الاجتماعي بانجاز مهامه ،في الوقت الذي لا تمد المؤسسة يد العون إليه ، أو تكون طبيعة العمل بالمؤسسة الطبية على درجة عالية من التعقيد بحيث يتطلب الأمر مجموعة كبيرة من الجهود الإدارية ،حتى يستطيع مكتب الخدمة الاجتماعية الحصول على موافقة معينه أو على إمكانيات معينة تعينه على تحقيق برامجه وخدماته للمرضى ،وفي كثير من المؤسسات الطبية لا يحقق التعاون المطلوب لان بعض الأطباء لا يدركون أهمية العوامل الاجتماعية والنفسية في العلاج ، بينما يكون آخرون اقدر على تفهم احتياجات المريض النفسية والاجتماعية من أي طرف آخر.هذا وقد لا يتوفر في كثير من المؤسسات الطبية المكان المناسب لمزاولة الأخصائي الاجتماعي لعمله ، وخاصة في الحالات الفردية والتي تتطلب السرية ، حيث يفضل أن يكون المكان قريباً من عنابر المرضى والأقسام الداخلية ،حتى لا يعاني المريض مشقة في الوصول إليه كما يجب أن يكون المكان متسعاً لاستيعاب نشاطات الخدمة الاجتماعية الطبية ومتطلبات العمل المهني من أماكن خاصة لحفظ السجلات والملفات الخاصة بحالات المرضى.

3. صعوبات تعود إلى حساسية البيئة الزائدة وفهمها الخاطئ لطبيعة بعض الأمراض كالأمراض التناسلية ، والصدرية ، والنفسية ، والعقلية ، وربما تعود إلى النظرة الخاطئة لبعض المجتمعات أو البيئات إلى بعض الأمراض نظرة تخوف أو سخرية أو عارض يدفع المرضى إلى الاحتفاظ بمرضهم والتكتم الشديد عليه ، خوفاً من إعلان حقيقته وافتضاح أمرهم، كما أن التكتم على المرض ومحاولة إخفائه ليس من قبل المريض وحده بل من قبل الأسرة كذلك ، مخافة افتضاح أمرها واهتزاز وضعها الاجتماعي في بيئتها ،ومن ثم لا يجد من يمده ببعض المعلومات التي يحتاج إليها حتى يتسنى له تقديم الخدمة الملائمة .

4. صعوبات تعود إلى الخدمة الاجتماعية كمهنة : تبدو في قصور الخدمة الاجتماعية الطبية في أدائها ،وعدم إخلاص القائمين بها في أثبات مكانتها وتراخي العاملين بها في انجاز الأدوار التي يجب أن يقوموا بها ،مما جعل المؤسسات الطبية تشك في جدوى الخدمة الاجتماعية ولم تحظى منها بالاعتراف المناسب لها .

وتظهر تلك الصعوبات في بعض الأخصائيين الاجتماعيين العاملين في المؤسسة الطبية الذين فقدوا روح الحماس والذين استسلموا للأمر الواقع وركنوا للتكاسل والانعزال عن باقي أقسام وانساق المؤسسة الطبية ،ولم يقوموا بأي دور مهني يذكر، كما اكتفى بعض الأخصائيين الاجتماعيين في المؤسسات الطبية بدورهم في مساعدة الفقراء وتحويل بعض الحالات لمؤسسات الرعاية الاجتماعية ، هذا بالإضافة إلى أن كثيراً من الأخصائيين الاجتماعيين العاملين في المجال الطبي غير معدين للعمل في هذا الميدان بما فيه الكفاية في حين انه يحتاج إلى معرفة وخبرة ودراية واسعة .

3

الفصل الثالث
البعد النفسي للحالة المرضية

1- الأمراض النفسية

إن التغير السريع والتناقضات الواضحة في حياتنا الحديثة جعلا من الصعب على الفرد تحديد أبعاد فرديته ومفهومه عن ذاته، فكثرة الاختلاف بين المواقف التي يواجهها وتعدد الأدوار التي يلعبها وتنوع أنماط السلوك التي تتطلبها هذه الأدوار، كل ذلك عقد من عملية تكيفه[1] مما نتج عنه عدة عوارض وأمراض نفسية، تلك التي تمثل تلك التفاعلات النفسية الطبيعية التي تطرأ على أي فرد نتيجة تفاعله مع ظروف الحياة اليومية، وتستمر لفترات قصيرة، قد لا يلاحظها الآخرون ولا تؤثر عادة على كفاءة الفرد وإنتاجيته في الحياة ، كما أنها لا تؤثر على عقله وقدرته في الحكم على الأمور، وتعد هذه العوارض النفسية جزءاً من طبيعة الإنسان التي خلقه الله بها، فيبدو عليه الحزن عند حدوث أمر محزن، ويدخل في نفسه السرور والبهجة عند حدوث أمر سار.

أما الأمراض النفسية فأمرها مختلف و واسع ،يمتد في أبسط أشكاله من اضطراب التوافق البسيط إلى أشد أشكاله تقريباً متمثلاً في مرض الفصام شديد الاضطراب، كما أنه ليس شرطاً أن تستخدم العقاقير في علاج ما يسميه المعالجون النفسيون الأمراض النفسية، بل إن منها ما لا يحتاج إلى علاج دوائي ، فهي تزول تلقائياً، وربما لا يحتاج معها المريض سوى طمأنته، كما يحدث عادة في اضطرابات التوافق البسيطة[2].ولذلك فإنه لتشخيص المريض النفسي ـ يجب أن تحدث عند المريض أعراض غير مألوفة كالضيق والحزن مثلاً، وتستمر لمدة ليست بالطارئة أو القصيرة وبأعراض واضحة وعلى درجة من الشدة تكون كفيلة بتشخيص المرض النفسي.لذا فإن من يحزن لفقد قريب أو عزيز ويتأثر بذلك ، فإننا لا نصفه بأنه مريض نفسي إلا

---

[1] انتصار يونس، السلوك الإنساني، الطبعة 1985،دار المعارف،ص367.
[2] الدكتور طارق الحبيب استشاري وأستاذ مشارك في الطب النفسي/ الرياض، bafree.net)

إذا استمر حزنه لمـدة طويلـة، ربمـا تصـل لعـدة أشـهر أو بضـع سـنوات ، بصورة واضحة تؤثر في إنتاجيته في الحياة، أو أن تظهر عليه أعراض بعـض الأمـراض النفسية الأخرى، كالاكتئاب.

أسباب نشوء الأمراض النفسية:

إن الأمراض النفسية كثيرة وأسبابها متداخلة ومتعددة ولا نستطيع أن نحـدد سببا واحدا لهذه الأمراض، فهنالك عدة أسباب منها:

1- الخلل في تركيب الجهاز العصبي التشريحي الوظيفي أو تركيبه الكيميائي.

2- الوراثة والجينـات التـي توجـد الاستعداد للإصابة بـالأمراض النفسية ،مثـل ازدواج الشخصية أو الشيزوفرينيا والإصابة بالمرض لدى هؤلاء تكون حتميـة، إذا استكانوا للضغوط.

لقد أثبت أطباء الأمراض النفسية أن من بين الأطفال المصابين بتلك الأمـراض يوجد 26% منهم ورثوها من أمهاتهم، إذ لو كانـت الأم ذات جهـاز عصبي سـليم، فإن الطفل يكون سليماً أيضاً، فلو كانت تفكر الأم في صحة طفلهـا وسـلامة جهـازه العقلي فلابد وأن تفكر في سلامة نفسها قبل تولده[1]. حيث أن الجسم والعقل هـما كيان واحد، فإن اعتلال الصحة البدنية يؤدي إلى أمراض نفسية، وبالتالي فإن فحـص الجسم لا يقل أهمية عن فحص العقل في تشخيص بعض أنواع الأمراض النفسية ، والعكس صحيح أيضاً ، فعلى سبيل المثال يؤكد العلم الحديث بأن فقر الدم والـذي ينجم عنه نقص كمية الأكسجين في الدم، وكذلك الخلل في عمل بعض غدد الجسـم المسئولة عن حفظ التوازن الفسيولوجي الداخلي للجسم يؤديان لحدوث أعراض

---

[1]. محمد تقي فلسفي، فاضل الحسيني الميلاني، الطفل بين الوراثة والتربية، ص 108.

62

مرض الاكتئاب ، بينما الإصابة بتسلل جرثومة أو فيروس المرض للجهاز العصبي عبر الدورة الدموية تؤدي لأمراض نفسية وعقلية.

3- التغذية التي تؤدي زيادة أو نقص المواد الأولية التي تصنع منها هرمونات الدماغ وموصلاته العصبية، كما أن للفيتامينات دورا بارزاً في المحافظة على الصحة النفسية فالغذاء يجب أن يكون جامعاً وكاملاً، لأن البدن يحتاج لاستمرار حياته إلى المواد الغذائية المتنوعة، فلا يكفي نوع واحد أو نوعان لحفظ حياة الإنسان وسلامته.إن نقصان الموارد الغذائية يؤدي إلى عوارض مختلفة،فإن جانباً كبيراً من الأمراض والوفيات التي كانت تحدث في الماضي كان سببه نقصان المواد الغذائية الضرورية.

هناك ترابط وثيق بين النشاط الخلقي والفكري والغددي،إن الذكاء وصلابة الإيمان هي التي تجعل الإنسان يتحمل المشاق العظيمة التي تعترض طريقه، وفي نفس الوقت ناتجة عن النشاط الغددي الداخلي، وعدد من الخلايا المخية.إذ أن أبسط تغيير في مقدار الحديد والكالسيوم والفلزات من الدم يؤدي إلى فقدان الاتزان العضوي والنفسي عند الإنسان[1] كما أن الاختلالات التي توجد طوال مرحلة الطفولة أو الشباب في البناء البدني والجهاز العصبي، تنعكس على الشعور دائماً،فانعدام اليود في المناطق المسكونة من مرتفعات الألب وهملايا يوقف نمو غدة الثايروكسيد ويصاب الأطفال بالبلادة الثايروكسيدية.وربما كان بطء نمو الأطفال والمراهقين وانحراف مزاج البالغين ناشئاً من قلة الحوامض العضوية في البدن.

إن كثيراً من الأفراد بالرغم من أنهم يملكون أسساً وراثية جيدة يعجزون عن إدارة حياتهم يسبب العيوب المكتسبة التي لا يقل تأثيرها عن العيوب الموروثة.إذ يحتمل أن يكون 25% من حالات البلاهة نتيجة الاختلالات الحادثة على نمو المخ طوال

[1] الكسيس كارل المرض النفسي: ترجمة برويز دبيري، ص 167.

الحياة الجينية أو عند الولادة ، أو في المرحلة الأولى من حياة الطفل.كما أن اتـزان الجهاز العصبي وسلامة التفكير يرتبطان إلى حـد بعيد بتركيب المـواد الغذائيـة في مراحل تكون المخ والنتوءات العصبية. و من البديهي أن الجهاز العصبي والبنيـان العام وشعور الأطفـال الـذين تغـذوا مـن القهـوة والخبز الأبيض والسكريات ، والكحول أحياناً ... يكون مصاباً وغير سليم.كما علمنا علم التغذية الحـديث أن التغذية الفاسدة يمكن أن تؤثر في الطفل، فتوجد فيه نقـائص بدنيـة وروحيـة غـير قابلة للعلاج[1].

4- السن: فإن التغيرات الجسمية التي تصاحب مرحلة المراهقـة تسبب مشكلات انفعالية،وكذلك الحال في مرحلة الشيخوخة، وتشمل كذلك مرحلـة الطفولـة لكثرة تعرض الطفل لأنواع من الصراعات لا يمكنه حلها لضعفه الذاتي.

5- الحمـل: تصـاحب الحمـل أحيانـا حـالات اضطراب نفسي ـ مـع عـدم الاتـزان الفسيولوجي الناتج عن حالات الحمل يـؤدي إلى أنواع مـن التـوتر النفسي ـ هذا بالإضافة إلى نظرتها الى الحمـل والأمومـة التـي تزيـد مـن حالـة التـوتر النفسي لدى المرأة[2].

6- الحاجة للتقدير والاحترام مـن قبـل الآخرين والمجتمـع: تعتـبر حاجـة إنسانية أساسية يجب إشباعها مـن أجـل صـحة نفسية أفضـل.إذ أن نظرة الإنسان لذاته لا تأتي مع الإنسان عند ولادته ولا دخل للوراثة أو الجينات فيها، كما لا يمكن أن تأتي لأسباب لا يستطيع الإنسـان التـحكم بها كالمـال، أو الجمـال أو المنصب ، ولكنها تأتي بالتدريج خلال مراحل نمو الإنسان وطبقا للخبرات التي يمر بها في هذه المراحل، وطبقاً لهذه الخبرات فإن الإنسان إما أن يتولد لديـه شعور إيجابي نحو الذات أو شعور سلبي نحو ها.

---

[1] المصدر السابق ص 74-158.
[2] مصدر سبق ذكره ص 373 - 374 .

يرى خبراء الصحة النفسية أن النظرة الإيجابية نحو الذات تجعل الإنسان أكثر قدرة وكفاءة في مواجهة مصاعب الحياة النفسية ،حيث أن شخصية الإنسان في الحياة تبدأ بالنظرة الإيجابية للذات،و هي التغذية الراجعة التي يقوم الطفل على ضوئها بتقييم ذاته ، وبالتالي فإن تشجيع الأسرة والأصدقاء وثناءهم على الجوانب الإيجابية في الطفل هي بداية مشوار الطفل مع الصحة النفسية،وفي نفس الوقت ، فإن العنف والإيذاء الجسدي والنفسي للطفل أو حتى التهكم والسخرية من الطفل ووصفه بعدم الكفاءة والنفع، وبأنه لا يصلح لأي شيء هو بداية تأصيل جذور الاستعداد للمرض أو بالأحرى الأمراض النفسية،فالأسرة المتماسكة التي يكون فيها الحب والاهتمام والعطف والحنان هو الجو العام، تؤدي لنمو الطفل بطريقة إيجابية فيما يخص نظرة الطفل إلى نفسه والحياة والآخرين على عكس الأسرة المفككة التي تسودها المشاكل والخلافات خصوصا بين الزوجين، و يستخدم فيها العنف الجسدي واللفظي ، كاستخدام السباب والشتائم والإهانة مع الأطفال.

كشفت دراسة نشرت في القاهرة أن 32.9% من الأطفال المشردين في القاهرة كان سبب تشردهم سوء المعاملة، أو ضعف الرعاية داخل الأسرة.. وان اكتساب الفرد المرح وروح الفكاهة والدعابة لا ترتبط بموروثاته الجينية ، وإنما يرجع إلى طريقة التربية التي تلقاها في طفولته.. أو هذا على الأقل ما يعتقده البيولوجيون البريطانيون ، فقد خلص الباحثون في الدراسة التي أجريت في لندن إلى أن الفكاهة والمرح تنعكس على طبيعة الفرد من خلال تربيته وليس لها علاقة بجيناته الوراثية، فقد قام الدكتور تيم سبيكتور وزملاؤه في مشفى سانت توماس في لندن ، باختبار روح المرح والإحساس بالفكاهة لدى 71 زوجاً من التوائم المتماثلة و65 زوجاً من التوائم غير المتماثلة ، حيث نشأ كل زوج من هؤلاء التوائم معاً في نفس البيئة من خلال عرض مشاهد مضحكة من الرسوم المتحركة لجاري لارسون الشهيرة، ووجد علماء البيولوجيا أن مستويات المرح ودرجات تقويم الرسوم المتحركة اعتمادا على مقياس

من صفر إلى عشرة ، بحيث يرمز الصفر إلى الأسوأ والعشرة إلى أنها الأكثر مرحاً وإضحاكاً ، لم تتوافق في التوائم المتماثلة التي تملك نفس الجينات في حين تقاربت في التوائم الأخوية التي تشترك في الجينات ، الأمر الذي دفع الباحثين إلى الاعتقاد بأن الفكاهة تنشأ مع التربية، وليس بسبب الوراثة.[1]

إن ثمة عوامل خارجية كالبطالة أو الظروف المادية الصعبة أو الصدمة العاطفية أو وفاة قريب أو حبيب وكذلك الانتقال الوظيفي ، وهناك الحروب، والتفكك الأسري ثم هناك العوامل السلوكية وتعتبر هذه العوامل من ضمن حياة الإنسان بحيث تشكل الانفعالات غير الطبيعية كالانهيار أو شدة الحالة العصبية، وهناك العوامل المعرفية التي تشكل الأفكار الجاهزة في دماغ الإنسان التي قد تكون مغلوطة وهو مقتنع فيها، ويعتبر عدم الثقة بالنفس عامل مشترك في الأمراض النفسية.

أنواع الأمراض النفسية:

يدور الجدل حول التفرقة بين العصاب و الذهان، ويشير الاتجاه الحديث إلى أنه ما دام الاضطراب غير ناتج عن إصابات بالجهاز العصبي، فانه يعتبر اضطرابا نفسياً لا عقلياً ، ومع ذلك فلا يوجد اتفاق تام على تصنيف الأمراض العصابية، وحسب تصنيف لجنة الإحصاء بجمعية أطباء الصحة العقلية الأمريكية هي:[2] "هستيريا القلق الهستيري، الهستيريا التحولية، العصاب القهري، الوهم المرضي، القلق، النيراستنيا والعصاب المختلط.

وسوف نتطرق تاليا إلى بعض هذه الأمراض:

[1] www.islam-online.net

[2] مصدر سبق ذكره ص 388.

2-القـــــلـــق

يعد القلق أكثر الأمراض شيوعاً لدى البشر ، خاصة في عصرنا الحالي، الـذي يطلق عليه الكثيرون عصر القلق،ذلك أن القلق،إضافة إلى انتشاره،كمرض مسـتقل، يصاحب غيره من الأمراض ، النفسية والجسمانية.. ينطبق هذا القول عـلى كـل مـا يصيب الإنسان من أعـراض مرضية، أو عاهـات جسـمانية، و مـا ينتابه مـن قلق، يتعلق بشؤون حياته، اليومية والمستقبلية، وعـن قلقه مـن أجـل مـن يـرتبط بهـم عاطفياً، مثل قلقه لمسـتقبل أبنائـه الـدراسي، وقلقـه لصـحتهم، وهكذا، يتضح أن القلق، ليس سمة من سمات العصر فقط،بل سمة من سمات الحياة نفسها.

يعرف القلق بأنه الخوف والشعور بالانقباض، وترقب شر أو مصيبة، ستقع مستقبلاً، وإذا كان الخوف مـن شيء معلوم، أو أن المصيبة، التي يخشى- حـدوثها معلومة، فذلك هو القلق الثانوي، و ذلك ينطبق على خوف الطالب من الامتحان، وإحساسه أنه لن يجتازه، ويترقـب شر نتيجته، إلى درجـة تزعجـه، وتخل بتكيفـه النفسي.أما إذا كان الخوف غير معروف السبب،فذلك هـو القلـق الأولي، ونظراً إلى أن السبب مجهول، فإن الشر المرتقب، أو المصيبة المرتقبة، غير معلومـة المصـدر، أو الوقت أو الكيفية، فلا يعرف الشخص من أين، ولا متى، ولا كيف ستقع المصيبة؟

أعراض القلق:

تشمل سمات مريض القلق أعراضاً نفسية، وأخرى جسمانية، أمـا الأعـراض النفسية، في الشعور بالخوف وعدم الراحة الداخلية ، وترقب حـدوث مكـروه، مـما يترتب عليه تشتت انتباه المريض، وعدم قدرته على التركيـز، ويتبع ذلك النسـيان، لاختلال أداء التسجيل في الذاكرة، الذي يتطلب التركيز أو الانتبـاه، كـما أن التفكيـر، قد يختل تسلسله، نتيجة للخوف ونقص التركيز.

ويلاحظ أن الشخص ، في موقف القلق المرضي، يكون مرتبكاً في عرضه لأفكاره، فمثلا ،إذا كان قلق الطالب مرضياً ،أثناء أدائه الامتحان، فإن إجابته ستكون ناقصة أو غير متسلسلة، لفقد بعض أفكاره، نتيجة للنسيان المذكور، كما أن الحركة تضطرب، فترتعش يد هذا الطالب، أثناء الكتابة، و تهتز الكلمات في فمه، إذا كان الامتحان شفوياً، وأحياناً، يسقط الشخص خوفه الداخلي على الأشياء والأشخاص المحيطين به.

أما الأعراض الجسمية، فتظهر في شحوب الوجه، واتساع فتحة العينين، وبرودة الأطراف، وسرعة ضربات القلب، وارتفاع ضغط الدم، وسرعة التنفس، والشعور بالاختناق، وجفاف الحلق، وصعوبة البلع، وعسر الهضم، والآم المعدة والأمعاء، وصعوبة التبول والرغبة المستمرة فيه، واضطراب الوظيفة الجنسية.

دور القلق في حياة الإنسان:

أولا: قلق الطفل كجنين في بطن أمه:

تبدأ رحلة الإنسان مع القلق، منذ بدايته الأولى، كجنين في رحم أمه، فعندما تصاب الأم بالقلق والخوف، أثناء الحمل، فإن نسبة الأدرينالين، تفرز في دمها، بكميات كبيرة، ويسبب ذلك زيادة في نشاط عضلات الرحم، فتحدث انقباضات غير منتظمة وغير منضبطة، قد ينشأ عنها الإجهاض، وعلى أقل تقرير، تزعج استقرار الجنين وسكينته، كما يقل الدم الواصل إليه، وتسرع دقات قلبه، تختلج عضلات جسمه، تعبيراً عن الخوف المنقول إليه من الأم ، بزيادة الأدرينالين في دمه، وتعد هذه أولى خبرات الإنسان بالقلق ،إذ تبدأ قبل ولادته، ثم تأتي لحظة الميلاد، وهي رحلة قصيرة زماناً ومكاناً ، فمن الرحم إلى خارجه عدة سنتمترات، لا تستغرق وقتاً طويلا ، ولكنها تنقل الإنسان من عالم محدود جداً، ومريح جداً، إلى عالم شاق.

أما في الرحم ،فقد كان دم الأم ، يحمل إليه الأكسجين والغذاء، أما بعد الولادة فإنه لابد من بذل جهد في التنفس والرضاعة، ولابد لأجهزة جسم الطفل أن تمارس دورها في عمليه التكيف الحياتية،مثل المحافظة على درجة الحرارة ،لذا فـأن الانتقال في عملية التكيف الحياتية، مثل المحافظة على درجة الحـرارة، يعـد انتقالا عظيماً، وهـذا الانتقال العظيم، يصاحبه قلق وخوف لدى الطفل الوليد،ويزداد قلقه بازدياد التوتر لدى الأم، أثنـاء عمليـة الـولادة، ولقـد عـد بعـض علـماء الـنفس، أن صدمة الميلاد مصدر لكل أنواع القلق التي تصيب الإنسان، وهـذا القـول، لم يكـن مقبولاً منذ عدة سنوات، ولكن الدراسات الحديثة التي تناولت تأثير التوتر والقلـق في الجنين داخل الرحم وأثناء الولادة قررت التـأثير المـرضي للحمـل المتـوتر فيميـل الرضيع إلى الاضطراب النفسي الفسيولوجي،وقلق ما بعد الولادة.

ثانياً: قلق الطفل بعد الولادة:

تسـتمر رحلـة القلـق بعـد الـولادة ، ويعـبر عنـه الرضيع بالبكـاء والأنـين، والتصلب وعدم الاستقرار واضطراب النوم مـع البصـق والقيء،والإسهال والعـرق والاحمرار، وهي كلها علامات الانزعاج الحسي الحركي، وهـو انزعـاج مؤقـت ،يظل لعدة دقائق تكفي لجـذب انتبـاه الأم، لتخفيـف العوامـل الضاغطة وهـو انزعـاج تكيفي ، أو قلق تكيفي، يتوخى التكيف، وإزالة العوامل الضاغطة، ولا يسمى قلقاً في الأشهر الستة الأولى من حياة الرضيع ، وإنما انزعـاج، قد يزيد عـن احتمال الأم، فيسمى الانزعاج المرضي،ويكون فيه البكاء كثيراً وبصوت مرتفع، ويبدوا أن الطفل متألم ، وهو في حالة توتر شـديدة وحـادة، كـما يكـون سريـع الاهتيـاج، ويضطرب انتظام وظائفه الجسمانية وانضباطها، أي يصبح نومه متقطعـاً وغير منـتظم، وتقـل رضاعته، فلا يأخـذ الحلمـة، أو لا يشـعر بالشبـع، ، وقـد تصيبه حساسية خفيفـة، وتكثر حركته، يصاحب ذلك أحيانـاً ، هلع شديد مـن الأشياء الجديـدة حولـه، وإذا استمر هذا الانزعاج المرضي فترة طويلة،

فإنه يصبح مزمناً، وينطوي الطفل على نفسه، ويتدنى نشاطه، ويقل نموه الجسمي والنفسي والاجتماعي.

ثالثاً: قلق الطفل في الأشهر الستة الثانية من حياته:

وهي مرحلة يميزها القلق عند رؤية شخص غير مألوف لدى الطفل، وقلقه عندما تنفصل أمه عنه، والقلق في الحالتين عبارة عن خوف تكيفي موروث في طبيعة تكوين الطفل، ويشبه ذلك الخوف من الأصوات العالية، والخوف من الألم ، فمثلاً الخوف من الغرباء، يجعل الطفل ملتصقاً بأمه، ويحميه ذلك من الأخطار، لذا فهي مخاوف تكيفيه، ولكن إذا ازداد الخوف،فإنه لا يصبح تكيفاً، إنما يمسي- قلقاً مرضياً، فالطفل يصاب بالذعر، أو الهلع عندما يرى شخصاً غير مألوف لديه، وفي حالة وجوده مع أمه من دون غرباء، يصعب انفصاله عنها ولو لفترة قصيرة، وهذا الطفل سيستمر ملتصقاً بأمه، لا ينفصل عنها بسهولة، حتى عند ذهابه إلى المدرسة.

يصاحب هذه المخاوف اضطرابات الأكل، في صورة رفض الرضاعة، والغثيان والقيء والمغص المتكرر، والإسهال أو الإمساك، ويتبع ذلك ضعف النمو، وفي أحيان قليلة،يميل إلى كثرة الرضاعة والسمنة،ويصاحبها كذلك اضطرابات النوم، مثل الأرق أو النوم المتقطع، غير المريح وغير المنتظم، ويتأخر نمو الكلام لدى هؤلاء الأطفال، وينتابهم العناء الشديد لمن حولهم،كما يكون عدوانهم شديداً في صورة العض، أو الانفجار المزاجي، إذ يعبر بانفعال شديد بأطرافه الأربعة، وكل عضلات جسمه، عن غضب شديد ورفض لكل شيء إضافة إلى البكاء الحاد جداً، وكثيراً ما يظهر على جسد هذا الطفل أعراض الاضطراب النفسي الفسيولوجي في صورة التهاب الجلد.

رابعاً : القلق في السنتين الثانية والثالثة من عمر الطفل:

يكون القلق في هذه المرحلة من العمر، حول الانفصال عن الأم وعند مواجهة الغرباء، ولكن إلى درجة أقل كثيرا عن قبل لدى الأطفال الأصحاء نفسياً ويتبدد قلقهم،

عند نهاية السنة الثالثة.كما يبرز القلق حول فقد وظائف الجسم، وفقد التوافق مع موضوع الحب، وهذه الأعراض عابرة والاستجابة المتفهمة من الأسرة تقلل من حدة هذا القلق، وعندما ينجز الطفل، من المهارات ما هو مطلوب منه في هذه المرحلة ، كالتحكم في المخارج والكلام فإن قلقه يتناقص ويحل محله الإحساس بالثقة والفخر بالإنجاز والنجاح.

ويكون هذا القلق طبيعياً، إذا لم يعيق تكيف الطفل وإنجازه، أما إذا كان حاداً ومستمراً لفترة طويلة ، فهو القلق المرضى الذي سيؤثر في السلوك الطفل الحركي، فيؤخر قدرته على المشي والجري، ويصبح متململاً، لا يستقر في مكان ،كما أن توافقه الحركي يتأخر، وينتابه الاندفاع الذي يعرضه للإصابات ويشتد عناده وسلبيته وعدم طاعته لوالديه، ويكثر بكاؤه الحاد الذي ينفعل فيه بكل جسمه، وقد يوقف تنفسه أثناء البكاء الأمر الذي يزيد خوف الوالدين وقلقهما ويصاحب ذلك تأخر في نمو إدراك الطفل وقدرته على التفكير، إذ أن ذكاءه، يتجه إلى التعبير الحسي الحركي، أي الجسماني، ولا يتجه إلى التعبير برموز اللغة وكلماتها، لذا فإن اللغة تتأخر لديه في نموها، وقد يكرر ما يعرفه، بصورة قهرية، وبنغمة حادة، تعبر عن التوتر، كثيراً ما ينتابه البكم الاختياري (عدم النطق بأي كلمة، لفترة معينة، أو في مواقف معينة) أو التأتأة.

وقد يتمثل القلق المرضي في هذه المرحلة في التشبث بالأم ، والتعلق بها، في ما يشبه طفل الثمانية إلى عشرة أشهر، فلا يتحرك بعيداً عنها، لاكتشاف البيئة المحيطة به، كما يظهر تناقض مشاعره تجاه أمه، فعلى الرغم من أنه يحبها، ويلتصق بها ، إلا أنه يضربها، ويعضها،ويخدشها كتعبير عن كراهيته لها، وانفصاله عنها يصيبه بالهلع، ومن ثم ، فهو لا يلعب مثل غيره من الأطفال الأسوياء، ولا يشاركهم حتى في لعبة يستقل بها.

ونظراً إلى أن التحكم في المخارج أي التحكم في عملية التبول والتبرز،يعد أحد الإنجازات المهمة في هذه المرحلة، فإن القلق المرضي يكون إحدى علاماته البارزة، إذ يخاف الطفل من عملية التبرز، فيصبح عرضة للإمساك لعدة أيام ،أو يختل تحكمه في المخارج، فيلوث ملابسه ببرازه أو بوله، خاصة أثناء اليقظة، مما يزيد قلقه حدة وصورته عن نفسه اهتزازاً، واضطرب نومه، فينتابه الفزع الليلي، والأحلام المخيفة،و كثيرا ما تصاحبها صور مخيفة ، تظهر عند بداية نومه ،أو عند الاستيقاظ منه ، وتقل أثناء النوم خاصة مراحله العميقة، التي يبطؤ فيها إيقاع المخ وتعتريه اضطرابات الأكل..

خامساً: قلق الطفولة المبكرة (3 – 6 سنوات) :

في هذه المرحلة يعي الطفل نوعه (ذكر أو أنثى) ،ويميل بحكم الاختلاف إلى أبيه من الجنس المقابل، سعياً إلى الاكتمال، ولكنه في ميوله هذه ينافس أباه من الجنس المماثل،إذ تنافس البنت أمها في حب أبيها والتعلق به، وينافس الابن أباه في حب الأم ،والتعلق بها، ويولد التنافس الخوف في نفس الصغير لأن القوى ليست متكافئة في هذه المنافسة (بين الابن وأبيه من الجنس نفسه)، وعادة ينتهي هذا الخوف بأن يكبت الصغير حبه لأبيه من الجنس المقابل، ويجد الحل في أن يتوحد بأبيه من الجنس نفسه، أي يحاول التشبه به،فتقوى الصلة بينهما

إن شعور الطفل بالفشل والإحباط في صراعه مع أبيه من الجنس نفسه، وعدم توحده به يجعله يفشل مستقبلاً في العلاقات الثلاثية أو العلاقات بجماعة متعددة الأفراد، بينما ينجح في علاقات ثنائية (علاقة شخص بشخص)، لأنها أكثر أمناً بالنسبة إليه ،وليس فيها منافسة، قد تكون مؤلمة ، ومن ثم يتجنب الطفل منافسة أقرانه ويصبح سلبياً ويفقد عدوانيته وشعوره بشخصيته، كما يقل حبه ودوافعه إلى الاكتشاف ،ويضعف فضوله تجاه معرفة الجديد،فينكص عن إنجاز ما يتوقع منه

إنجازه في هذه المرحلة، مثل كتابة الحروف في الحضانة، وبذلك يهيأ لكي يفشل في مستقبله الدراسي.

وقد تبرز علامات أخرى للقلق ،مثل قضم الأظفار، ومص الإصبع، أو هز الجسم باستمرار، أو الأطراف، أو جذب الشعر، أو لمس الأعضاء التناسلية بكثرة،وهو عادة ما ينهي عنه الوالدين، مما يزيد شعور الطفل بالذنب والخوف من العقاب (المضاف إليه سعة خيال الطفل)، فيزداد قلقه حدة، ويضطرب نومه الذي يصاحبه الفزع الليلي والكوابيس، ويكثر تبوله في فراشه بعد أن كان قد أنجز تحكمه في عملية التبول أثناء النوم لعدة أشهر.

سادساً: قلق الطفولة المتأخرة (7 – 12 سنة):

يشعر الطفل في هذه المرحلة بتكامل جسده وتميزه أو نقصه، ويتوحد بالأب من الجنس نفسه، ، ويتوق إلى تعلم مهارات الكبار من خلال اكتساب حرفة،أو تعليم في المدرسة، إذ يرغب عن الحب والدفء والراحة في البيت، ، بل يصبح تقديره لذاته مرتبطاً بإنجازه في العمل أو المدرسة، فإذا نجح استشعر الرضا، وإذا فشل أحس بالنقص والذنب.

سابعاً: قلق المراهقة (13 – 21 سنة) :

إن التغير الهرموني في مرحلة المراهقة، وما يتبعه من تغير في التكوين والشكل والميول في جسد المراهق نفسه يجعلانه في مواجهة تحديات جديدة، فإن مصادر الصراع المحدث للقلق تكون عديدة في هذه المرحلة .

اضطراب قلق الانفصال:

وهو يتميز بشدته لمد أسبوعين على الأقل، وينشأ عن انفصال الطفل عمن يرتبط بهم ،وقد يعرف برهاب المدرسة.فعند حدوث الانفصال ينتاب الطفل قلقاً قد يصل إلى

درجة الهلع، متجاوزاً مستوى نموه على أن يبدأ الاضطراب قبل الثامنة عشر ،وأن لا يكون خلال مسار اضطراب تشوه النمو،أو الفصام ،أو أي اضطراب ذهاني آخر،والأطفال المصابون باضطراب قلق الانفصال، يتجنبون أن يكونوا وحدهم بعيداً عن البيت أو الأماكن المألوفة لهم، أو الذهاب في رحلات قصيرة ،أو الالتحاق بمدرسة أو معسكر، ،وقد يظهرون سلوكاً تعلقياً، فيظلوا ملتصقين بوالديهم كظل لهم داخل المنزل. وعند وقوع الانفصال أو توقعه تكثر شكاوي هؤلاء الأطفال الجسمية،مثل آلام المعدة والصداع والغثيان والقيء.

والأطفال المصابون بهذا الاضطراب،غالباً ما تكون لديهم مخاوف مرضية من الحيوانات والوحوش ،ويبالغون في المواقف التي أدركت كخطر حالي يهدد تكامل الأسرة ويغالون تبعاً لذلك، في مخاوفهم من التماسيح واللصوص ،وحوادث السيارات والسفر في الطائرات ،ويكثر انشغالهم بالموت ،وقد يرفضون النوم منفردين فيصرون على أن يظل معهم أحد، أو يناموا في الفراش مع والديهم،وقد يناموا أمام حجرة الوالدين، وقد ينتابهم الفزع الليلي، الذي ينم عن مخاوفهم المرضية أو تعتريهم كوابيس متكررة عن الانفصال.كما يظهر الأطفال المصابون بقلق الانفصال ملامح من الانسحاب الاجتماعي،والتبلد،وصعوبة التركيز في المدرسة أو اللعب.

يصاحب اضطراب قلق الانفصال أعراض منها الخوف من الظلام، وقد يدعي المصابون رؤية عيون،أو حيوانات خرافية، تحملق إليهم في الظلام،إضافة إلى اكتئابهم الذي قد يصبح أكثر ثباتاً بمرور الوقت، ويتميز هؤلاء الأطفال بالاعتمادية والانطواء ،ويحتاجون إلى جذب الانتباه دائماً،وقد يشكون أنه ما من أحد يحبهم أو يهتم بهم، ويتمنون الموت.

يبدأ اضطراب قلق الانفصال في سن ما قبل المدرسة الابتدائية، خاصة عند دخول الحضانة، ويستمر إلى الصف الثالث أو الرابع الابتدائي، ويمكن أن يستمر إلى نهاية

المرحلـة الابتدائيـة، وأحيانـا إلى المرحلـة الثانويـة أو الجامعيـة. وعنـدما يكـون الاضطراب شديداً، قد يعوق الطفل عن الالتحاق بالمدرسة،أو يعمل منفصلا عـن والديه،وينتج عن ذلك فشله الدراسي والعملي وانسحابه الاجتماعي.

إن سبب هذا الاضطراب غير محدد، ولكن هناك عوامل تمهد له،وهي:

1. عوامل نفسية اجتماعية، هي:

● الاعتمادية الشديدة للطفل على أمه.

● مرور الطفل بخبرات انفصال عابرة، ارتبطت بأحد أنواع مخاوف النمو.

● موت شخص، يرتبط به الطفل،أو سفره لمدة طويلة.

● الانتقال من مسكن إلى آخر في مراحل الطفل المبكرة.

● تعلم القلق من أحد الوالدين.

2. عوامل جينية:

أظهـرت دراسـات الأسـر أن أبنـاء الآبـاء الـذين يعـانون القلـق، هـم أكـثر عرضه لقلق الانفصال،كما لوحظ وجود تداخل بين قلق الانفصـال والاكتئـاب لـدى الأطفال.

أما علاج مثل هذه الحالات، فيتمثل في الأنماط التالية:

1. العلاج النفسي الديناميكي للطفل:

لفهم المعنى اللاشعوري للأعراض ، وتقوية الأنـا لديـه،لتحمل مواقـف القلـق في جلسات نفسية مرتين أو ثلاثاً في الأسبوع.

2. العلاج السلوكي:

وذلك بالتخفيف التدريجي من الحساسية للخوف، كاصطحابه إلى المدرسة لمدة محدودة ،تزداد تدريجياً،ويصاحبه إلى المدرسة شخص غير الأم، يكون الطفل أقل ارتباطاً به، مع تشجيعه على اللعب و الاختلاط مع الأطفال الآخرين.

3. العلاج الأسري:

يشجع خلاله الوالدين على التعبير عن مخاوفهما وصراعاتهما ،والعمل من خلال العلاج على تجاوزها أو قبولها.

اضطراب القلق العام:

يتميز اضطراب القلق العام بقلق شديد غير واقعي، وتوقعات تشاؤمية باعثة على الخوف من ظروف الحياة، والذي يستمر لمدة ستة أو أشهر أو أكثر، على أن يكون الشخص خلالها قد عانى هذه الأحاسيس أغلب الأيام.

تشمل أعراض هذا القلق ما يلي:

1- أعراض التوتر العضلي:

مثل الارتجاف أو الرعشة، و توتر العضلات، وعدم الاستقرار وسرعة الإجهاد.

2- أعراض ازدياد نشاط الجهاز العصبي المستقل:

مثل صعوبة التنفس والشعور بالاختناق والشعور بسرعة ضربات القلب، والعرق،وبرودة الأطراف.

3- أعراض الخوف والحذر:

مثل شعور الشخص بأنه على حافة الهاوية، وصعوبة التركيز، والأرق، وسرعة الاستثارة.

من خلال عرضنا لموضوع القلق نرى بأنه من المهم جداً أن نقوم بمعالجة الظروف البيئية للشخص الذي يتعرض للقلق، وذلك لأن الظروف البيئية ناشئة عن صراع خارجي أحدث القلق لدى الفرد.وكذلك فإن هناك أهمية خاصة للعلاج الأسري، حيث على الأسرة أن تشجع الأبناء، فيتطلب الأمر من الوالدين أن يتيحوا فرصة للأبناء للتعبير عن مخاوفهم وصراعاتهم، و يجب أن يعمل الوالدان في إطار العلاج الأسرى على تجاوز المخاوف والصراعات بحسب طبيعة المواقف والحالات.كما أن هناك دور واضح للعلاج النفسي والاجتماعي،في اكتشاف أسباب القلق، والعمل على حلها فذلك أفضل الطرق لعلاج هذا المرض.[1]

3- الاكتئاب

ورد مصطلح الاكتئاب في نصوص الحضارات القديمة ، فقد ميزه قدماء الإغريق كاضطراب في المزاج ونسبوه إلى زيادة السوداء في الجسم المكابد،أما أولى الأوصاف الطبية للاكتئاب فتعود إلى ابقراط (القرن الرابع قبل الميلاد) بتحديده الأسباب والعلاج، فقد وصف الاكتئاب النفسي وصفا لا يختلف عن الوصف الحالي له،مؤكداً العلاقة المتبادلة بين الجسم والعقل ، حيث رأى أن المرض الفعلي ينجم عن أسباب طبيعية، وليس عن أسباب فوق طبيعية ، وإن السوداء هي حصيلة ثانوية لفائض الصفراء السوداء في الطحال، كما توصل إلى أن المخ هو مركز الإحساس

[1] انظر:

1. بشناق- رأفت :سيكولوجية الأطفال،دراسة في سلوك الأطفال وإضرابـاتهم النفسية، بيروت،دار النفائس،2001م.
2. العيسوي-عبد الرحمن: سيكولوجية الطفولة والمراهقة،دار أسامة للنشر والتوزيع،الأردن،الطبعة الأولى 2003م.
3. الموسوعة العربية العالمية،الجزء الأول،دار النشر والتوزيع بالرياض،2000م.

وليس القلب، لذلك أوصى ابقراط لتخطي الاكتئاب بإعادة التوازن إلى أجهزة الجسم بالاسترخاء واستراتيجيات العيش الصحي، وهو بذلك كان ذا نظرة شاملة في الطب العضوي والنفسي،وقد قام الأطباء الرومان بعد ذلك بوصف بعض الأمراض من بينها الاكتئاب، وتم تصنيفه إلى نوع خارجي ونوع داخلي مثل بعض التصنيفات الحديثة له.

يشير مفهوم الاكتئاب إلى أكثر من جانب، فهو مرض له أساس بيولوجي يتأثر غالبا بعوامل عدة كالإرهاق النفسي والفكري والاجتماعي ،وعوامل كالوراثة والتوتر والتغيرات في وظيفة الجسم والدماغ.. الخ، أو قد تعزى إلى الحزن أو التعب الشديد أو إلى مشكلات النوم أو التقدم في العمر أو العمل المفرط ، ورغم صعوبة تعريفه فقد حاول الفلاسفة والعلماء تعريف الاكتئاب ، فعرفه سيلغمان بأنه مظهر للشعور بالعجز حيال تحقيق الأهداف، عندما تكون تبعية اليأس منسوبة إلى علل شخصية، و في هذا السياق فإن الأمل يكون مفهوما كوظيفة لإدراك مدى احتمال حدوث النجاح في صلته بتحقيق الهدف.ويعرفه هاملتون بوصفه مرضاً نفسياً يتصف بشعور عميق ودائم بالحزن أو اليأس أو فقدان الاهتمام بالأشياء التي كانت يوما ما مصدراً للبهجة، ويترافق ذلك مع اضطراب في النوم ، واضطراب في الشهية إلى الطعام ، واضطراب في العمليات الذهنية.

إن الاكتئاب هبوط في التوتر العصبي أو النفسي، فالاكتئاب إذن مرض عام يغطي سلسلة من الحالات تحمل بدورها أسماء خاصة كالوهن العصبي والوهن النفسي والوساوس والفصام والهوس الاكتئابي، وهي حالات تبدأ من الخفيفة إلى الأكثر خطرا، وتتعدد أعراض الاكتئاب، وقد يكون له أساس جسمي صرف بالإضافة إلى ظاهرات سيكولوجيه ترافقه. ويمكن للاكتئاب أن يكون له أساس سيكولوجي أو عائلي أو ديني، وقد يظهر عقب هموم طال أمدها وشكوك وضروب من القلق والخوف .. الخ تؤدي إلى هبوط في التوتر بفعل الإنهاك.

إن الاكتئاب والقلق يمثلان ردا مبالغاً فيه أو سيئ التكيف على الخسارة التي يمكن أن تكون حقيقية أو متخيلة ، وإن النموذج الأولى للقلق هو الخوف وللاكتئاب هو الحزن.

والاكتئاب شأنه شأن القلق، يصيب الشخص كله بما فيه العقل والجسم، ويتراوح ،كما القلق،بين الخفيف والثقيل أو الكبير، وعلى غرار القلق، فإن الاكتئاب لا يعرف غالباً من قبل المصابين به، والأقرباء ، والأطباء،و يمكن أن تفهم الأعراض العاطفية للاكتئاب بوصفها نوعا من المبالغة في الأمزجة الكئيبة أو التعيسة، التي نمارسها باعتبارها ردود فعل على الخيبة أو الخسارة،ولكن الاكتئاب السريري يذهب إلى أبعد من ذلك ، فالمصابون به يفتقرون إلى احترام الذات، وهم يشعرون بفقدان الأمل والمساعدة والتقدير ، والتشاؤم لديهم أمر عام كما أن اتهام الذات أو الشعور بالذات أمر مألوف.

إن فقدان الاهتمام بالعالم أو البيئة المحيطة يؤدي إلى جعل الناس المكتئبين معزولين ، ومنسحبين من الاتصالات المهنية والاجتماعية، والاكتئاب يخل بالقدرة على التركيز وحصر ـ الاهتمام في ناحية معينة ، ويشكو المصابون من ضعف في الذاكرة، كما أن أفكارهم المثمرة تستبدل غالباً بتأملات متكررة في الأعراض البدنية، والمرض والموت.وبالرغم من كل هذا الانشغال بالذات ، فإن إهمال الذات يكون هو القاعدة السائدة، وإذ تسود عادة السلبية، والانسحاب ، فإن القلق والإثارة يمكن أن يكون سمتين لبعض الأمراض الكئيبة.وتكون الأمراض البدنية جزءاً من الاكتئاب السريري، ويمكن لهذه الأعراض أن تسود وتحتل المرتبة الأولى في الحالات الحادة، ويكون فقدان الطاقة نموذجاً ،إذ يؤدي غالباً إلى الحركات البطيئة ، والكلام البطيء ، والخمول المذهل ، وكذلك يكون فقدان الشهية مألوفاً وبالرغم من الخمول البدني، فإن فقدان الوزن يمكن أن يكون حاداً.

ولكن سوء الأداء الجنسي ، والتعب الشديد ، والإمساك ، وآلم الظهر ، والشكاوي البدنية الأخرى ، يمكن أن تكون أكثر إقلاقاً للمصاب من اضطراب المزاج ذاته، وإن من الطبيعي أن يشعر الإنسان بشيء من الأسى والحزن عندما يواجه مشكلة في حياته كوفاة قريب أو سفر أحد عزيز، بينما الاكتئاب مرض نفسي ـ يختلف عن هذا الحزن الطبيعي، يفقد المريض الرغبة والمتعة بكل شيء من طعام وهوايات حتى يصل لمرحلة لا يريد فيها حتى مجرد الكلام، ويشعر بفقدان الطاقة وضعف القدرة على الانتباه والتركيز، فلا يعود مثلاً يذكر ما يدور حوله من أحداث من يوم لآخر ، ومن مظاهر الاكتئاب الشديد الشعور بفقدان القيمة الذاتية، والشعور بالذنب دون سبب ،أو لمجرد أسباب واهية صغيرة، ويضطرب النوم عند المكتئب بحيث يصعب عليه النوم وإذا نام استيقظ مبكراً جداً دون أن يستطيع متابعة نومه.

أسباب الاكتئاب:

من المعلوم أن الاكتئاب يحدث عند حصول خلل في توازن بعض المواد الكيميائية في الدماغ، والذي بدوره قد يعطي الانطباع أن الاكتئاب مرض عضوي بدون وجود أسباب نفسية لحدوثه، والحقيقة هي أن كل المشاكل النفسية غالباً ما تكون مصحوبة بمشاكل عضوية والعكس صحيح، كما أن الخلل في توازن المواد الكيميائية الذي يصاحب الاكتئاب غالباً ما يختفي عند استكمال العلاج الفسيولوجي بدون أخذ أية أدوية لتصحيحه، والذي يمكن الاستنتاج منه أن عدم التوازن هو رد الجسم الطبيعي على الأعراض النفسية بدلا من العكس.

ويبدو أن بعض أنواع الاكتئاب تعود لأسباب وراثية مما يدل على وجود أسباب عضوية لحدوثه، فقد أوضحت بعض الدراسات التي أجريت على بعض العائلات التي ظهرت على بعض أفرادها بعض أنواع الاكتئاب وجود تركيب وراثي مختلف نوعا ما عن أولئك الذين يجعلهم هذا الضعف معرضين للاصابة بالاكتئاب ، فالعوامل

الإضافية مثل الإجهـاد والعوامـل النفسية الأخرى تشـترك في تحفيـز حدوثه.على نفس النمط ، فإن حدوث حالات الاكتئاب الشديد في أفراد جيل عقب الآخر لبعض العائلات لا يعطي أدلة واضحة بوجود مسبب عضوي له، بسبب عـدم حدوثه بالتكرار الذي يمكن من تأكيد ذلك ، كما أن الاكتئاب يحدث أيضاً في الأفراد الذين ليس لهم تاريخ عائلي للتعرض له، لـذا وبالرغم مـن وجود بعض العوامـل الحيوية أو العضوية التي تساهم في حدوثه، إلا أنه من الواضح أنه يحـدث بصورة رئيسية لأسباب نفسية.

أعراض الاكتئاب:

تتفاوت أعراض الاكتئاب من شخص لآخر، كما أنها تتوقف عـلى شـدته، وقـد تتسبب في حدوث تغيير في التفكير والشعور والسلوك والصحة الجسدية.

● تغييرات في التفكير:

قـد يواجـه المـريض صعـوبة في التركيـز واتخـاذ القـرارات، وتعتبر الأفكـار السلبية خاصية مميزة لحالات الاكتئاب بالإضافة للتشاؤم وعـدم إحترام الـذات والشعور بالذنب بشكل مفرط والنقد الذاتي، والتي تعبر في مجملها أعراضا شائعة لحالات الاكتئاب، ويعاني بعض الناس من وجود أفكار تدميرية ذاتيـة قد تظهر في الحالات الحـادة مـن حالات الإصابة بالاكتئاب، ويكـون المكتئب نهبـاً للشعور الداخلي السلبي والفشل وخيبـة الأمـل ، واختفاء الابتسـامة والحبـور والانشـراح ، وظهور العبوس وعدم الابتهاج والأسى الممزوج بالآهات والتنديدات بـدون مبررات جسمية أو بيئية، وفقدان الهمـة والتقاعس عـن الحركـة، والعـزوف عـن بـذل أي نشاط حيوي، و لربما العزوف عن الحيوية والحياة بكاملها.

وقد يتصاعد الاكتئاب وذلك الإحساس إلى مراتب اليأس مـن فرص الحيـاة الطيبة في المستقبل والنظر للأمور بمنظار قاتم متشائم، إذ يصبح عندئـذ كل جهدٍ ممقوتاً، وكل طاقات الجسـم مفقـودة مبعـثرة، وكأنها نضبت حتى عـن تحفيـز الجسم

للقيام بأبسط الحركات والنشاطات ، كالاستحمام وغسل الفم والأسنان وحتى الابتسام والسلام الضروريين، إذ يشعر الفرد معه عندئذ بحاجة لذرف دموع الحزن والأسى بدون سبب.

● تغييرات في المشاعر:

قد يشعر المريض بالحزن بدون أي سبب على الإطلاق، وقد يشكو البعض مـن عدم استمتاعهم بالأنشطة التي كانوا يعتبرونها ممتعـة لـديهم في السـابق، كـما أن الافتقار لوجود حوافز في حياة المريض قد تجعله أقل مبالاة بما حوله، وقد يشعر المريض بأن مجريات حياته اليومية قد تباطأت، ويحس بالتعب بصورة دائمة، وفي بعض الأحيان يكون المريض سريع الغضب، ويجد صعوبة أكثر في التحكم في مزاجه ، وتتميز الحالات الحادة بالشعور بالعجز واليأس.

● تغييرات في السلوك:

تعكس التغيرات في السلوك أثناء حالات الاكتئاب الحالة النفسية السالبة التي يمر بها المكتئب، فقد يتصرف بصورة تظهر اللامبالاة الناتجة عن إحساسه بها، كما يعاني بعض الناس مـن عـدم الارتياح مع النـاس الآخرين، مما يـؤدي إلى العزلة الاجتماعية التي غالباً ما تكون من الأعراض الأكثر شيوعاً في حالات الاكتئاب، وقد يصاحب حالات الاكتئاب حدوث تقلبات شديدة في الشهية للطعام، مما ينتج عـن ذلك الأكل بصورة مفرطة أو عدم الرغبة في الأكل عـلى الإطلاق، إضافة لـذلك قد يؤدي الشعور بالحزن لفترة طويلـة إلى البكـاء المفـرط، وقد يـؤدي الاكتئاب عنـد بعض الناس إلى قيامهم بالتذمر والاعتراض على كل شيء ، ويتمثل ذلك في حـدوث حالات الغضب بصورة سريعة.

وقد يؤدي الاكتئاب إلى اختفاء الرغبة الجنسية أو تـدنيها، وفي الحالات الحـادة من حالات الاكتئاب قد يهمل المكتئب الاهتمام بمظهره الخارجي، وقد يصـل ذلك لدرجة

إهمال النظافة الأساسية لجسده. ولا حاجـة للقول بـأن الشخص المكتئـب الـذي يتعرض لهذه الأعراض النفسية تنخفض إنتاجيته بشكل كبير.

● تغييرات في الصحة الجسدية:

تقـترن تلـك المشـاعر السـلبية غالبـاً بـأعراض جسـدية سـلبية أيضـاً ،ويعتـبر الشعور بالإعياء المزمن على الرغم من النوم لفترات أطول، من المشاكل التي يشكو منها الكثير ممن يعانون من حالات الاكتئاب، ويعاني بعض الناس مـن صـعوبة في القدرة على النوم أو عدم النوم العميق، كما أن العديد مـنهم يفقدون شهيتهم ، ويشتكون من العديد من الأوجاع والآلام، ويعاني آخرون من القلق لدرجة قد تصل إلى عدم استطاعتهم الجلوس بهدوء.و يشكل الاكتئاب تراجعا في الفكر وضمورا يشل الدماغ والخلايا العصبية فيه عن ممارسة دورها السـليم في التحليـل والتمييـز وإصدار التعليمات لباقي أعضاء الجسم وغدده لإفراز أنزيماتها الوظيفيـة المعتـادة، والتـي تعمـل بمثابـة الزيـوت التي تسـير التفـاعلات المتنوعـة والمتعـددة الخاصـة بالانفعال والفرح والحبور، والتي تنقص عادة بالمخ في حالات كثيرة ليصاب الإنسان، علماً بأن ازديادها يسـبب الفعل العكسيـ وهـو الهيـاج وكـثرة الحركـة والسـعادة المفرطة المؤقتة. لهذا نجد مصاحبة بعض الأمراض الفسيولوجية لهذا المرض النفسي مثل القرحة وسوء الهضم ووجع المفاصل والصداع والأرق .

● التغيير في المزاج:

يشعر المصاب به بالحزن في معظم الأوقات، ولا يجـد متعـة في الحيـاة ويكـره القيام بالنشاطات اليومية ويلاحظ نقص واضـح في حيويتـه ، كـما يعـاني مـن تـوتر مستمر وأرق ليلي وصعوبة في التركيز وإرهاق متواصل، وتـنعكس هـذه العـوارض أيضاً بشعور دائم بالذنب وقلة الثقة بالنفس، وكذلك العجـز عـن اتخـاذ القرارات حتى لو كانت صغيرة، وتتضافر هذه العوامل مجتمعة لتدفع بالمريض في الحـالات المتقدمة من

المرض إلى التفكير الدائم بالموت وتطبعه بسوداوية لافتة تصل في بعض الأحيان إلى حد محاولة الانتحار.ويلاحظ ميله إلى العزلة والانطواء وعدم الرغبة في المشاركة في النشاطات العائلية ، وهو ما يزيد من حدة الاكتئاب، وتزيد لدى هؤلاء أيضا الرغبة في تناول الكاربوهيدرات والنشويات والسكريات.ويعتقد الأطباء أن الدماغ يحفز هذه الرغبة سعياً لتغيير مزاجه نحو الأفضل، وتعتبر النساء من أكثر ضحايا الاكتئاب، إذ يرتفع معدل إصابتهن إلى الضعف بالنسبة إلى الرجال، ويرجع السبب في ذلك إلى التغيير الهرموني أثناء الدورة الشهرية، وبعد وخلال الحمل، بالإضافة إلى تعدد الأدوار الملقاة على عاتق المرأة الموظفة التي تقوم بوظيفتين أو ثلاث في الوقت نفسه كعاملة وزوجة وأم.

يعاني الكثير من الناس عوارض اكتئاب لها علاقة بتغييرات الطقس وتحديداً في فصلي الخريف والشتاء، حيث تبدأ أوراق الأشجار بالتساقط وتتعرى وتتلبد السماء بالغيوم ويخف نور الشمس الواصل إلينا، مما يوحي لبعض الناس بالموت وبسوداوية لافته تتحول أحيانا إلى حالة مرضية.وتستمر الفترة الاكتئابية بين شهري كانون الأول (ديسمبر) وشباط (فبراير) ، لكن أسبابها ليست معروفة تماماً، رغم أن بعض الأطباء يربطون هذا الاضطراب باضطراب الساعة الداخلية للجسم ، التي تنظم حركته ونشاطه تبعاً لحركة الليل والنهار ، بهرمون الميلاتونين الذي يفرزه الجسم ليلاً من الغدة الصنوبرية الموجودة في قاعدة الدماغ، ويصل إفراز الهرمون في الشتاء إلى ذروته في الثانية صباحاً.

وتشعر بعض السيدات بالكآبة وبإنقباطات نفسية خلال شهور الحمل أو بعيد الولادة وخلال الحمل، وتقول الدراسات إن هذا الاكتئاب ناجم أساساً عن رغبة دفينة بعدم حدوث الحمل أصلاً، لما تحمله الولادة من تغيرات في حياة المرأة، كما أن بعض اللواتي يرغبن بالحمل بشدة يصبن بالاكتئاب يفجرها الحمل والولادة، ويختفي اكتئاب الحمل بعد الولادة مباشرة بالنسبة إلى معظم الحوامل ، ولكن اكتئاب الولادة

تزيد شدته عند الرعاية التي يحتاجها المولود، ويختفي هذا الاكتئاب عادة بعد نحو شهرين من الولادة.

ينصح الخبراء المصابين بالاكتئاب بعدم التردد في استشارة الطبيب لتحديد نوعه، إذ أنهم يعتبرون الاعتراف بالمرض نصف الحل . ويختلف علاج الاكتئاب من مريض إلى آخر باختلاف كل حالة ودرجة وتطورها، نظراً لاختلاف الأسباب البيولوجية، إذ أن هناك علاجاً مصمما لكل حالة من حالات الاكتئاب.ويلجأ الاختصاصيون حالياً إلى وصف الأدوية المضادة للاكتئاب ، معً أن لهذه الأدوية محاذير أبرزها الإدمان ،بالإضافة إلى تأثيراتها الجانبية، لذا لا يجدر تناولها إلا بإشراف طبي. و لا تظهر نتائج العلاج الدوائي غالباً إلا بعد أسبوعين أو أكثر من بدء تناول العلاج، علما أن فاعلية الدواء تقل إلى حد كبير إذا كان العلاج متأخراً، فيصل الأمر في بعض الحالات إلى تناول العلاج مدى الحياة.

ينصح الأطباء المصابين بالاكتئاب بالاستماع إلى الموسيقى بكثرة وملازمة الأشخاص المحببين إليهم وتنظيم نشاطات ترفيهية معهم، ومحاولة التركيز على مشاكل الغير وتقديم المساعدة لهم.كما أشارت الدراسات إلى أن استخدام الضوء الساطع يفيد في بعض حالات الاكتئاب خصوصاً الاكتئاب الشتائي.وتشمل المعالجة الضوئية، التي يفضل أن تتم في الصباح الباكر،و النظر في صندوق خاص يحتوي أنابيب ضوئية تعادل ضوء 10 آلاف قنديل، وهي تمتد لنحو 30 دقيقة يومياً.

كما ينصح الأطباء أيضاً المصابين بالاكتئاب بممارسة الرياضة والنشاطات في الهواء الطلق كلما سنحت الفرصة، ويؤكد هؤلاء أن للرياضة البدنية تأثيرً في الحالة النفسية لدى الإنسان، فهي تخفف من الضغط النفسي الناتج عن مشاكل الحياة اليومية، إذ يحسن الجهد الرياضي من جريان الدم في الجسم، فيتغذى الدماغ بالأوكسجين بطريقة أفضل، وبذلك تتحسن قدرته على التركيز، ويعطي صاحبه

شعوراً بالرضا، بسبب تحسن إفراز الغدة النخامية في الدماغ لمادة الأندروفين، وهي ذات تأثير مباشر في حل الكثير من المشكلات النفسية، ولهذا ينصح الأطباء النفسيين مرضى الاكتئاب بممارسة الرياضة كعلاج.

علاج الاكتئاب:

هناك مجموعتان من العقاقير المضادة للاكتئاب ، وكل مجموعة تحتوي على العديد من تلك الأدوية،وفي أحيان كثيرة يحاول الطبيب أن يجمع تركيبة معينة من هذه العقاقير وبمختلف الجرعات لما يناسب المريض الذي أمامه، بالإضافة إلى ذلك هناك نوع جديد من تلك المضادات، والذي يتميز عن غيره بقلة أو انعدام أعراضه الجانبية. ويتوقف بعض المرضى عن تناول الأدوية ،ومن المهم أن لا يوقف المريض العلاج من تلقاء نفسه حتى لو لم يكن يعاني من أي من الأعراض المرضية من تعكر في المزاج أو غيره، ففي كثير من الأحيان يوقف الطبيب العلاج حسب نوع الحالة، وهناك بعض الأدوية التي يجب أن لا يتوقف تناولها إلا تدريجياً وبصورة بطيئة، وهناك بعض الأدوية التي يجب أن يستمر عليها المريض لفترة غير محددة، لأنها بعد انقضاء فترة المرض تؤدي غرضاً وقائياً، وخصوصاً في علاج الاكتئاب ثنائي القطب وتحت أشراف الطبيب.

ومن أهم ما يمكن عمله من قبل أسرة المصابين بالاكتئاب و المحيطين به، هو أن يتعرفوا تعرفاً صحيحاً على التشخيص والعلاج، وهذا يشجع المريض على الاستمرار في العلاج حتى تختفي أو تخف الأعراض إلى درجة مقبولة، كما أن من أهم ما يحتاجه المصاب بالاكتئاب هو المساندة العاطفية، ويشمل ذلك الصبر والتفهم والحنان والتشجيع.

ويمكن للأخصائي الاجتماعي وبالتعاون مع الأسرة أن يعمل على اتخاذ التصرفات التالية تجاه المصابين بالاكتئاب:

1. الابتسامة : أثبتت إحدى البحوث العلمية مؤخراً أن الابتسامة تؤثر على الشرايين التي تغذي المخ بالدم فيزداد تدفقه إليه، مما يبعث في النفس الهدوء والإحساس بالبهجة والسرور.
2. التفاؤل: و ذلك بالنظر إلى الحياة و المستقبل بايجابية و أمل
3. المواجهة وعدم التهرب و تحمل المسؤوليات
4. عدم التطلع إلى ما عند الآخرين، بمنظار الحسد أو اليأس[1].
5. تغيير الروتين: كالسفر، تغيير المنزل، تغيير العمل، التجديد في الزيارات.
6. الانخراط في أنشطة بدنية جسدية: أظهرت الدراسات أن رياضة الجري تعادل في فاعليتها فاعلية العلاج النفسي في معالجة الحالات البسيطة والمتوسطة.
7. عدم الاسترسال مع الأفكار السلبية: .
8. الاختلاط والمجالسة مع الأصدقاء. و قد يكون من المفيد الالتقاء مع آخرين ممن يعانون من الاكتئاب، قد يساعد هذا على إزالة مشاعر الانعزال وفي نفس الوقت يري كيف تمكن الآخرون من التغلب على مصاعبهم
9. العلاج بالضوء: تستخدم بنجاح في علاج مرض الاكتئاب الموسمي، ويقوم المعالج بتعريض المريض لجلسات يومية لعدة ساعات أمام الضوء نيون أو أي نوع من الأضواء التي تشبه ضوء الشمس.
10. العلاج بالحرمان : ويكون ذلك بالحرمان من النوم وتغيير النظام الطبيعي لموجات الدماغ خلال فترة النوم، حيث استخدمت هذه الطريقة بنجاح مع بعض مرضى الاكتئاب[2].

---

[1] http://www.multikulti.org.uk/ar/health/understanding-depression

[2] http://www.kuwait25.com/ab7ath/view.php?tales_id=64

11. العلاج بالموسيقى: من خلال الموسيقى يمكننا أن نتذكر الماضي، وإن نعيش الحاضر، وإن نستعد للمستقبل، وإن للموسيقى قدرة على تجميد التصورات في الذاكرة، ثم إطلاق سراحها فيما بعد كصور وذكريات، وعند الاستماع إلى الموسيقى يستطيع الفرد إن يعاود ويتذكر كالأثر الذهني أو العاطفي كما حدث في أول مرة أنك أحياناً تعزف أو تستمع إلى نفس المقطوعة الموسيقية عندما تمر بنفس اللحظة.

12. العلاج بالرقص: ويعد طريقة ممتازة للتخلص من الهموم والأحزان وكذلك طرد الاكتئاب ، وإن الرقص يولد كثيراً من الطاقة ، والتي بإمكانها إن تبعد المكتئب عن الحالة المزاجية المضطربة و قد تفكك سلسلة الأفكار الكئيبة.

13. العلاج من خلال الاستعانة بالحيوانات الأليفة:

14. التدليك: نشاط يبعث على البهجة والسرور، وتحرير الطاقة الكامنة وإزالة العوارض البدنية، ويساعد كذلك على الشعور بالتحسن، إن التدليك كذلك يعمل على تنشيط الأعصاب الحسية وهو بالضبط ما يحتاجه من يحس بالاكتئاب[1].

إن الاستعانة بالأخصائي الاجتماعي ضرورية للخروج من حالة الاكتئاب، عن طريق فهم الحياة وتنمية القدرة على مواجهة تحدياتها، في حين تعجز قدرات المكتئب نفسه عن إدراكها، كما تساعد جهود الأخصائي الاجتماعي على إدماج المكتئب في الحياة الأسرية والخارجية ويعود إلى حياته الإنتاجية الطبيعية، بدافع من الشعور بالمسئولية تجاه نفسه وأسرته ومجتمعه، نتيجة لتبصره لواقعه وإمكانياته وبنائه نظرة إيجابية إلى المستقبل.

[1] د.ديفيد هيندر، مرجع سابق ص 136.

نضيف إلى ما سبق ،إن رفع الاكتئاب والحزن المصاحب له وهو علاجه القرآني منوط بالسلوكيات الفردية الذاتية التي يدعو الله تعالى عباده لأدائها وكل من هذه السلوكيات يؤدي الغرض نفسه ولو اجتمعت في شخص لنأى عنه الاكتئاب ، من تلك السلوكيات ما يلي:

1. التقوى: إذ قال في سورة الزمر " وينجي الله الذين اتقوا بمفازتهم لا يمسهم السوء ولا هم يحزنون".

2. الإيمان بالله: إذ قال في سورة الأعراف الآية 48 " وما نرسل المرسلين إلا مبشرين ومنذرين فمن آمن وأصلح فلا خوف عليهم ولا هم يحزنون " وقال أيضاً في سورة المائدة الآية 69 " إن الذين آمنوا والذين هادوا والصابئون والنصارى من آمن بالله واليوم الآخر وعمل صالحاً فلا خوف عليهم ولا هم يحزنون " وقال في سورة آل عمران الآية 139 " ولا تهنوا ولا تحزنوا وانتم الأعلون إن كنتم مؤمنين" وقال أيضاً في سورة الأحقاف الآية 12 " إن الذين قالوا ربنا الله ثم استقاموا فلا خوف عليهم ولا هم يحزنون " وقال في سورة الروم الآية 15 " فأما الذين آمنوا وعملوا الصالحات فهم في روضة يحبرون".

3. الولاية لله: إذ قال في سورة يونس الآية 62 " ألا إن أولياء الله لا خوف عليهم ولا هم يحزنون" وأتبع في الآية 63" الذين آمنوا وكانوا يتقون " ويلاحظ هنا الربط بين العناصر الثلاث التقوى والإيمان والولاية لله لتكون علاجاً شافياً للحزن والاكتئاب النفسي وقال في سورة البقرة الآية 38 " قلنا اهبطوا منها جميعاً فمن تبع هداي فلا خوف عليهم ولا هم يحزنون" وبديهي أن نجد هذه الآية تجمع بين عناصر العلاج النفسي الثلاثة للاكتئاب، ولربما تزيد على ذلك لتوحي وتقول أن عباد الله من البشرية أجمعين الذين اتبعوا هدى الله تعالى وتعليماته لا خوف عليهم ولا هم يحزنون.

4. الاستقامة والعمل الصالح: لقد قرن الله سبحانه وتعالى كلاً من الاستقامة والعمل الصالح بالإيمان والتقوى لرفع حالة الاكتئاب المذكورة، وذلك عن طريق الاطمئنان النفسي الذي تخلقه كل من الاستقامة والعمل الصالح، و هما بحاجة إلى جهاد نفسي وقناعة أكيدة وإيمان راسخ يزيد من إفرازات الامينيا الأولية في الدماغ بصورة ذاتية معتدلة لينتفي الاكتئاب ويحل الفرح والحبور.

5. التسبيح، السجود، العبادة: إذ قال في سورة الحجر الآية 97-99 " ولقد نعلم أنك يضيق صدرك بما يقولون فسبح بحمد ربك وكن من الساجدين واعبد ربك حتى يأتيك اليقين".

تلك هـي التوصية القرآنيـة الدائمـة والمتواصلـة لعـلاج الاكتئـاب النفسي- غـير السريري. [1]

[1] انظر

1- أحمد شفيق السكري، قاموس الخدمة الاجتماعية، الخدمات الاجتماعية دار المعرفة الجامعية 2000.

2- حسين علي فايد، العدوان والاكتئاب في العصر الحديث ونظرة تكاملية، المكتب المحلي للكمبيوتر والنشر والتوزيع، الطبعة الأولى 2001.

3- أحمد مسعود ، قاموس رائد الطلاب، دار العلم للملايين 2000.

4- ديفيد هيندر ، اقهر الاكتئاب " ساعد نفسك " ، حقوق الترجمة العربية والنشر والتوزيع محفوظة لمكتبة جرير.

5- عبد الستار إبراهيم، الاكتئاب- اضطراب العصر الحديث- فهمه وأساليب علاجه، سلسلة كتب ثقافية شهرية يصدرها المجلس الوطني للثقافة والفنون والآداب – الكويت، الطبعة الأولى 2002.

6- عبدالله عسكر،الاكتئاب النفسي (بين النظرية والتطبيق)، دار النشر، مكتبة الأنجلو المصرية الطبعة الأولى 2001، القاهرة- مصر.

7- عزت عبد العظيم الطويل ، دار المريخ للنشر الطبعة الأولى 1985- الرياض.

8- http://www.multikulti.org.uk/ar/health/understanding-depression

4- الخوف غير الطبيعي (الفوبيا)

هي حالة القلق النفسي الذي يتضمن شعوراً بالتهديد من شيء غير واضح المعالم في العالم الخارجي، أو بمعنى أخر انفعال مركب من الخوف، وتوقع الشرـ والخطر أو العقاب، ويختلف عـن خوف مـن خطر محتمـل غـير مؤكد الوقوع ، وخوف من المجهول، و هو انفعال مؤلم ، نشعر بـه حـين لا نستطيع القيام بشيـء تجاه موقف مخيف يتهددنا بالخطر ، وعلاجه يقرب من الفكرة التـي قـدمها ابـن مسكويه إذ يقوم الأخصائي بطمأنة المريض وتفسير علاقة ظروفه وانطباعاته بحالـة مرضية حتى تصبح مفهومة [1].

ويعرف مرض الخوف غير الطبيعي أو الفوبيا على أنه خوف كامن مزمن وغير مـبرر (غـير منطقـي) مـن شيء أو مكان أو سـلوك معـين ، يـؤدي لقيـام المـريض بمحاولات واضحة للهروب من هذا الموقف، لمواجهة الشيء أو الظرف الـذي يعتبره المريض خطراً على حياته، ومن المؤكد أن الإنسان الذي يسيطر عليه الخوف، يفقد مقدرته على الاندماج في المجتمع الذي يعيش فيه [2].

و ليس هناك في الوسط الطبي النفسي تحديد واضح لأسباب المـرض، فهنـاك فرضيات مثل فرضية الصدمة والأذى، وحسب هـذه الفرضـية فإن تعـرض المـريض لخبر أو حادثه مؤلمة وقاسية مع مصدر الهلع والخوف، يـؤدي إلى مشاعر خـوف دفينة ، يتم خزنها في ذاكرة الفرد ومشاعره، وبالتالي رؤيـة الشيـء أو المكـان الـذي سبب الأخبار الأليمة والقاسية، يثير مشاعر الخوف الدفينة، ويعطي بعض الأطبـاء النفسيين فرضية كون المرض نابع من داخل الفرد، أي مشاعر خوف داخليـة، مـن ممارسات محرمة وممنوعة، ومشاعر الخوف الداخلية هذه يتم نقلها وتحويلها إلى أشياء

---

[1] د. محمد الزيادي : أسس علم النفس العام ص 348- 479.
[2] د . مصطفى غالب ، تغلب على الخوف، دار ومكتبة الهلال ، ص 6.

خارجية، تصبح مصدر الخطر للمريض، وبالتالي فإن رؤية هـذه الأشياء الخارجيـة، تؤدي إلى إثارة مشاعر الخوف والذعر الداخلية الكامنة في الإنسان.

وهو من الأمراض النفسية (العصابية)، الذي اشتق اسمه مـن مقطع في اليونانية يعني الخوف، ويعرف أيضاً باضطراب الرهاب،ويعتبر اضطراب الخوف (الفوبيا) بأنواعه المختلفة من أكثر الأمراض انتشاراً.

وعصاب الفوبيا يعني خوفاً حاداً ومرضياً مـن موقف أو شيء معين عند مواجهته أو حتى عنـد التفكيـر فيه،لـذلك يحـاول المـريض الإحجام أو العـزل عـن مواجهة مثير الخوف لا شعورياً وهذا هو أحد المظاهر الأساسية لعصاب الفوبيا [1]. تعني كلمة" الفوبيا ": الشعور بالرهبة أو التوتر أو الخوف،مثل أن يرهـب أحـدهم النظر مـن الأماكن العالية أو الأماكن المنخفضة، أو يصاب بالخوف من الاقتراب مـن كلب صغير ولو كان وديعاً، وهناك من يعاني من فوبيا الليل، لكن المصـاب بفوبيا الليل قـد لا يخـاف الأماكن العاليـة،والعكس بـالعكس، أمـا الفوبيا الشـائعة عند معظم الناس في معظم الأقطار، فهي تلك الفوبيا (الخوف والرعـب) التـي تصيب المواطن عندما يذهب لمراجعة دائرة حكومية [2].

يعرف علماء النفس الخوف بالحالة النفسية التي يشعر الفرد فيها بوجود شيء خطير وضار أو غير سار سـوف يحـدث لـه، وهـذه الحالـة النفسـية يصاحبها استجابة دفاعية لا شعورية يحاول الفرد أثناءها عـزل القلـق الناشـئ مـن فكرة أو موضوع أو موقف معين في حياته اليومية وتحويله إلى فكرة أو موضوع أو موقف رمزي ليس له علاقة مباشرة بالسبب الأصلي، ومـن هنا ينشأ الخوف الـذي يعلـم الفرد

---

[1] www.moi.gpv.qa/Arabic/Medical_publication21.htm#2

[2] www.lahaonlione.com/index.php?option=content&task=view&id=6590&sectionnid=1

عدم جدواه،وأنه لا يوجد أي خطر عليه من تعرضه لهذا المثير ،ولكن على الرغم من إدراكه ومعرفته لذلك، إلا أنه لا يستطيع التحكم والسيطرة على هذا الخوف.

ويعد اضطراب الفوبيا " الرهاب " أحد الاضطرابات العصابية النفسية المنتشرة في العالم بين مختلف الأعمار ولدى الجنسين من الذكور والإناث ،و الفوبيا " الرهاب " هي حالة من الخوف الشديد غير الاعتيادي لسبب معين ،يكون فيه الشعور بالخوف أكثر بكثير من الأسباب المؤدية إليه،و يعرف معجم علم النفس والتحليل النفسي الفوبيا " الرهاب " بأنه اضطرابات وظيفية أو علة نفسية المنشأ لا يوجد معها اضطراب جوهري في أدراك الفرد للواقع،أما التحليل النفسي فيرى في الأعراض العصابية تعبيراً رمزياً عن صراع نفسي يستمد أصوله من طور الطفولة للفرد ويمثل تسوية بين الرغبة والدفاع أو هو حل وسط بينهما.

أما الرهاب الاجتماعي وهو أحد أنواع الفوبيا فانه يؤدي إلى خوف شديد،قد يشل الفرد أحياناً،ويتركز في الشعور بمراقبة الناس،بشكل أكبر بكثير من الشعور العادي بالخجل أو التوتر الذي يحدث عادة في التجمعات، فالذين يعانون من الرهاب الاجتماعي قد يلجأون إلى تغيير أسلوب حياتهم ليتجنبوا أية مناسبة اجتماعية تضعهم تحت المجهر[1] . وعادة ما يصاحب المخاوف الاجتماعية العامة تقييم ذاتي منخفض وسلبي وخوف من النقد، وقد يظهر على شكل شكوى من احتقان الوجه أو الرعشة باليد أو غثيان،أو رغبة شديدة في التبول،ويكون المريض مقتنعاً أن واحدة من المظاهر الثانوية هي مشكلته الأساسية،وقد تتطور الأعراض إلى نوبات هلع.

---

[1] www.almughtarib.com/index.php?option=content&task=view&id=178&sectionnid=64

أهم الأعراض المصاحبة لعصاب الفوبيا:

عند تعرض المريض إلى المثيرات التي تحدث حالة الخوف المرضي، نجد أن المريض يعاني من أعراض حادة ومؤلمة مثل: الإجهاد ،الإغماء،العرق الغزير،الغثيان (القيء) ،سرعة اضطرابات القلب.ارتجاف الأطراف،الشعور بغصة في الحلق وصعوبة البلع،رغبة شديدة في التبول.

القلق الاجتماعي:

من المعروف أن الذين يعانون القلق الاجتماعي يعانون من النرفزة العصبية والمخاوف،وتبدو قوية ماثلة دوماً في أذهانهم،وكنتيجة لذلك،فإن هذه الانفعالات السلبية تبدو قوية بحيث يميلون إلى الخوف من أن يلاحظها الناس عليهم بالتالي يخافون من أن يكتشف الناس هذه التوترات والمخاوف. (أعراض الخوف البدنية ،الرجفة، والتعرق الخ ..)،فإن هذا يضيف ضغطاً على الموقف بالنسبة للإنسان ويسعى لمعاكسة هذا التوتر والظهور بمظهر عادي [1].

سيكولوجية الخائف:

نحاول أن نستعرض أهم تلك المظاهر الخارجية والتغيرات الداخلية التي تقع للانسان عندما يتعرض للخوف،فيما يلي:

- ملامح الوجه:

فوجه الشخص الخائف يشبه إلى حد ما وجه الشخص الغاضب،ولكن مع تباينات بين ملامح الوجه الخائف وبين ملامح الوجه الغاضب.

[1] المرشد لعلاج نفسك من القلق والخوف الاجتماعي / د. محمد حمدي الحجار / دار ابن النفيس / 2004 م.

- لون البشرة:

من الملاحظ أن الشخص الخائف يخضع لسلسة من التغيرات في لون بشرته،فبادئ ذي بدء وفي اللحظات الأولى من وقوع الخوف فإن الدم يتدفق إلى سطح الجلد وبخاصة الوجه،ويكون ذلك التدفق مصحوباً بإفراز كمية كبير من العرق.

- حركات الجسم والأطراف:

فالخوف الشديد يعمل على تفكك المفاصل،وربما يكون ذلك راجعاً إلى الجهد الذي يبذله القلب في نقل الدم إلى سطح الجلد،وبالتالي فقدان الأطراف والمفاصل لحيويتها.

- صوت الخائف ومدى تحكمه في أحباله الصوتية:

فمن الملاحظ على الخائف عجزه عن السيطرة على أجهزة النطق لديه،فنجد أن ريقه يجف،وانه يصاب بالحبسة، وإذا استطاع أن يتكلم ،فإن صوته يكون مرتعشاً ولا يستقر في طبقة واحدة [1].

- ما يقع من تغيرات داخل جسم الخائف:

تقسم تلك التغيرات إلى ما يلي:

1. تغيرات خاصة بالقلب والدورة الدموية.
2. شدة التنفس واضطراب حركته فالخائف يجد نفسه في شهيق وزفير شديدين.
3. تدفق هرمون الأدرينالين في الدم، مما يساعد على ظهور علامات الخوف الجسمية المتباينة التي عرضنا لها قبلاً.

[1] سيكولوجية الخوف / يوسف ميخائيل أسعد / سنة 1990 م / القاهرة.

4. حدوث نشاط كبير في جهازه العصبي وبخاصة في بعض مناطق المخ وفي بعض الحالات التي يصل فيها الخوف إلى حد الذعر،فإن قدرة وكفاءة المخ على العمل تخفتان بحيث قد يصل الأمر إلى حدوث شلل مؤقت أو شلل مستمر.

5.حدوث تقلصات عضلية داخلية لا يقف عليها المشاهد من الخارج،ولكن ردود فعلها وانعكاساتها تتضح في العضلات الظاهرة للعيان[1].

سبل العلاج :

حسب رأي خبراء الصحة النفسية، فإن معظم أمراض الخوف والذعر من أشياء وأماكن معينة يمكن علاجها من خلال العلاج السلوكي لأنها أمراض نفسية خفيفة، وإن أكثر أنواع العلاج السلوكي المستخدمة في علاج المرض هي العلاج بالمواجهة، فيتم التعرف على مصدر التهديد، على اعتبار أنه عامل هام في خبرة المريض الانفعالية، والكبت تحت هذه الظروف يعتبر دفاعاً غير توافقي ضد الخوف[2]، فيقوم المريض وبصحبة الطبيب المعالج بالتعرف على الموقف أو الظروف المؤدية للهلع والذعر الشديد، وذلك بشكل منتظم بحيث تؤدي هذه المواجهة أو بالأحرى سلسلة المواجهات ، إلى زوال تدريجي لمشاعر الخوف والهلع المرتبطة برؤية الأشياء والمواقف أو التعرض لها، وهي التي كانت تسبب الذعر والخوف والهلع الشديد للمريض قبل العلاج. وبشكل عام تتم المواجهة إما بالتدريج وتسمى طريقة العلاج المتدرج، أو تتم المواجهة رأسا وبدون مقدمات مع مصدر الخوف والذعر.

---

[1] سيكولوجية الخوف / يوسف ميخائيل أسعد / سنة 1990 م / القاهرة.
[2] المصدر السابق ، ص 91-94.

فريق العلاج

يتألف فريق العلاج من كل من :

● **الطبيب النفسي:**

وهو من يحمل شهادة من إحدى كليات الطب، وخضع لبرنامج تدريبي خاص في التعامل مع الأمراض النفسية ، وحصل على رخصة طبية في علاج الأمراض النفسية.

● **الخبير النفسي:**

وهو يحمل شهادة الدكتوراه في تخصص السلوك الإنساني وعلم النفس، وهناك تخصصات فرعية في هذا المجال منها: الإرشاد النفسي، علم النفس السريري، الإرشاد المدرسي، علم نفس التجمعات الصناعية والمنظمات.

● **المحلل النفسي:**

وهو قد يكون طبيباً نفسياً أو خبيراً خضع بعد تخرجه لتدريب خاص في مجال دراسة الدماغ ، سواء في جانب الوعي أو اللاوعي من جوانب الدماغ الذاتي والداخلي.

● **الأخصائي الاجتماعي.**

وهو الذي يعد إعدادا علمياً وعملياً في أحد أقسام العلوم الاجتماعية، أو معاهد أو كليات الخدمة الاجتماعية المعترف بها في الأوساط الأكاديمية المحلية والإقليمية والعالمية، ويتولى مهمة التدخل المهني للجوانب الاجتماعي في حياة المريض.

ويضم الفريق كذلك مستشار الأمراض النفسية وممرض الأمراض النفسية ..

طرق العلاج

يعتمد علاج اضطراب الفوبيا على السيطرة والتحكم في السبب الأولى والأساسي للمرض والناشئ عنه الخوف.

ولكن نستطيع أن نقول أن هنالك طرقا مقننة للعلاج هي:

1. العلاج السلوكي:

و يقوم على تعديل سلوك الأفراد (المرضى) بأحد الأساليب التالية:

● أسلوب التحصين التدريجي المنظم : حيث يبدأ العلاج بتعرض المريض للمواقف التي تثير الخوف عنده تدريجياً من الأقل شدة إلى متوسطة الشدة،ثم إلى حادة الشدة،ويكرر ذلك مراراً،وفي ذلك يمكن للمريض أن يتغلب على التوتر والقلق الناتج عن هذه المواقف،و عند حدوث هذه المواقف لاحقاً يكون الفرد قد تحكم في هذه الحالة النفسية اللاشعورية التي كانت تنتج في ذلك الموقف.

● العلاج الفيضي-وهو يعتمد على تعريض المريض المباشر والمطول لمواقف ومثيرات الخوف حتى يتعود المريض عليها،وبذلك ينطفئ شعوره بالقلق عند مواجهتها أي ينتهي الخوف.

2. العلاج النفسي:

يستخدم العلاج النفسي السطحي والعلاج النفسي- المعرفي في تخفيف معاناة المريض،النصيحة،الطمأنة،الشرح والتفسير للدوافع النفسية المسببة للخوف،التشجيع على كيفية التخلص منها،المشاركة، التنفيس عن انفعالات المريض،الإقناع ثم الاستبصار ومعرفة حالته.

3. العلاج الدوائي (العقاقير):

تستعمل الأدوية (العقاقير) الطبية في علاج حالات عصاب الفوبيا..ويكون استعمال الدواء لتخفيف حدة الخوف عند المريض وذلك يسهل معالجة المريض بالوسائل السلوكية والنفسية.

وتؤكد الإحصائيات والنتائج جدوى وفاعلية هذه الطرق المذكورة في علاج مرضى عصاب الفوبيا (الخوف) [1].

وفي ختام الحديث نقول أن الوالدان يحاولان بدأب طوال الطفولة والمراهقة بث روح الطمأنينة في قلوب أبنائهم التخفيف عنهم من تلك المخاوف المفطورة فيهم، فبتوفير الغذاء والملبس والمأوى والرعاية بكافة أنواعها يحس الأطفال بالطمأنينة النسبية وإن كان هذا لا يضمن لهم التخلص من المخاوف التي تعتريهم نهائياً،وبشكل حاسم ، فالواقع أن مخاوف الطفولة كثيرة، لأن الطفولة مرحلة قريبة من الفطرة والوراثة،ولم تمر بخبرات الواقع الخارجي، ومعنى هذا إن الإنسان على الفطرة يكون أكثر خوفاً وارتعاداً منه وقد انخرط في البيئة الاجتماعية،وقد زودته بما يقيه من المخاوف،فنحن عندما نقع تحت تأثير غيرنا،فإننا نستمد قوة من ذلك الغير وكذا الحال عندما نعمد إلى أن نستفيد من التجربة طوال حياتنا.

[1] انظر

1. www.moi.gpv.qa/Arabic/Medical_publication21.htm#2
2. www.lahaonlione.com/index.php?option=content&task=view&id=6590&sectionnid=1
3. www.almughtarib.com/index.php?option=content&task=view&id=178&sectionnid=64
4. www.callforall.net/docments/family/fear.htm
5. المرشد لعلاج نفسك من القلق والخوف الاجتماعي / د. محمد حمدي الحجار / دار ابن النفيس / سنة 2004 م.
6. سيكولوجية الخوف / يوسف ميخائيل أسعد / سنة 1990 م / القاهرة.
7. www.arabiyat.com/fed2001/social1.htm

إن التربية التي يفترض فيها إن تهب الطفولة الطمأنينة كثيراً ما تخرج عن مسارها السليم، وتتخذ لها مساراً يدعم المخاوف التي اكتسبت في الطفولة،وتضيف إلى المخاوف المتوارثة مخاوف أخرى جديدة مكتسبة،،إن المربين والأخصائيين الاجتماعيين والنفسيين يؤمنون بحقيقة هامة هي ضرورة الكشف عن أسباب الخوف كخطوة أولى في العلاج،وهذا ما تنادي به الخدمة الاجتماعية.

5- الأمراض النفسجسمية

ان الوحدة بين النفس والجسم في الإنسان مستحدثة، وقد تطورت تلك الوحدة القائمة والمتبادلة بين ما هو نفسي وما هو جسمي بفضل التطور الحضاري وما يصاحبه من خلق أنماط سلوكية تمتد عبر شبكة معقدة في العلاقات الاجتماعية تجاه أحداث الحياة، مما يسبب ضغوطاً عقلية للإنسان ،ويسبب له أزمات انفعالية مزمنة قد تفضي به إلى مرض عضوي مع بعض التغييرات البنائية، تؤدي في آخر الأمر إلى ما يعرف بالأمراض السيكوسوماتية.

وقد اهتم الفلاسفة بالعلاقة بين النفس والجسم حيث يرون أن النفس مرتبطة بالجسم ارتباط وثيقاً، ولا تؤدي النفس وظائفها إلا بحضور الجسم ،وكذلك يرون أن الانفعالات المختلفة التي تصدر عن الإنسان مثل الغضب والخوف والرجاء والفرح والبغض ، لا يمكن أن تصدر عن انفعال نفسي- فحسب، ولابد أن يحدث تغيير في الجسم مصاحبا له.

أما علماء المسلمين فقد كان لهم وجهة نظر في تفسير هذا الأمر حيث يقولون أن هناك علاقة بين النفس والمرض الجسمي، وعندما تحدثوا عن أسباب الصداع مثلا قالوا: والصداع يكون عن أسباب عديدة تؤدي إلى الأمراض النفسية لدى الإنسان

كالهم والغم، ويقول أحدهم: مثل الإنسان في بدنه كمثل وال في مملكته ، فالبدن مملكة النفس وعالمه ، أما الجوارح والأعضاء فهي بمنزلة الصناع والعمال.

كما يرى بعض الأطباء العرب الذين فطنوا ما للأمراض النفسية من أثر في أحداث تغيرات بدنية وأمراض جسمية، أن الأمراض النفسية كالغم والهم والغضب والحسد ، تغير المزاج بين النفس والبدن ربطا وظيفياً ضرورياً في الحياة الأولى عند الميلاد مدللا على أن أعضاء البدن المنظم الخارجي للوظيفة النفسية.

وتدعى الأمراض النفسية الجسمية بالاضطرابات السيكوسوماتية، وهي الاضطرابات الجسدية الناشئة عن اضطرابات عقلية أو عاطفية، والتي يحدث فيها تلف لأحد أعضاء الجسم أو الخلل في وظائفه نتيجة اضطرابات انفعالية مزمنة ترجع إلى عدم اتزان بيئة المريض، والتي لا ينجح العلاج الجسدي لشفاء الحالة، حتى وإن استمر على المدى الطويل، وإنما بعلاج أسباب التعرض للانفعالات والتوتر [1].

هذه الاضطرابات شائعة وتتميز باختلال في وظائف الجسم ، وقد تحدث تغيرات في تركيبه، وهذا ينشأ من عوامل نفسية، وإن أي اضطراب نفسي يؤدي إلى تغيرات جسمية ، فقد يعاني الشخص من مشاكل أو ظروف غير طبيعية ، أو صراعات داخلية في الشخصية، دون أن يشعر بأعراض نفسية، والتوتر المصاحب للعوامل النفسية يؤثر على الجسم ،عن طريق أجزاء من المخ ، وبواسطة أعصاب تعرف بالأعصاب السمبثاوية، وأخرى تعرف بالباراسمبثاوية، وهي عن طريق الغدد الصماء تحدث تغيرات بالجسم ، تشمل زيادة أو نقص إفرازات بعض الأعضاء كالمعدة ، أو يزيد أو ينقص نشاط عضو كما يحدث لضربات القلب، أو قد تتمدد

[1] http://www.seereen.net/main/modules.php?name=News&file=article&sid=sid=2566

الأوعية الدموية، أو تنقبض، وهذه التغيرات تكون مؤقتة في البداية ثم تتحول إلى تغيرات دائمة كما يزيد الحامض بالمعدة ثم يؤدي إلى قرحة بها[1].

إن المريض النفسي الجسمي هو من أصيب بأمراض نفسية ثم تحولت إلى أمراض عضوية، أو هو من مرض عضويا بما يتعلق بوظائف الجهاز العصبي الذاتي ويعتمد بالدرجة الأولى على عوامل نفسية، لأن الجسم والنفس وجهان ملتصقان لعملة واحدة، وإن نقطة الالتقاء بينهما هي (الدماغ) باعتباره عضو العقل الذي تصدر منه الإيعازات التنظيمية لجميع أنحاء الجسم، وفي الدماغ تجري العمليات العقلية من أفكار وعواطف وخطط وذكريات ، وإن الشدائد النفسية هي نسبية لارتباطها بتاريخ المريض ونشأته، وشخصيته، واستعداداته الوراثية، والظروف المحيطة به والشدة بما تحدثه من توتر داخلي يحدث تخريبا عضويا، أو خللا وتفرض على المصاب تهديداً وتحدياً ، وأحيانا أذى ومرضا جسميا هو في أصله وجذوره ذا مصدر نفسي [2].

تتعدد العوامل التي تساهم في نشأة الحالة السيكوسوماتية، كل منها يتفاعل مع العوامل الأخرى في التأثير على ظهور الأعراض الخاصة بهذا النوع من الاضطرابات ،ومن هذه العوامل:

أ- الضغوط الحادة في الحياة.

ب- صعوبات التفاعل مع الآخرين والحصول على المال.

ت- التغيرات الشديدة في ثقافات المجتمعات وعاداتها وتقاليدها.

ث- عدم السماح للفرد بالتعبير عن مشاعره وانفعالاته تعبيراً صريحا مما يؤدي إلى زيادة القلق والصراع لدى الإنسان

---

[1] الاضطرابات النفسية-الجسمية السيكوسوماتية/ نور الهدى الجاموس/ ص 12.

[2] المصدر السابق/ ص 13.

كما يرى أحد العلماء أن الشعور بالقلق المستمر والضغوط التي يتعرض لها الإنسان في الحياة وحالات الإحباط والفشل تؤدي تلقائياً إلى ظهور الاضطرابات السيكوسوماتية.

قد يساهم التحديث وما يجري في المجتمعات من تغيير في ظهور الاضطرابات السيكوسوماتية، إذ أن التحديث يولد ضغوطاً لا يستطيع بعض الأفراد التكيف والتوافق معها، فتنعكس على أبدانهم في صورة مرض نفسي- جسمي منه السرطان والبول السكري.

كما أن أعباء الحياة اليومية التي نعيشها في عصر- يوصف بأنه " عصر- القلق" وما يتضمنه من توتر وخوف وكبت وضغط ، فضلاً عن الظروف الاقتصادية السيئة كالفقر والبطالة، كل هذا يؤدي إلى نشأة وظهور هذه الاضطرابات ، فقد أشارت إحدى الدراسات إلى أنه توجد علاقة بين المستوى الاقتصادي وبين الأعراض السيكوسوماتية، حيث تبين أن الأفراد الذين ينتمون إلى مستوى اقتصادي منخفض أكثر اضطرابا في الخوف وعدم الكفاية والقلق وتوهم المرض من الأشخاص الذين ينتمون إلى مستوى اقتصادي مرتفع.

وتعد الأسرة من العوامل الهامة في نشأة الأمراض السيكوسوماتية وذلك من خلال استخدامها أساليب خاطئة في تربية أبنائها كالرفض والإهمال وعدم الاتساق في المعاملة والحماية الزائدة ، كما يرى أحدهم أن مصدر غالبية الأمراض السيكوسوماتية (الجلدية) يرجع إلى اعتراض رغبات الأطفال وإلى إحباط حاجاتهم، وترجع إلى الإحساسات المؤلمة الصادرة من الأم نحوهم وكبت انفعالاتهم ، وحرمان الطفل من الاتصال الجلدي بأمة.

كما تعتبر الاحباطات والضغوط النفسية، والمواقف التي تهدد الذات اجتماعيا أو اقتصاديا ونفسيا كالخوف من الفصل من العمل أو العزل من الوظيفة أو الرسوب

في الامتحان أو الفشل في الزواج ،من أهم العوامل النفسية التي تؤدي إلى ظهـور الاضطرابات السيكوسوماتية.

هذا بالإضافة إلى ما تشهده المجتمعات المعاصرة في الفترة الأخيرة من بعض صور العدوان والعنف السياسي، الديني،الاقتصادي، مما جعل الأفـراد تحـت وطـأة القلق والضغط النفسي الـذي يـؤدي إلى الإصابة بالاضطرابات السيكوسوماتية ،و التي تشكل خطورة في توافق الفرد الشخصي أو الاجتماعي أو الدراسي أو المهنـي أو الصحي.

وبالرغم من التقدم الكبير في ميادين الرعايـة الاجتماعيـة والنفسيـة إلا أنـه لوحظ أن الأعراض السيكوسوماتية تنتشر بـين قطـاع كبير مـن الشباب وخصوصا الفتيات ، فقد أظهرت دراستان أحداهما في بداية التسعينيات والأخرى في أواخرهـا أن الإناث ترتفع لديهن الإصابة بالاضطرابات السيكوسوماتية مقارنة بالـذكور، وقـد يرجع ذلك إلى ما تتعرض له الفتاة من ضغوط أسرية واجتماعية بالمقارنة بالذكور، والتزامها بأنماط سلوكية وعـادات اجتماعيـة تقيـد مـن حريتهـا، وتقلل مـن فرص التنفيس الانفعالي لديها.وقـد أدى ذلك بصورة عامة إلى انتشـار هـذا النـوع مـن الاضطرابات لدى النساء بصورة تفوق وجوده لدى الرجال بحوالي عشرين ضعفاً".

• **أعراض الاضطرابات السيكوسوماتية:**

تبدو هذه الأعراض في الأشكال التالية:

● تغير حياة الفرد والتي يصبح فيها الشخص مذبذباً وغير مستقر.

● تأثير النفس في الجسم مقابل تأثير الجسم في النفس.

● استمرار التأثير النفسي لمدة طويلة.

● تغير في وظائف الجسم.

● فشل العلاج الجسدي الطويل للشفاء من هذه الاضطرابات المزمنة.

تشخيص الاضطرابات السيكوسوماتية:

تؤكد البحوث أن تعرض الشخص المضطرب سيكوسوماتياً لأحداث انفعالية تعجل و تكرر من ظهور الاضطرابات الجسدية ، فالانفعال عامل معجل على الرغم من أنه قد يكون ناتجا من حادث بسيط.

ويمكننا تشخيص الاضطرابات السيكوسوماتية من خلال نماذج عديد من الشخصيات هي:

أ-   النموذج الهستيري : وهو النموذج الذي يتعلق بالهستيريا من حيث مظاهرها الجسمية ،سواء كانت اضطرابات جسميه حركيه فقط ،كما يتضح في شخصيات الفنانين.

ب-   النموذج الزائد الحساسية : كما الحال عند مرض الربو.

ت-   نموذج القرحة: وينجم هذا النموذج من القلق الزائد لتأكيد الذات أو نتيجة لفرط النشاط وتظهر الاضطرابات في شكل قرحة المعدة أو ارتفاع ضغط الدم

ث-   نموذج الروماتيزم: ويظهر عند الإصابة بالروماتيد الشخصيات المضحية بالذات.

يصاحب ذلك اختلافات مرضيه بين الجنسين مثل الربو وقرحة ألاثني عشر ـ لدى الذكور.وجحوظ العينين والمرارة والروماتيزم لدى الإناث.

التعليل السببي لظهور المرض:

يرى كارل ياسبرز أن المرض النفسي الجسمي يظهر على شكلين هما:

أ-   علاقة آلية مكانية : وهي رد فعل يفوق الحد الاعتيادي من حيث القوة والاندفاع مثل حدوث إسهال، أو قيء على أثر انفعال شديد.

ب- علاقة اكتسابية بالمنعكسات الشرطية:

وهي نوع من التكرار القائم على مبدأ المنعكس الشرطي، فالإسهال الذي حدث نتيجة (رعب شديد) يمكن أن يصاب بوهن اليد والشلل كلما سمع نبأ مزعج فهناك تكرار وانتقال وتثبيت للمنعكس الشرطي وتؤكد الباحثة النفسية (دوتش) أن العامل النفسي دوما وراء الحوادث والكوارث المفاجئة - غير المتوقعة - وظروف الحرمان أو الشدة فالعضو المصاب نتيجة لذلك الأذى النفسي- منذ الطفولة يصبح موضع انفعال دائم ويتكون ما يدعى عصاب العضو[1].

أن التمكن الزائد من الكبت والانفعالات وكبت الغضب والعدوان وعدم التعبير اللفظي والحركي عن الصراعات الداخلية يؤثر على إفراز بعض الهرمونات مثل الأدرينالين التي تؤدي بدورها إلى ارتفاع ضغط الدم وعادة ما يكون مرضى الضغط من ذوي الشخصيةا الوسواسية الذين يميلون للإتقان والنظام مما يجعل تكفيهم صعباً، كما أن قصور الشرايين التاجية بالقلب يؤدي إلى أزمات قلبية بسبب السمنة والسجائر وزيادة السكر وارتفاع الدهنيات كل هذا بجانب نمط الشخصية يؤدي إلى ظهور المرض فهناك مجموعة من الناس تميل إلى الكد بجدية دون تعب ويتميزون بالرغبة في السيطرة على أزواجهم وأطفالهم والكفاح المستمر للصعود في السلّم الاجتماعي مع عدم القدرة على التكيف.و قد يضاف إلى هذه الشخصية بعض الإحباط في الوصول للسيطرة على العمل والأسرة أو الفشل في الرقي والتفوق أو تدهور الوظيفة أو ظهور مشاكل مادية ، كل هذا يؤدي إلى الإصابة بقصور في الشرايين.

إذا فتكوين الشخصية ووجود صراعات إنسانية مع وجود احباطات، قد يؤدي إلى القابلية للإصابة بأمراض القلب ، ومن أهم الأمراض شدة الصداع النصفي وهو يحدث عادة للناس الطموحين واللذين يشكلون أسرة محافظة ملتزمة تبذل ما في

[1] http://www.almualem.net/news.php?action=view&id

وسعها في إظهار الأطفال بصورة مثالية،أما السمنة وهي أكثر الأمراض شيوعاً، فإذا استثنينا العوامل الغذائية، نجد أن معظم أسباب السمنة أسباب نفسية، فالشخص البدين قد يبدو مسالماً، ولكن إذا تعرض لأي إحباط اجتماعي، فسوف يجد إثارة دوافعه العدائية في الانغماس لأكل المزيد من الطعام، وهو بذلك يعبر عن عدوانه بطريقة رمزية، وصورة الجسم في الشخص البدين لها معنى قوياً في رغبته في القوة والسيطرة، وفقدان الوزن قد لا يعني فقط تحمل الجوع بل الفقدان الرمزي للحب، وما يشبعه الطعام من انتقام للميول العدوانية، وأيضا قد يعني فقدان الوزن الخوف من فقدان القوة ، كما تلاحظ البدانة في المسجونين أو المعتقلين لمدة طويلة، والمحرومين من الحب والسعادة وإثبات الذات، وهنا يصبح الإفراط في الطعام إشباعاً وحماية ووقاية لاحتمال حدوث أو إثارة ذهان كامن ، نجد بعض الناس عندما يحاول إنقاص وزنه قد يصاب بحالة ذهنية، ولذا ينبغي فحص الحالة النفسية للشخص، حتى لا يتعرض إلى تفسخ في ذاته.كما مرض روماتيزم المفاصل، الذي تزداد شدته مع الجهد الانفعالي الذي يتعرض له الفرد، قد يكون الجهد هو وفاة الزوج أو صديق أو الطلاق أو النبذ أو خيبة الأمل بالهجر والنبذ والثورة مع ميول عدوانية مصحوبة بالشعور بالذنب. أما الجلد الذي ينشأ من الناحية التكوينية من نفس المصدر مع الجهاز العصبي، فإن هناك ترابطاً مستمراً مع الخوف، فيعرق عند الفزع ويقف الشعر في حالات الرعب، وعادة ما يعاني مريض الجلد النفسي من الحاجة الشديدة للحنان والحب والمساندة، وعدم القدرة على إعطاء الحب للآخرين، وكبت شديد لكل الانفعالات خاصة الحزن والغضب.

إن الطب الحديث يتجه الآن نحو الاعتقاد بأن معظم الأمراض الجسدية، يلعب فيها العامل النفسي دوراً كبيراً سواء في نشأتها أو استمرارها أو إثارتها، مما يدفع الأطباء إلى الأخذ بالاعتبار الأسباب الاجتماعية والنفسية في الحالات المرضية، و تشكل خطوة ضرورية نحو الشفاء.

أعراض الاضطرابات السيكوسوماتية:

إن الحالة النفسية تسبب في تكوين آلية الدفاع للميكروب بطريقة غير مباشرة، كما يقول " ويس وانقليش ". وهذا يعني أن الجسم والنفس ليسا منفصلين،و لكي نحكم على أن هذا المرض سيكوسوماتيا يجب تحديد العلاقة الموجودة بين حالة الصراع ووضعية المرض والمريض.تلك التي تبدو في تغير حياة الفرد والتي يصبح فيها الشخص مذبذباً وغير مستقر، وتأثير النفس في الجسم في مقابل تأثير الجسم في النفس ،مع فشل العلاج الجسدي الطويل للشفاء من هذه الاضطرابات المزمنة[1].

تبدو الوقاية أفضل وأكثر فاعلية من العلاج في مثل هذه الحالات التي تضمها قائمة الأمراض النفسية الجسدية (السيكوسوماتية)، وتتحقق الوقاية بتجنب الانفعالات السلبية مثل: القلق والغضب والكراهية والتعبير المستمر عن الانفعالات، كما أن الرضا والتفاؤل وقبول الحياة والإيمان القوي بالله تعالى عوامل أساسية في الوقاية من الاضطرابات النفسية ، أما إذا حدثت الإصابة بالفعل، فإن العلاج يصبح ضرورة عاجلة ،و كلما بدأ العلاج مبكراً كانت النتائج أفضل، ويتم استخدام الوسائل المختلفة للعلاج، سواء باستخدام الأدوية أو الوسائل النفسية ، وفي نفس الوقت للتخلص من الأعراض وتحقيق الشفاء ومنع المضاعفات.

وتساعد الخدمة الاجتماعية في الجهود الوقائية ، كما في الجهود العلاجية تجاه هذا النوع من الأمراض، وفي طليعة ذلك تخليص الأفراد من الانفعالات السلبية وتقوية روح التفاؤل والرضا، كما أنها تدفع المصابين إلى الإسراع في العلاج في المراحل المبكرة للعلاج ، وتساهم في معالجة الظروف المعيشية والأوضاع الأسرية

---

[1] دورية – الثقافة النفسية / التوافق والاضطرابات السيكوماتية / ص 20.

التي قد يكون لها التأثير الأكبر في نشوء الحالة المرضية، كما يكون لها الأثر الأكبر كذلك في نجاح خطة العلاج والوصول إلى حالة الشفاء. [1]

دور الأخصائي الاجتماعي مع السيكوسوماتيين:

تشهد العلوم الطبية والنفسية تقدما ملحوظا في العصر الحالي ، وتتضافر الجهود العلمية المنظمة من أجل رفع المعاناة والألم عن الإنسان ، ومن المعروف إن الممارسة الطبية والنفسية تسعى إلى تقديم أفضل الخدمات التشخيصية والعلاجية للمرضى الذين يعانون من إعراض جسمية أو نفسية مختلفة، لهذا فان من الضروري إن نفرق وبدقة بين المرض العضوي ذي الأسباب العضوية أو النفسية ، وبين الاضطراب النفسي ذي الأسباب العضوية. إن هناك نسبة كبيرة من المرضى الذين لديهم أعراض جسدية لا يستطيع المعالج إن يجد سببا عضويا لها، أو الذين لا يظهرون تحسنا ملموسا على العلاج لأي مرض عضوي، وهؤلاء المرضى يشكلون هما حقيقياً للأطباء والمعالجين مما يضطرهم إلى تشخيص مثل هذه الحالات باضطراب الهستيريا أو ما شابه ذلك كنوع من أنواع الرفض الذي يشكل لدى الطبيب نحو مريضه غير المعروف مرضه الذي لا يتحسن على العلاج ، مما يمكن القول أن هؤلاء المرضى إما أنهم يعانون من مرض عضوي غير مشخص أو أن هناك أساس نفسي لشكواهم أظهر بالتالي الأعراض الجسدية.

---

[1] انظر:

1. http://www.seereen.net/main/modules.php?name=News&file=article&sid=sid=2566
2. الجاموس نور الهدى / الاضطرابات النفسجسمية / 2004 / دار اليازوري العلمية للنشر والتوزيع.
3. العزي - اروى :/ دورية – الثقافة النفسية / التوافق والاضطرابات السيكوسوماتية / 1998 / المجلد 9 / العدد 33.
4. ياسين – عطوف محمود : الأمراض السيكوسوماتية / الطبعة الأولى 1988 / منشورات بحسون الثقافية.

إن فقدان الصحة النفسية نتيجة الحياة المضطربة والمقلقة للإنسان . وفقدان امن الإفراد والجماعات في معظم دول العالم. والخوف من الحروب والنزاعات ، وعدم الطمأنينة على الحاضر والمستقبل والقلق من تدهور الوضع والإحساس بفقدان معنى الحياة واليأس من قدرة المكاسب المادية ، وفقدان الرضا والانسجام بين الناس والمحيط ، وتمزق أوضاع الأسرة ، وفقدان الحب والعطف والحنان ، وانتشار التشرد والضياع والإحساس باحتقار الشخصية ، وعدم وجود من يعتني بالإنسان المشرد ، أصبحت من مشاكل العصر ، وإفرازات الحضارة المادية التي جلبت للإنسان المتاعب، وتسببت في انتشار الأمراض والعقد النفسية التي افتقد الإنسان طعم الحياة والسعادة بسببها.

وللأخصائي الاجتماعي دور بارز في التعامل مع السيكوسوماتيين كغيرهم من المرضى ذوي الأمراض الأخرى فهو يقوم بما يلي :

1- تحصين نفس المريض من العقد والأمراض .

2- محاولة اكتشاف منشأ المرض والعقد النفسية.

3- بيان قيمة الإيمان بالله سبحانه وأثره وقدرته على معالجة وإصلاح المرض .

4- تغيير النظرة الاجتماعية السلبية للأمراض على أنها مركب نقص ووصف المريض النفسي بأنه مجنون.

5- توعية أفراد المجتمع بحاجة الفرد المصاب نفسياً للعلاج ومساعدة المحيطين به من الأسرة والأصدقاء على إدراك ما يعانيه وحاجته للعلاج.

6- الأخذ بعين الاعتبار إن هناك فروقاً فردية بين المرضى والتعامل مع كل مريض بما لديه من إمكانيات وقدرات .

7- مساعدة المريض على التخلص من الاضطراب النفسي المسبب لتلك الظاهرة المرضية.

8- تشجيع المريض على العلاج وإيجاد جو الثقة معه و توضيح فائدة العلاج .

9- إفهام المريض أن المهدئ والمسكن لا يعالج السبب الأساسي الـذي أدى إلى المرض وبزوال مفعوله تظهر الحالة مرة أخرى عـلى السطح ، أما إذا عـرف سبب العلة وتم القضاء عليها مع تعاطي تلك المهدئات والمسكنات عنـدها يتماثل المريض للشفاء.

إن عـلى الجميـع حمايـة أبنـاء المجتمـع مـن التعرض للإمراض النفسية والاجتماعيـة والحد مـن السلوك المضاد للمجتمع وذلـك بالتنشئة الاجتماعيـة السليمة وتوعية القائمين على تربية الأبناء كـما ينبغي إن يفكر الآبـاء بـذلك منـذ اللحظـة التي يفكـرون بهـا بـالزواج وكيفيـة اختيـار الـزوج أو الزوجـة المناسبة وسلامتهما من الأمراض الوراثية التي تـؤدي إلى إنجاب أبنـاء يعانون مـن مشاكل نفسية وعصبية ، إضافة إلى أساليب التنشئة الاجتماعية المطلوبة .

6- توهم المرض

تؤكد الحقيقـة العلميـة أن أعـراض وآلام المـرض تصيب الإنسان، حسـب المرض الذي يختاره وتوهمه لنفسه، بينما تؤكد الأبحاث الطبية سلامة الجسم تماماً من هذا المرض، وأن السبب الأول هو الحالة النفسية. ومن الأمراض الشائعة التي تبدأ بشكاوى بدنية مرض " التوهم المرضي " الذي يبدو في الشكوى المستمرة مـن أعـراض تظهر في الجسـم وآلام يؤولها المريض ،عـلى أنها علامـات لمرض خطـير، كالسرطان والقلب والكلى، ومهما حاولنا إقناعه بعدم خطورة حالته الصحية ، يظل دائم التردد على الأطباء وعمل الفحوصات المخبرية ، وعادة ما تكون الأعراض آلامـا في الجسم، وأعراضاً في الجهاز الهضـمي أو القلـب، أو الإعيـاء النفسي- والإحسـاس بالتعب والإرهاق، لأقل جهد أو أقل تركيز، وعادة ما يـؤدي ذلك إلى فقر الـدم أو كسل في الكبد.

يتوهم المريض إصابته فعلاً بمرض أو أمراض معينـة ، أو يتوهم استعداده للإصابة السريعة بمرض أو أمراض معينة، لذا فهو دائم التخوف و الحيطة حتى لا يصاب بالمرض ، وهو منشغل انشغالاً زائداً بصحته وخـائف عليهـا ومهـتم اهتمامـاً مفرطاً بها ، وأن إصابته أخف الأمراض ، جزع وتوهم أنه مصاب بأشد أنواع المرض فتكاً ، وظل في قلق زائد حتى يشفى ، ولا يكاد يشفى حتى تعاوده مخاوفه مـن الإصابة بمرض خطير آخر .. وهكذا.

يشغل بال هؤلاء المرضى باستمرار الخوف من اعتلال صحتهم، رغـم تأكيد الأطباء على سلامة وضعهم الطبي ،وحسن حالتهم البدنية، ويسيء هـؤلاء المرضى فهم الإحساسات العضوية السوية، كالعرق والحركات الحيوية ، كما أنهم يبالغون في أمر التوعك الخفيف، الذي يصيب أي إنسان، كالسعال والآلام العارضـة ، ويكثر ترددهم على الأطباء بحيث يزعجون أنفسهم وأطباءهم ، ويبدو للمراقب الحالـة المزاجية الكئيبة والقلقة التي تلون أيامهم على الدوام ، كـما تبدو عليهم المظاهر القهرية الو سواسية، التي تعوق أداءهم الـوظيفي والاجتماعـي، إلى درجـة تتراوح مابين الإعاقة الخفيفة والعجز التام ، ولا يتقبل هـؤلاء المتوهمين الناحيـة النفسيـة لتوجساتهم وأفكارهم التشاؤمية في غالب الحالات . وفي بعـض الحـالات الشديدة قد يصل الأمر إلى صورة من حالات الذهان ، كما هو الحال في مـرضى الفصـام ، وفي هذه الحالة تكون شكوى المريض وقناعته بوجود المرض لها طابع غريـب ، فمـثلاً يشعر المريض أن أمعاءه مقلوبة، أو أن قلبه قد أنتقل مـن مكانه إلى مكـان آخر داخل جسده ، وهو يقضي كل تفكيره ووقته وربما أمواله للعناية بجسـده وصـحته العامة ، إلى أن يفقد اهتماماته الأخرى بالحياة ، ولا يعود يشغل باله إلا بصحته.

مدى حدوث توهم المرض :

يشاهد توهم المرض بصفة خاصة في العقدين الرابع والخـامس في العمـر، وقد ثبت أنه نادر الحدوث عند الأطفال، إلا في بعض الحالات كفقد الأم أو الإيداع

بالمؤسسات، ويظهر توهم المرض كثيراً في الشيخوخة ، وقد يرجع ذلك إلى الحاجة الشديدة لدى المسنين لجذب الأنظار ، وتوهم المرض لدى الإناث أكثر منه لدى الذكور، ويلاحظ توهم المرض أيضاً في حالة العجز أو الإعاقة حيث يبالغ في الإصابة الجسمية. وتتسم الشخصية قبل المرض بالتمركز حول الذات بشكل غير ناضج، والميل إلى الانعزال ، والاهتمام الزائد بالصحة والجسم ..

أسباب توهم المرض :

هناك أسباب عديدة تؤدي إلى توهم المرض منها :

1- الحساسية النفسية عند البعض حيث نجدهم يتوهمون أنهم مرضى بمرض يكونون قد سمعوا عنه وفهموه فهما غير سليم أو أساءوا الفهم أو قرأوا عنه قراءة غير واعية.

2- وجود القلق والضعف العصبي . .

3- الفشل في الحياة بصفة خاصة الفشل في الحياة الزوجية ، وشعور الفرد بعدم قيمته وعدم كفايته ورفضه ، ويكون توهم المرض بمثابة تعبير رمزي عن هذا الشعور ، ومحاولة الهرب من مسؤوليات الحياة أو السيطرة على المحيط عن طريق كسب المحيطين والمخالفين .

4- العدوى النفسية حيث يكتسب المريض الأعراض من والديه اكتساباً، حيث يلاحظ اهتمامهم أكثر من اللازم بصحة الأولاد أو خبرة المعاناة الشديدة من مرض سابق .

ويمكن تفسير توهم المرض من خلال النموذجين النفسي و الاجتماعي.

النموذج النفسي :

أ- النظرية السيكودينامية : و التي تقول أن مرضى توهم المرض يجسدون قلقهم ليحتفظون به بعيداً عن الوعي الشعوري . أي أن انشغال المريض بجسمه

وصحته، ما هو إلا تعبير عن النقل والإزاحة، لما يعانيه من قلق وتوتر أو صراع ،حتى تتركز حول مجال ملموس أو محسوس هو جسده كما أنه كثيراً ما يكون متوهم المرض من العصابيين ، شديد الخوف من العلاقات التي تربطه بالناس، بعد أن عرف الناس فخاب رجاؤه فيهم، وخبر الصراعات بينهم وبينه، وضروب الشقاء والتعاسة . ولذلك فان الحياة في نظره عالم ضيق محدود، مقصور على الأعضاء المريضة والأدوية والتردد على الأطباء، وهذا أسلم واقل مشقة عند العصابي من مواجهة التحديات التي تنظوى عليها العلاقات الاجتماعية ، كما إن تعاطف الآخرين وإشباع الحاجات و الاتكالية والتخلص من المسئولية كلها أنواع من المكاسب الثانوية التي قد تتزايد وتعين على بقاء الأعراض .

ب- النظرية السلوكية / المعرفية : تفترض النظرة السلوكية المعرفية أن توهم المرض ما هو إلا اكتساب أو تعلم سوء تفسير الإحساسات الجسمية على أنها مؤشر لاضطراب الصحة طبقاً للخبرات السابقة و الأحداث الحرجة.

النموذج الاجتماعي:

يؤكد هذا النموذج على دور التربية والأسرة، فقد نشأ هذا المرض في بيوت كان التركيز فيها شديداً على مسألة المرض ، أو أن الحنان الوالدي كان دون حدوده المطلوبة وهذا يدفع الطفل في مستقبله باجتذاب هذا الحنان المفقود بإظهار انفعالاته تجاه الآخرين بالشكوى.[1]

[1] www.mouwasat.org*

www.awkaf.net*

1- السيد عبد الرحمن- ممدوح : علم الإمراض النفسية والعقلية ، القاهرة2000 ، ص 477 - 480 .

2- طه- فرج عبد القادر: أصول علم النفس الحديث، القاهرة2003. ص 322 .

3- الكتاني- ممدوح وآخرون ، 2002م ، " مدخل إلى علم النفس " الإمارات : مكتبة الفلاح . ص 453 .

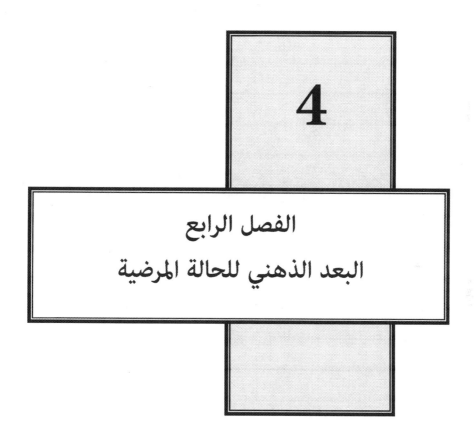

4

الفصل الرابع
البعد الذهني للحالة المرضية

1- الفصام

إن الأمراض النفسية والاجتماعية والتي تنعكس آثارها على جميع جوانب الحياة باتت موجودة بشكل ملحوظ في حياتنا، وفي كثير من الأحيان يكون تطور الحياة وتعقدها سببا في وجود مثل هذه الأمراض التي يحتاج علاجها إلى خلق الوعي لدى الناس حولها.وهذه الأمراض النفسية كثيرة ومتنوعة منها القلق، الاكتئاب، التوتر، الخوف الشديد، النسيان، وأعراض هذه الأمراض كثيرة منها عدم النضج وسوء التوافق الاجتماعي وعدم القدرة على تحمل مطالب المجتمع، اضطراب العلاقات الاجتماعية وعدم التمكن من إقامة علاقات اجتماعية وإنسانية،الشعور بالرفض والحرمان ونقص الحب وعدم الاحترام وعدم فهم الآخرين، عدم الارتياح بخصوص الأسرة، وسوء سلوك الوالدين وأخطاء في التنشئة،وجود مفهوم سلبي للذات، عدم الاستقرار الأسري وفشل الزواج والعزوبة والبطالة.

ومن هنا تظهر الحاجة الماسة لوجود الأخصائيين الاجتماعيين والنفسيين، فبمساعدتهم المهنية يمكن للإنسان الذي قد لا يشعر في بعض الأحيان بوجود العارض وإنما يرى آثاره فقط ، إلى الطريق السوي و يواصل حياته بنجاح.

أحد هذه الأمراض الفصام الذي سنتعرض لماهيته وأسبابه وعلاجه وموقع الأخصائي الاجتماعي العامل في المجال الطبي مع مرضى الفصام، إذ تعتبر نقص المهارات الاجتماعية إحدى المشكلات الأساسية لدى مرضى الفصام، والذي يترتب عليه صعوبات عديدة في التعامل مع الآخرين وتحقيق الاحتياجات الأساسية. والفصام أحد أكثر الأمراض الذهانية شيوعاً، فهو يصيب حوالي 0.86-3% ، من المجموع العام للسكان ،ويمثل حوالي 60- 70% من المرضى نزيلي مستشفيات الأمراض العقلية ، فهو يصيب واحداً من كل 100 شخص، كما أنه يصيب الرجال

والنساء على حد سواء، وهو من أكثر الأمراض إعاقة للشباب.و هـو مـرض عقلي يتميز باضطراب في التفكير والوجدان والسلوك وأحيانا الإدراك، ويـؤدي إذا لم يعالج في بادئ الأمر إلى تدهور في المستوى السلوكي والاجتماعـي كـما يفقد الفـرد شخصيته، وبالتالي يصبح في معزل عـن العالم الحقيقـي، ومن الصعوبة بمكان أن نقوم بعرض تعريفات الفصام لأنها متعددة وتختلف مـن باحـث لآخـر ولكـن مـن أشهر التعريفات تلك تعريف الـدليل التشخيصي- والإحصائي الرابع للاضطرابات العقليـة DSM-IV للفصـام بوصفه خليطاً مـن الأعـراض والعلامـات الايجابيـة والسلبية، والتي تظهر لفترة شهر أو لفترة أقصر- إذا كانت الحالـة تخضع لعـلاج ناجح ،بالإضافة إلى استمرار ظهور علامات الاضطراب لمدة ستة أشهر ، ويصاحب هـذه العلامـات اضطرابات اجتماعيـة ومهنيـة، وتضم الأعـراض المميـزة للفصـام مجموعة مـن الاضطرابات المعرفية والوجدانيـة، التي تتضمن: الإدراك والتفكير الاستدلالي، واللغة، والتعامل مع الآخرين، والاتصال، وضبط التصرفات، والعاطفـة والشعور، والطلاقة في الحديث، والإحساس بالسعادة والمتعة، كذلك الحال بالنسبة للإرادة والنشاط والقدرة على التركيز والانتباه، ويتطلب تشخيص الفصام وجود مجموعـة مـن العلاقات والأعـراض ذات العلاقـة بالاضطراب الاجتماعـي والمهني وليس عرضاً واحداً فقط.

و يقصد بمرض الفصام " الشيزوفرينيا " ضعف الـترابط الطبيعي المنطقـي بالتفكير ، ومن ثم السلوك والتصرفات والأحاسيس، فيمكن للشخص نفسه أن يتصرف ويتكلم ويتعامل مع الناس بطريقة تبدو طبيعيـة تماماً في بعض الأحيان، ولكنه قد يقوم ببعض التصرفات الغريبة وكأنه شخص آخر في أحيان أخـرى.و ذلك بسبب الضلالات التي تنتاب هذا المريض وما يصاحبها من تهيؤات وأوهام تحدثه أو تأمره بالقيام بأفعال غير منطقية، على المحيطين به. فقد يسمع أصواتاً توحي له أحياناً بأن هناك من يقصد إيذاءه، لذا يشعر أن نظرات الناس تهاجمه وتترصده بالشر ،فتوهمه

أن الناس يتجسسون عليه في كل مكان يذهب إليه، وقد يبدأ بالهجوم والعنف دون سبب واضح

وفي أحوال أخرى قد يشعر هذا المريض بأنه قد أوتي من وسائل القوة والمقدرة ما لم يؤت لبشر غيره، وانه يستطيع تغيير العالم بقدراته، هنا يكون الانقسام والانفصام ما بين الجزء الذي يعمل بطريقة طبيعية في المخ، والجزء الآخر الذي تنتابه الهلاوس والتهيؤات، كل هذه الاضطرابات الفكرية من عدم التسلسل بالأفكار وفقدان الترابط في الكلام تجعل علاقة المريض بالناس والمجتمع مختلة، فيفشل في عمله وتسوء علاقته الأسرية وينعزل تدريجياً عن المجتمع والحياة، وعلى الرغم من ذلك فإنه يظل على يقين بأن ما يراه ويسمعه هو حقيقة واقعة، وأن الآخرين هم المرضى، ويظل يرفض تماماً أن يعترف بأنه مريض ويحتاج إلى علاج، وقد تبدو هذه الاضطرابات خطيرة ويصعب علاجها ،ولكن المريض سرعان ما يتحسن ويعود إلى حالته الطبيعية بعد أيام قليلة من العلاج خصوصاً مع الأساليب العلاجية الحديثة التي أعطت أملا كبيراً في شفاء هؤلاء المرضى.

أسباب الفصام:

إن السبب الحقيقي لهذا المرض لا يزال مجهولاً، وإن كان لم يحدد بعد سبب واحد للمرض، إلا أن الآراء اتفقت على وجود عدة عوامل متداخلة مع بعضها البعض، حيث إنها نتاج تفاعلات وراثية وبيئية وفسيولوجية وكيميائية، ومن أهم العوامل التي يعتقد العلماء أن لها صلة بالمرض العوامل التالية:

العوامل الكيميائية:

إذ يبدو أن المرضى المصابون بالفصام لديهم عدم توازن بكيمياء الجهاز العصبي ولذلك اتجه بعض الباحثين إلى دراسة الموصلات العصبية التي تسمح باتصال الخلايا العصبية مع بعضها البعض.

الفصام والمناعة الذاتية:

نظرا للتشابه بين مرض الفصام ومرض المناعة الذاتية التي يهاجم فيه جهاز المناعة الذاتية أنسجة الجسم نفسها، حيث أن كلا من المرضين غير موجود عند الولادة، ولكنه يبدأ في الظهور في مرحلة البلوغ.

الاستعداد الوراثي:

لاحظ علماء الوراثة وجود مرض الفصام في بعض العائلات بصورة متواصلة، كما بوجد أيضاً الكثير من المرضى يكون لديهم تاريخ عائلي للفصام.

التوتر والضغوط نفسية:

لوحظ أن التوترات النفسية تجعل الأعراض المرضية تسوء عندما يكون المرض موجود بالفعل، كماً وجد أن بعض العوامل البيئية تساعد على نشوء الفصام مثل الإصابة بالتهابات فيروسية في الصغر، أو إصابة أم المريض بالتهابات فيروسية (الأنفلونزا) أثناء الحمل، أو أية مضاعفات أثناء ولادة المريض ، أو تعرض المريض لضغط نفسي كبير

إساءة استخدام العقاقير:

هناك بعض الأدوية التي تؤدي إلى زيادة الأعراض المرضية في المرضى، وبسبب بعض الأدوية التي تظهر أعراض شبيهه بالفصام في بعض الأفراد الأصحاء.

العلامات والأعراض:

يغلب تشخيص الفصام فيها عند الرجال بين أواخر فترة المراهقة وأوائل العشرينات ،بينما تظهر عند النساء في الثلاثينيات والأربعينيات، يبدأ ظهور الأعراض تدريجياً وعلى امتداد عدة أشهر، و من الممكن أن تظهر فجأة عند الشخص وبدون أي إنذار، وتشمل أعراض الفصام الشائعة ما يلي:

- تدني مستوى النظافة الشخصية.

- الاكتئاب.

- النوم المفرط أو عدم القدرة على النوم أو التقلب بين النقيضين.

- الانسحاب الاجتماعي والعزلة.

- التغير الفجائي في طبيعة الشخصية.

- التدهور في العلاقات الاجتماعية.

- عدم القدرة على التركيز أو التعامل مع المشاكل البسيطة.

- التدين الشديد أو الانشغال بالسحر والأشياء الوهمية.

- عداء غير متوقع تجاه الآخرين.

- عدم المبالاة حتى في المواقف الهامة.

- الانشغال في حوادث السيارات.

- إساءة استخدام العقاقير والكحوليات.

- النسيان وفقدان الممتلكات القيمة.

- الانفعال الحاد تجاه النقد من الأسرة والأقارب.

- نقص واضح وسريع في الوزن.

- الكتابة الكثيرة بدون معنى واضح.

- عدم القدرة على البكاء أو البكاء الكثير المستمر.

- الحساسية غير الطبيعية للمؤثرات " الأصوات والألوان والإضاءة".

- الضحك غير المناسب.

- التصرفات الشاذة.
- التعليقات غير المنطقية.
- جرح النفس أو التهديد بإيذاء الذات.
- العناد وعدم المرونة.

أنواع الفصام

هناك عدة تقسيمات لمرض الفصام تتوقف على مدى انتشار عرض من أعراض المرض فلو كانت الهلاوس والضلالات هي السائدة فيعطي المرض اسم " Paranoia " أو "Hebephrenic" أما إذا كانت الاضطرابات في السلوك والكلام والمشاعر هي السائدة فيسمى "Disorganized" وهكذا، ولكن التصنيف الذي يستعمل في اختبار العلاج المناسب هو التالي:

النوع الإيجابي: وتتمثل أعراضه في كثرة التهيؤات السمعية والبصرية والضلالات والأوهام ،وعادة ما يستجيب هذا النوع ويتحسن مع الأدوية التقليدية.

النوع السلبي: حيث تقل مع هذا النوع الأعراض المذكورة في النوع الأول ، ولكن تتصف حالة المريض بالخمول، وقلة الحركة،وبطء التفكير والانفعالات، والانعزال عن المجتمع والناس، وقد لا يستجيب هذا النوع من الفصام بسهولة للأدوية التقليدية المضادة للمرض، ويظل المريض يعيش على هامش الحياة.

أنماط العلاج:

كانت العلاجات التقليدية ومن بينها الحقن طويلة المفعول، قد ساعدت مرضى الفصام لزمن طويل، ولا يزال لها دور مهم في علاج المرضى،ونظرا لبعض آثارها المزعجة وعدم استجابة بعض المرضى لهذه الأدوية، دفع ذلك إلى البحث عن أدوية حديثة أحدثت تطوراً كبيراً في علاج النوع السلبي بالذات، وميزة الأدوية الحديثة

فعاليتها وقلة أو ندرة آثارها الجانبية ، بالإضافة إلى تمكينها للمريض من أن يمارس حياته بشكل طبيعي وعادي دون الشعور بالخمول أو الكسل،ويعد العلاج الأسري أحد أهم الطرق العلاجية لمرض الفصام وهو يتوجه إلى أسرة المريض لزيادة فهمها لطبيعة المرض وأهم الأعراض المرضية وما يجب عمله في مختلف مراحل المرض. والدور الأسري الهام هو منع عودة المرض (الانتكاسة)،وقد أظهرت الدراسات بشكل واضح تأثير جو الأسرة وموقف أعضاء الأسرة من المريض في تقليل انتكاسة المرض ،وقد قارن العلماء بين من تلقى علاجاً دوائياً مع علاج أسري بمجموعة أخرى تلقت علاجاً دوائياً فقط ، وكانت النتائج واضحة في تقليل انتكاسة المرض للمجموعة الأولى أي التي ساهمت الأسرة بشكل فاعل في العلاج.

العلاج التأهيلي وتعليم المهارات الاجتماعية:

ويشكل ذلك ركناً أساسياً في علاج الفصام، حيث يسعى إلى اكتساب المريض عدداً من المهارات التي تعينه على التغلب على ما سببه المرض من عجز، وتساعده على عيش حياة كريمة وبشكل مستقل،وتعود أهمية هذا النوع من العلاج إلى أن مرض الفصام يؤدي إلى تدهور المهارات المهنية والاجتماعية، وهو يصيب الإنسان في مرحلة تطوير هذه المهارات، والمريض لديه الوقت الكافي لاكتساب هذه المهارات، في حين تؤدي مشاركة المريض في برنامج تأهيلي متكامل إلى إتقان لهذه المهارات وستزيد من ثقته بنفسه ويمكنه من التعامل مع الضغوط التي يعاني منها.

أما المهارات التي يمكن اكتسابها وفقاً لذلك فهي:

- المهارات المهنية والتي تؤهل المريض للالتحاق بسوق العمل وكسب العيش.

- المهارات الاجتماعية البسيطة كالاتصال بالنظر وتعلم أصول طلب الشيء أو الاعتذار وآلية اتخاذ القرار في الحياة العامة والمعاملات المالية والقانونية، والمقدرة على الحصول على الخدمات المتوفرة لأي مواطن

- المهارات الاجتماعيـة المعقـدة كالعنايـة بـالنفس ومهـارات الأبـوة والأمومـة والتعامل مع مختلف الظروف والأحداث والضغوط.

الوقاية من الفصام

يمكن أن نجمل عناصر الوقاية من الفصام في النقاط التالية:

أولا: الوقاية أثناء الحمل:

تزيد احتمالية حدوث الفصام في الأشخاص الذين تعرضوا لمضاعفات أثنـاء فـترة حملهم وولادته. بعض هذه المضاعفات يمكن الوقاية منها إذا تنبهت لها الأم وهي:

1. نقص التغذية الشديد أثناء الحمل.
2. التعرض للأنفلونزا والالتهابات الأخرى.
3. الضغوط النفسية المتكررة أثناء الحمل.
4. حدوث ارتفاع الضغط الحملي.
5. الولادة المبكرة قبل تمام الحمل.
6. السكر الحملي.
7. عدم توافق الدم.
8. التشوهات الخلقية.
9. النزيف أثناء الولادة.

لذا ينبغي بذل الجهد لتقليل التعرض لمختلف الالتهابات أثناء الحمل، كما لابـد من متابعة الحمل بشكل منتظم لتلافي أي من المضاعفات المذكورة

ثانياً: الابتعاد عن المخدرات:

أصبح من المسلم به أن استعمال المخدرات في سن المراهقة، يزيد احتمالية الإصابة بالفصام، وللأسف فإن العلماء يتوقعون زيادة الإصابة بالفصام خلال العقد القادم بسبب الزيادة الهائلة لاستخدام المخدرات في العالم أجمع وخاصة بين المراهقين ،لهذا على الآباء بذل المزيد من الجهد والوقت لقضائه مع أبنائهم والاستماع إليهم والتعرف على حاجاتهم والمراقبة عن بعد لنوعية أصدقائهم والأماكن التي يترددون عليها وتنبيههم لأخطار الوقوع في المخدرات والخطوات التي يسلكها المروجون للإيقاع بالشاب في شرك المخدرات.

ثالثاً: مراعاة جانب الوراثة:

حيث أن من الحكمة أن يتجنب الشاب الذي له أقارب مرضى بالفصام من الدرجة الأولى الزواج من أسرة فيها مريض بالفصام، و هذا لا يحمي تماماً من الإصابة ولكن سيقلل الاحتمالية قدر الإمكان.

رابعاً: العيش في أجواء أسرية مستقرة ومتوادة:

إن العيش في أسرة مستقرة ومتوادة سوف يقلل من الإصابة بالفصام، حيث تشير الدراسات أن تربية الأطفال ونموهم في بيئة خالية من الضغوطات والخلافات الأسرية المتكررة يقلل من حدوث الإصابة بالفصام لمن هو مؤهل لذلك.

خامساً: نقص التعرض لأشعة الشمس ونقص فيتامين د :

إن نقص التعرض لأشعة الشمس ونقص فيتامين د ، أحد الفيتامينات الأساسية لنمو الأطفال بشكل عام وخاصة العظام ، أثناء الحمل قد يكون له علاقة بزيادة حدوث الفصام، لذا على الأم التأكد من أن تأخذ الكمية المطلوبة من فيتامين د و التعرض لأشعة الشمس لوقت كاف قبل وأثناء الحمل. كما أن نقص تناول الأطفال

في السنة الأولى من حياتهم الكمية المطلوبة من فيتامين د قد يكون له علاقة بتطور الفصام.

سادساً: العيش في الريف مقابل العيش في المدن:

أشار العلماء إلى نقص الإصابة بالفصام لمن قضى سنين عمره الأولى في الريف والقرى، مقابل ارتفاع نسبة الإصابة به في المدن، نظراً لقلة تواصل الجيران والأقارب مع بعضهم البعض، وأيضاً بسبب تعرض الأم الحامل للفيروسات في المدن أكثر من القرى والريف، مما يستدعي أن يهيئ الأبوان لطفلهما بيئة اجتماعية صحية يتفاعل فيه الطفل مع الآخرين وينمي فيها مهاراته الاجتماعية و الشخصية. [1]

2- العصاب

يعرف العصاب بأنه اضطراب وظيفي في الشخصية، وهو حالة مرضية تجعل حياة الشخص العادي اقل سعادة ، ويعتبره البعض صورة مخففة من الذهان . ويمكن إن يعرف العصاب بأنه : مصطلح يستخدم في مجال الصحة العقلية ، للإشارة إلى انواع معينة من الاضطرابات العقلية والى نوعية معينة من الحيل النفسية .ويقال إن العصاب : حالة مرضية تجعل حياة الشخص العادي اقل سعادة
.

---

[1] انظر:

1. نشرة يوم الصحة العالمي world health day 2001.
2. مقال في جريدة The Sunday Times …January .09.2005 للكاتب CAMILLO FRACASSINI.
3. www.docguide.com/news/content.nsf/patientResAllCateg/Schizophrenia.
4. www.feedo.ney/Disability/PsychologicalDisabilies/Schizophrnia.htm.
5. سرحان - وليد : الفصام ،سلسلة سلوكيات، دار مجد لاوي، عمان 2000م.

يستخدم معظم الأطباء النفسيين وخبراء الصحة العقلية مصطلح العصاب أو الاضطراب العصبي للتعبير عن مجموعة من الأمراض العقلية الخفيفة ، وتتميز الأمراض العصبية بأعراض مثل القلق وعدم الاستقرار والإحباط والمخاوف بدون سبب، وتحدث هذه المشاعر عند الناس من حين لآخر،لكنها توجد لدى الشخص الذي يعاني اضطرابا عصبياً ، بصورة متكررة ، أو مستديمة وتتداخل هذه المشاعر مع حياة الأفراد وصلاتهم بالآخرين.

أما العصاب النفسي (المرض النفسي) فانه : يشمل أنواعا من اضطرابات السلوك الناشئة عن فشل الأفراد في التوافق مع أنفسهم ومع البيئة المحيطة بهم أي أنه لا توجد لغة تواصل بين العصابي (المريض نفسياً) ومع الآخرين ، وكذلك العصاب : هو القلق المزمن وله أعراض من الممكن أن تكون نفسية أو عضوية، ويمكن أن يشتكي المريض من آلام أسفل الظهر أو صداع مزمن أو ضيق في التنفس وعدم القدرة على النوم ،و يمكن أن يصاحبه بعض الاكتئاب .ويرى الاجتماعيون أن الإنسان يصبح مريضاً بالعصاب إذا صادف صعاباً في التكيف مع هدوئه الداخلي أساسا أو مع علاقاته بالآخرين،أو الاثنين معاً فالشخصية الإنسانية في محاولتها للتكيف مع الضغوط داخل النفس وخارجها،تستخدم أغراضا نفسيه وجسمية.

النظرية الفرودية لتفسير العصاب

إن العصاب بوصفه حيلة نفسية ، تكون جزءاً من النظرية التي طورها العالم النفساني النمساوي سيجموند فرويد وأتباعه، الذي يصف مصطلح العصاب بأنه عملية عصبية تنتج أعراضا معينة . وتبدأ العملية بصراع غير واع بين الرغبات في الإيذاء البدني لشخص ما ، مع الإحساس بالذنب ، وتولد المعرفة غير الواعية للصراع حاجزاً عقلياً يسمى الحيلة الدفاعية ، ويبقي هذا الحاجز المشاعر غير المرغوبة خارج نطاق المعرفة الواعية للشخص،ولتحاشي الإحساس بالذنب ، فقد يكبت شخص رغبته

في إيذاء شخص آخر ، ومثل هذه الحيلة الدفاعية تولد بدورها عرضاً ، وعلى سبيل المثال، قد يكون لدى الشخص خوف غير عادي من الأشياء التي يمكن إن تستخدم للتنفيذ الفعلي للرغبة المكبوتة لإحداث الأذى ، وقد اعتقد فرويد إن مثل هذه الاضطرابات تنشأ من تجارب محبطة حدثت في فترة الطفولة وعبر المراهقة ..

أنواع العصاب:

تتعدد أنواع العصاب ، ومن أبرزها : عصاب بعد حدوث حادثة محزنة أو مؤسفة ، عصاب الرهبة ، عصاب الخوف من المجتمع ، العصاب الديني والسياسي.

تصنيف العصاب :

يصنف العصاب إلى الأصناف التالية:

القلق، توهم المرض، .الضعف العصبي ، .الخوف ، الهستيريا ،عصاب الوسواس القهري، ،الاكتئاب التفاعلي، .التفكك، .ويضاف إلى ذلك أنواع أخرى من العصاب، كعصاب الحرب ،عصاب الحادث ،عصاب السجن ،و عصاب القدر.

خصائص العصاب :

يمكن إجمال خصائص العصاب على النحو التالي :

1- الأسباب الوراثية فيه نادرة .

2- يصيب الأفراد في مختلف الأعمار .

3- العوامل النفسية المنشأة هي السائدة .

4- يظل المريض في حدود العادي أو يظهر بعض الغرابة.

5- يدرك المريض وضعه ويسعى للمساعدة .

6- يهتم المريض بنفسه وبيئته .

7- لا يبدو تأخر في الوظائف العقلية بوضوح .

8- لا يتغير الكلام بشكل ملحوظ .

9- يساير المريض المعايير الاجتماعية .

10- لا يحتاج المريض الى إيداع بمستشفى الإمراض النفسية .

11- العلاج النفسي الاجتماعي هو العلاج الفعال .

12- يمكن التفاهم معه بسهولة .

13- المريض لا يلحق الأذى بنفسه ولا بغيره ولا يشكل خطرا على المجتمع

مدى حدوث العصاب :

الاضطرابات العصابية هي أكثر الاضطرابات النفسية حدوثاً ، ويلاحظ أن هناك عدداً من الناس لديهم اضطرابات عصابية ويعيشون بها طول حياتهم ولا يفكرون أبداً في استشارة معالج نفسي، ويوجد العصاب في كل الثقافات وكل الطبقات الاجتماعية ، ويحدث العصاب أكثر لدى الإناث من لدى الذكور .

أعراض العصاب :

تمثل أعراض العصاب رد فعل الشخصية أمام وضع لا تجد له حلاً بأسلوب آخر ، أي انه يمثل المظهر الخارجي للصراع والتوتر النفسي- والخلل الجزئي في الشخصية، والعصاب ليس له علاقة بالأعصاب ، وهو لا يتضمن أي نوع من الاضطراب التشريحي أو الفسيولوجي في الجهاز العصبي ، وكل ما في الأمر اضطراب وظيفي دينامي انفعالي نفسي المنشأ يظهر في الأعراض العصابية وهناك فرق بين العصاب والمرض العصبي حيث المرض العصبي اضطراب جسمي ينشأ عن تلف عضوي يصيب الجهاز العصبي مثل الشلل النصفي والصرع ، ومن ثم يفضل استخدام مصطلح العصاب النفسي ،ويشتمل العصاب عدداً من الأشكال الإكلينيكية

المختلفة التي يجمع بينها جميعاً عناصر مشتركة وأعراض عامة تـؤدي إلى عدم السعادة وعدم الكفاية واضطراب العلاقات الشخصية.

من أهم أعراض العصاب ما يلي :

- القلق الظاهر أو الخفي والخـوف والشعـور بعـدم الأمـن ، وزيـادة الحساسية والتوتر والتهيج و المبالغة في ردود الفعل السلوكية ، وعـدم النضج الانفعـالي والاعتماد على الآخرين ومحاولة جذب انتباه الآخرين والشعور بعدم السـعادة والحزن والاكتئاب .

- اضطراب التفكير والفهم بدرجة بسيطة ، وعـدم القـدرة عـلى الأداء الـوظيفي الكامل، ونقص الانجاز وعدم القدرة على استغلال الطاقات إلى الحـد الأقصى- ومن ثم عدم القدرة على تحقيق أهداف الحياة .

- الجمـود والسـلوك التكـراري وقصـور الحيـل الدفاعيـة والأسـاليب التوافقيـة والسلوك ذو الدافع اللاشعوري .

- التمركز حول الذات والأنانية واضطرابات العلاقات الشخصية والاجتماعية .

- بعض الاضطرابات الجسمية المصاحبة نفسية المنشأ .

أسباب العصاب:

إن الأسباب الوراثية نادرة ، والعوامل العصبية   ليس لها دور ، واهم مـا في العصاب إن كل أنماطه نفسية المنشأ ، وتلعب البيئة دوراً هاماً ،وعلى العموم فمـن أهم أسباب العصاب : مشاكل الحياة منـذ الطفولـة وعـبر المراهقـة وأثنـاء الرشـد وحتى الشيخوخة ، وخاصة المشاكل والصدمات التي تعمقت جذورها منذ الطفولة المبكرة بسـبب اضطراب العلاقـات بـين الوالـدين والطفل والحرمـان والخـوف والعدوان وعدم حل هذه المشاكل، كذلك يلعب الصراع بـين الـدوافع الشـعورية واللاشعورية أو بين

الرغبات والحاجات المتعارضة والإحباط والكبت والتوتر الداخلي وضعف دفاعات الشخصية ضد الصراعات المختلفة دوراً هاماً في تسبب العصاب وتؤدي البيئة المنزلية العصابية والعدوى النفسية إلى العصاب كذلك فان الحساسية الزائدة تجعل الفرد أكثر قابلية للعصاب .

تشخيص العصاب :

يقتضى ـ في التشخيص التفريق بين العصاب وبين الذهان ، وبينه وبين الاضطرابات العضوية ، وبينه وبين ردود الأفعال العادية الناتجة من التوتر،ولابد من مقابلة شخصية شاملة مع المريض واخذ تاريخ كامل للحالة وتطبيق الاختبارات النفسية وإجراء الفحص الطبي والعصبي الشامل . كما يجب التعرف على خصائص وسمات الشخصية العصابية لدى المريض لتشخيص المرض .

الوقاية من العصاب :

تتبع المناحي التالية عادة للوقاية من العصاب :

1-   التربية النفسية السليمة .

2-   التوكل على الله .

3-   القدرة على إدارة الذات .

4-   اكتساب الثقة بالنفس .

علاج العصاب :

يهدف علاج العصاب إلى شفاء الفرد من العصاب أو إعادة تنظيم الشخصية كهدف طويل الأمد ،وتتبع في علاج العصاب الطرق التالية :

- العلاج النفسي هو العلاج الفعال ، ويأتي على رأس القائمة التحليل النفسي، والعلاج النفسي ـ التدعيمي ، والعلاج النفسي ـ المركز حول المريض، والعلاج السلوكي ، والعلاج الأساسي هو حل مشكلات المريض .

- العلاج النفسي الجماعي ، والعلاج الاجتماعي ، وعلاج العقل البيئي .

- العلاج الطبي بالأدوية (خاصة المهدئات) وباستخدام الصدمات (الأنسولين والكهرباء) وعلاج الأعراض .

- العلاج الاجتماعي .

ويركز العلاج الاجتماعي الذي هو محور الخدمة الاجتماعية الطبية على أنه يمكن شفاء المريض من المرض إذا تعاونت الأقطاب التالية : المريض والطبيب والأفراد الذين يتعامل معهم ذلك المريض .

ويتم العلاج بالشكل التالي :

أولاً ـ مسئوليات الطبيب والمقربين للمريض :

1- معرفة سبب المرض .

2- الاهتمام بعلاج الأعراض الاكتئابية وذلك بواسطة العقاقير الطبية ، تحت استشارة الطبيب المختص ، ودون اللجوء إلى الطرق الملتوية في العلاج بواسطة المشعوذين والدجالين .

3- إيضاح حقيقة المرض ويشجعه على اجتياز تلك العقبة مع الصبر في العلاج .

4- تقوية ثقة المريض بنفسه وذلك بمعاونة المقربين للمريض .

5- الابتعاد عن التندر والتهكم على سلوك المريض .

6- شغل المريض بأمور ونشاطات مختلفة تبعده عن التفكير بمشكلته التي تقلقـه ، وإحاطته بالحب الحنان والاهتمام البعيد عن التطرف .

ثانياً – واجب المريض تجاه نفسه :

1- الاستمرار على العلاج الجسمي والنفسي معاً .

2- الابتعاد قدر الإمكان عن المواقف التي تثير القلق والتوتر .

3- تغيير المجالات التي تسبب لك ذلك التوتر والقلق .

4- الاستعانة بالطبيب النفسي ليكون العلاج بشكل يتناسب مـع المشـكلة التـي سببت المرض ولا يتردد في زيارته أبداً ، إذ إن الأمراض النفسية لا تختلف عـن الإمراض الجسمية ولا عيب في علاجها .

5- الابتعاد عن التمركز حول الـذات وذلك بالانضـمام إلى الجمعيـات التعاونيـة والنوادي قدر الإمكان .

6- ممارسة أعمال خيرية و تطوعية لأنها تضفي على النفس الراحة والاطمئنان.

7- الابتعاد عن سماع الأخبار المحزنة والمقلقة والتي تسبب وتثير التوتر والحزن .

8- اتباع سلوك يتصف بالمرونة والابتعاد عن التزمت .

9- الابتعاد عن تقليد الآخرين فيما يمارسونه من تطرف في السلوك المعـين ، كي لا تصبح تلك السلوكيات عادة مسيطرة عليه .

10- التمسك بالفضيلة والابتعاد عن الرذيلة والنظافة والدقة في العمل والمواعيـد وغيرها مـن السـلوكيات الاجتماعيـة الجيـدة ، ولكـن المبالغـة بهـا تـؤدي إلى المرض فيجب عليه إن يكون حذراً من المبالغة في تلك الجوانب .

11- التخلص من التردد إن كان يسيطر عليه ، ويباشر العمل الذي يرغبه .

12- التخلص من الشعور بالذنب بطريقة ايجابية بحيث لا يصيبه مشاكل أخرى، أو يسترشد بشخص يثق به ويحسن التصرف في تناول الأمور ويكتم السر.

13- التخلص من الخوف الذي يسيطر عليه .

14- ممارسة هواية من الهوايات بحيث يشغل وقته ذلك .

15- محاولة أن يفعل عكس المرض الذي يسيطر عليه ، فان كان يخاف من موقف معين فيحاول أن يزج بنفسه في ذلك الموقف المخيف فسيجد نفسه وقد شفى من ذلك الخوف .

16- ممارسة رياضة اليوجا التي تعمل على الراحة النفسية والجسمية .

17- تطبيق عمليات الاسترخاء ، على الأقل باليوم مرتين وبفترة نصف ساعة ، وذلك بسماع موسيقى هادئة أو الجلوس على شاطئ البحر أو قراءة القصص والمجلات المسلية ، أو ممارسة أيه فعالية ايجابية تبعده عن همومه .

18- تكوين صداقات مع أفراد يرتاح إلى علاقته معهم

19- إن استطاع تغيير مكان عمله فقد يكون ذلك التغيير مناسبا .

20- تجنب تعاطي الخمور ، وتجنب التدخين

21- المواظبة على قراءة القرآن الكريم

22- محاولة الاطلاع على موضوع العصاب في الكتب العلمية.

ومن هنا يبرز دور الأخصائي الاجتماعي في مساعدة المريض بالعصاب في القيام بهذه الواجبات تجاه نفسه ، ومساعدته على الاستفادة من الجهود العلاجية التي يبذلها الطبيب النفسي تجاهه ، والتعاون مع الأسرة لنجاح تلك الجهود.[1]

3- الانهيار العصبي

يصنف الانهيار العصبي كمرض عقلي،يكثر وقوعه،وعلاجه ممكن،أما عدم العلاج، فيؤدي إلى تدهور حالة المصاب به بدرجة كبيرة،فالعارض كنتيجة لذلك يمكن أن يستمر لعدة أشهر،وربما حتى سنوات،إن لم نقل أنه قد يستمر أحياناً طوال حياة المصاب، والواقع أن الانهيار العصبي قد يتبلور متخذاً أشكالاً مختلفة،تبعاً لطول مدة الانهيار ، ولحدة الألم أو الحزن الذين يعاني المصاب منهما، وغالباً ما يعجز المصاب بالانهيار العصبي عن تحديد وقت ابتداء هذا المرض فيه، وعلى هذا فوجود طبيب

[1] انظر:

1. جلال- سعد : في الصحة العقلية .. الأمراض النفسية والإمراض العقلية والاضطرابات السلوكية ، القاهرة ، دار الفكر العربي ، 1970 ، صـ 85 - 105 .

2. عبد المعطي - حسن مصطفى : علم النفس الإكلينيكي ، القاهرة ، دار قباء للطباعة والنشر والتوزيع ، 1998، صـ 337 - 359 .

3. عكاشة- أحمد : الطب النفسي المعاصر، القاهرة ، الأنجلو مصرية للطباعة والنشر ، 1980 م صـ 55 - 77 ، صـ 324 - 385 .

4. غالب- مصطفى : في سبيل موسوعة نفسية (17) الشذوذ النفسي ، بيروت ، دار ومكتبة الهلال للنشر ، ب.ت ، صـ 25- 32 ، صـ 4 - 20 ، صـ 45 - 89 ، صـ 260 - 370 .

5. فينخل- أتو : نظرية التحليل النفسي في العصاب، ترجمة صلاح مخيمر وعبده رزق ، القاهرة ، الأنجلو مصرية للطباعة والنشر ، 1980 م ، صـ 55 - 77 صـ 99 - 125 ، صـ 324 - 385 .

6. مخيمر- صلاح : المدخل إلى الصحة النفسية طبعة 3 ، القاهرة ، الأنجلو مصرية للطباعة والنشر ، 1979 ، صـ 45 - 55 .

7. شبكة المعلومات ((الانترنت)) www.GOOGLE.COM ، 2006/3/25 .

معالج لحالات الانهيار العصبي هو أكثر مـن ضروري،وإلا فإن الإهـمال أو التسويف خطير جداً.

ان الانهيار العصبي مرض معقد لا تزال أسبابه الحقيقية غير معلومة بشـكل تام، وإنما يمكن اعتبار تطوره ناتج عن عوامل عديدة،غالباً ما تكون مترابطة لـدى المريض، وتتضمن:

أ-   عناصر جينية ووراثية.

ب- حزن شديد،أو صدمات نفسية قوية،وتعرض لها المصاب أثناء طفولته.

ت- أسباب بيولوجية و اختلالات كيميائية في الجسم.

ث- فترات طويلة من القلق.

ج-   صفات شخصية من قبيل التشاؤم ،احتقار الذات ، القلق الدائم.

ح-   أمراض أخرى مثل التعرض لنوبات قلبية، أو الإصابة بانسداد الشرايين.

ولكن هل الانهيار العصبي عائد لخلل كيميائي في الدماغ؟

إن هناك تغيرات كيميائية تحصل في الدماغ،يمكن لبعضها أن يـؤدي إلى انهيـار عصبي، فالحال هنا ،كما هـو لـدى المصاب بـداء السـكري،حين يحتـاج دومـاً إلى الأنسولين ،فالمصاب بالانهيار العصبي يحتاج دوماً إلى المضاد لحالته تلك ،وذلك في سبيل إعادة التوازن الطبيعـي للمـواد الكيميائيـة في الـدماغ،كما ويحتـاج للعـلاج النفسي في سبيل مساعدته لاكتشاف واستخدام مكامن القـوة وأسـاليب المواجهـة لمشاكله في الحياة، وبالتالي السيطرة على القلق.

هناك عدة عوامل تتسبب في حدوث الانهيارات العصبية بالنسبة للمسـن منهـا على سبيل المثال: التغير الخارجي المفاجئ ، التقاعد عـن العمل،ابتعـاد الأطفال،كـل هذا

يسهم بشكل كبير في إصابة شخص مسـن بالاكتئـاب الشـديد،ولكن ثمـة أربـع حالات تبدو الأكثر خطورة، و هي:

أ- الحداد: الذي يعني رحيل من نحبهم،والأمراض المزمنة منها والتي تجعـل الشخص يشعر بالتعب و يخيل إليـه انـه عـلى حافـة المـوت ،فينجـم عنهـا إحساس بالضعف الجسمي،وفقدان الشهية والنوم،وبالتالي نقـص في النظـر الذي يعيق فرص التعامل مع الآخرين.

ب- الوحدة والابتعاد عن الأهل والأصدقاء.

ت- التواجد في الأماكن المعزولة.

ث- فقدان الشعور بقيمة الذات.

وعليه فالطريقة المثلى للعلاج،تتبلور من خـلال معرفـة العـوارض المتكـررة للانهيار العصبي،ويمكن حصر هذه العوارض بشكل إجمالي من خلال هذه اللائحة:

1. تغيرات المزاج:

أ- مزاج انهياري يظهر عملياً طوال النهار،وفي أكثر الأوقات.

ب- عدم الرغبة بالقيام بالنشاطات اليومية.

ت- ضمور الرغبة الجنسية،وعدم الاكتراث بالجنس الآخر.

ث- سرعة الغضب.

ج- الميل الدائم للبكاء.

ح- الشعور المستديم بالضعف وخيبة الأمل.

2. العوارض الجسدية:

أ- نقصان في الوزن أو زيادة فيه، انخفاض الشهية للطعام أو ازديادها.

ب- صعوبة دائمة في النوم (أرق)، أو النوم لساعات طويلة.

ت- هياج حركي نفسي (انعدام القدرة على البقاء في مكان معين) أو بطء في الدوافع (بلادة شديدة في الحركات).

ث- تعب وانخفاض في النشاط.

ج- عوارض جسدية أخرى من قبيل الإمساك، آلام الرأس،الغثيان..وهذه العوارض غير قابلة للاختفاء حتى بعد زوال حالة الانهيار العصبي.

3. تغير في التفكر،أو في القدرة على التركيز:

أ- الشعور بانخفاض القيمة،وعدم النفع.

ب- الشعور المفرط بالذنب،وانعدام الملائمة.

ت- صعوبة في التفكير، والتركيز، واتخاذ القرارات.

ث- التفكير المستمر بالموت أو بالانتحار.

4. عوارض أخرى:

أ- قلق نفسي.

ب- ضعف في تقييم قدرات الذات.

ت- تعاطي الكحول والمخدرات.

5. في العمل:

أ- انخفاض في الإنتاجية.

ب- الشعور بالوهن والإحباط في العزيمة.

ت- عدم التعاون مع الآخرين.

ث- انعدام الطمأنينة.

ج- التعرض للحوادث.

ح- الغياب المتكرر.

خ- شكوى من الإحساس بالتعب المستمر.

د- الشكوى الدائمة من الشعور بضيق غير مفهوم.

هناك أعراض أخرى مثل:

● الحزن الشديد الظاهر على محب له،والتشاؤم المستمر القريب مـن اليـأس الكامل.

● فقدان الحماسة للحياة الاجتماعية بكل جوانبها.

● الحذر والشك في كل شيء حوله.

● فقدان الشهية والوزن معا.

● فقدان القدرة على النوم، والاستيقاظ في منتصف الليل مـن دون الرغبـة في النوم ثانية.

● التعب المستمر والتوتر والعصبية الزائد.

● صعوبة في التركيز،وفي النظر وفي تذكر أشياء قريبة.

- التفكير في الموت والانتحار بشكل خاص.

- الشعور بالعجز أو بالفشل.

- الشكوى المستمرة من التعب الجسمي.

- إهمال الهندام،وعدم الاهتمام بما يجري حوله.

- البكاء الهستيري المفاجئ،وبدون سبب ظاهر.

فالشخص المكتئب لا يمكنه الشعور بالسعادة ولو مؤقتاً،بحيث إنه يكون في حالة من التشاؤم المطلق،تراوده أفكـار عـن المـوت ،بمـا في ذلك فكـرة الانتحار،ويمشي ببطء،بينما ذاكرته تبدو في حالة شلل شبه تام، حتى يعتقد للوهلة الأولى أنه فاقد للذاكرة. إذا اكتشفت هذه الأعراض في قريب أو صديق فينصح بزيارة الطبيب،وان يرافقه الأهل في هذه الزيارة ليشعر أن ثمة من يهتم بأمره.

العلاج:

بعـد القيـام بالتشـخيص الأولى لمعرفـة طبيعـة الحالـة،ما إذا كانـت قلقـاً اضطرابياً،أو انهياراً عصبياً، تـأتي مرحلـة التسـاؤل عـن العـلاج الأمثل،ونستطيع أن نختار هنا بين احتمالات ثلاثة، هي:

1. **العلاج النفسي** بناءً على عمر الحالة،ويتحقق تحت إشراف معالجين مختصين في معالجة الأطفال والبالغين،طبيب الأسرة قد يقوم بالإرشاد إلى أحد المختصين.

2. **العلاج بالأعشاب** ، هذه الطريقة لا تستخدم بـالإجمال إلا في حـالات الانهيار البسيطة.

3. **العلاج بالأدوية الحديثة**، هـذا العـلاج وهـو متاسب لعـلاج الراشدين إلا أن مقادير الأدوية مختلف.و هو موضوع نقاش عنـد بعـض الأهـل،لأنهم يخافون من تأثيراته الجانبية التي قد يتركها على ولدهم ، من مثل الإدمان عليه.

أن الاهتمام بالحالة المرضية في بدايتها أفضل بكثير من تركها إلى فترات لاحقة،لذا على الأهل عدم التهاون،وطلب المساعدة عند ملاحظة أي خلل سلوكي عند ابنهم، بذلك يوفرون على أنفسهم بذل الجهود النفسية والمادية ويخففون من معاناتهم ومعاناته.

الأدوية المضادة للانهيار:

إن الأدوية المضادة للانهيار يتم تناولها بحذر ،وبجرعات خفيفة في البداية ليتعود الجسم عليها فيما بعد وفق ما ينصح به الطبيب ،ويجب التعامل مع تلك الأدوية بصبر، لأن نتيجتها ليست سريعة ولكنها فعالة، حيث إن استمراريتها تدوم بين ثلاثة إلى أربع أسابيع ،وأحياناً أكثر من ذلك إن الوقت الذي يجزم الأطباء أنه يوازي استيعاب الجسم وتفاعله مع الأدوية المضادة للانهيار العصبي هو ستة أشهر،وإذا حدث شك أو بطء في استجابة الجسم مع الأدوية ،فينصح باستشارة الطبيب بسرعة.

العلاج النفسي الاجتماعي:

هو علاج متكامل وضروري، يفتح المجال للحوار،بحيث يكون الشخص المعني قادراً على تناول مشكلته النفسية بنفسه،وذكرها،والنظر إليها ،وقد يستغرق الأمر مدة طويلة ومتتابعة والعلاج الهادئ يدخل في إطار العلاج بالتهدئة،عبر حركات جسمية تساعد على تهدئة الأعصاب وعلى التركيز على المشكلة،ولاشك أن هذه الطريقة لا تكفي لوحدها لأنها تعتبر تكملة للطرق التي سبق وذكرناها من قبل.

لاشك أن إصابة أي قريب أو صديق بانهيار عصبي أمر يجعل المحيطين به يتأثرون ويرتبكون من دون معرفة ماذا عليهم فعله؟ حيث يجب عليهم أولا دفع المريض إلى مراجعة الطبيب، وأن يكونوا دوما بجانبه يتحدثون إليه ويستمعون إلى كلامه،مع عدم الضغط عليه أو إجباره على فعل أي عمل. وعلى الأسر والأخصائيين الاجتماعيين

والمعالجين أخذ الأمر بجدية بالغة عند إبلاغ الأطفال والبالغين لهم بمخاوفهم،وعند التصريح بمشاعرهم السلبية عن ذواتهم وعن شعورهم بخيبة الأمل، وعند الانتهاء من ذلك،أن يقوموا بتحويلهم إلى الأماكن المختصة بالعلاج.[1]

4- الهستيريا

إن الهستيريا مرض نفسي عصابي تظهر فيه اضطرابات انفعالية مع خلل في أعصاب الحس والحركة ، وهي عصاب تحولي تتحول فيه انفعالات مزمنة إلى أعراض جسمية ليس لها أساس عضوي وهروبا من الصراع النفسي ـ ، أو من القلق من موقف مؤلم بدون أن يدرك الدافع لذلك ، وعدم ادراك الدافع يميز مريض الهستيريا عن المتمارض الذي يظهر المرض لغرض محدد مفيد .تتمثل الهستيريا بإصابة مناطق الجسم التي يتحكم فيها الجهاز العصبي المركزي (اللاإرادي) مثل الحواس وجهاز الحركة ، وهذا غير المرض النفسي الجسمي حيث تصاب الأعضاء التي يحكم فيها الجهاز العصبي الذاتي (اللاإرادي) .و يطلق البعض على الهستريا اسم "الهستيريا التحويلية " أو " رد فعل التحويل " أي تعني تحويلاً جسمياً لأمور نفسية أساسية حيث تحول الانفعالات والصراعات إلى أعراض جسمية كحل رمزي للصراع .

الشخصية الهستيرية :

تسمى شخصية مريض الهستيريا قبل المرض باسم " الشخصية الهستيرية " وهي شخصية الأطفال .. ولو تأملت سلوك الشخص الهستيري لوجدته سلوك " طفل كبير "

[1] انظر:

1. المجلة الطبية التابعة لشبكة عالم الرومانسية.
على العنوان التالي / http://www.roro44.com/health
2. جريدة أخبار الخليج - قسم المعلومات الصحفية - البحرين .
3. استشارات طبية من مجمع الأمل للصحة - الرياض.

ومن سمات الشخصية الهستيرية :

- العاطفية الزائدة، القابلية الشديدة للإيحاء، المسايرة، حب المجاملة والمواساة، تقلب المزاج، عدم النضج، عدم التحكم في الانفعالات ، السذاجة وسطحية المشاعر وعدم النضج النفسي الجنسي .

- التمركز حول الذات ، والأنانية ، ولفت الأنظار ، واستدرار العطف، والاعتزاز بالنفس وحب الظهور والاستعراض ، وفي بعض الأحيان الانبساط، وحب الاختلاط ، وعدم الاستقرار ، الاعتماد على الآخرين، والتواكل، والانقياد، والشعور بالنقص .

- المبالغة والتهويل والاستغراق في الخيال، والسلوك يكون اقرب إلى التمثيل والاستعراض والتكلف والاندفاع.

- الاعتماد على الكبت كدفاع أساسي، والاستعداد لتكثيف الانفعالات وتحويلها إلى أعراض جسمية .

أسباب الهستيريا :

- تلعب الوراثة دوراً ضئيلاً للغاية ، بينما تلعب البيئة الدور الأكبر ، ويرجع " بافلوف " ومحللي التفسير الفسيولوجي الهستيريا إلى ضعف قشرة المخ بسبب الاستعداد الوراثي ، وعادة ما يكون المريض الهستيري ذا تكوين جسمي نحيف واهن .

- ومن الأسباب النفسية : الصراع بين الغرائز والمعايير الاجتماعية ، والصراع الشديد بين ألانا الأعلى والهو (خاصة الدوافع الجنسية) والتوفيق عن طريق العرض الهستيري ، والإحباط وخيبة الأمل في تحقيق هدف أو مطلب، والفشل والإخفاق في الحب والزواج غير المرغوب فيه والزواج غير السعيد ، والغيرة،

والحرمان ونقص العطف والانتباه وعدم الأمن ، والأنانية و التمركز حول الذات بشكل طفولي .

● أما اجتماعياً فان من أسباب الهستيريا عدم نضج الشخصية وعدم النضج الاجتماعي ، وعدم القدرة على رسم خط الحياة وأخطاء الرعاية الوالدية مثل التدليل المفرط والحماية الزائدة . كون أحد الوالدين شخصية هستيرية فان الطفل يأخذ عنه (اكتساباً) سمات الشخصية الهستيرية ، كما إن من الأسباب المعجلة أو المباشرة الفشل في الحب أو الصدمة العنيفة أو التعرض لحادث أو جرح أو حرق بليغ.

أعراض الهستيريا :

أ-   الأعراض الحسية : العمى الهستيري ، الصمم الهستيري ، فقدان حاسة الشم، فقدان حاسة الذوق ، فقدان الحساسية في عضو أو في عدة أعضاء .

ب-   الأعراض الجسدية : وهي لا تظهر بسبب عضوي ، بل أن منشأها الأصلي نفسي ، فعندما يواجه الفرد مشكلة ويتعرض فيها لآلام نفسية لا يتحملها ، يبدأ بكبت مشاعره التي تؤدي إلى الصراع الانفعالي الذي يظهر على شكل أعراض جسدية مختلفة ،وكثيراً ما يعتقد الشخص غير المجرب ، وكذلك المريض ، إن هذه الأعراض جسمية ، ولكن هناك أدلة على أن أصلها نفسي ـ وتكون هذه الأعراض عادة (موضعية) تصيب جزءا محدداً من الجسم كالشلل في الساق أو التنميل في اليد أو الحموضة في المعدة أو الشعور بالتعب الدائم، وهذه الأعراض ما هي إلا وسائل للهروب من موقف صعب ، إذ إن المريض ليس أهلا لتحمل المسؤوليات .والمصاب بإحدى أعراض الهستيريا صادق تماماً فيما يعانيه ، وانه لا يتصنع المرض أو التظاهر به ، وإنما مرضه حقيقي وان دل على سلامة أعضاء جسمه لآن منشأ مرضه نفسي ـ .

ت- الأعراض العقلية : اضطراب الـوعي ، الطفليـة الهستيرية (السلوك أو التـكلم كالأطفال).

ث- الأعراض العامة: المرض عنـد بدايـة المدرسـة أو عنـد الامتحانـات، ردود الفعـل السلوكية المبالغ فيها للمواقف المختلفة.

تشخيص الهستيريا:

يقتضي التمييز بدقة بين الهستيريا والمـرض العضوي ، وعلى الطبيب المخـتص التأكد من خلو المريض من الأسباب العضوية للأعـراض ، واستبعاد وجـود مـرض عضوي ، إذ أن العرض الهستيري يختلف عن العرض العضوي في انه غير دقيق مـن الناحية التشريحية ، وقد يكون العرض الهستيري مجرد امتداد تـاريخي لمـرض عضوي سابق ، وعلى سبيل المثال يمكن المفارقة بـين مـريض الصرع الهستيري ومريض الصرع العضوي ، فنجد انه في حالة الصرـع الهستيري يصاب المـريض بالنوبة وسط الناس ويقع في مكان آمن بحيث لا يصاب وهو يتبول لا إراديا أثنـاء النوبة ويعض لسانه ولا تختفي الانعكاسات لديه ، بينما نجد مريض الصرـع العضوي يقع في أي مكان ودائماً نجد فيه إصابات وكسوراً وجروحاً وقد يتبول لا اراديا أثنـاء النوبـة وقـد يعـض لسانه ونجـد هنـاك اضطراباً في موجـات المخ الكهربائية يوضحها برسم المخ الكهربائي ،وعلى العموم تمثل المؤشرات الآتيـة عـلى حالة الهستيريا :

1. حدوث المرض فجأة .
2. نقص قلق المريض بخصوص مرضه وعدم مبالاته وهدوئه النفسي.
3. الضغط الانفعالي قبل المرض .
4. تغير الأعراض بالإيحاء .
5. اختلاف شدة الأعراض في فترة وجيزة .

6. عدم النضج الانفعالي في الشخصية قبل المرض

7. نقص الارتباط بين الأعراض والناحية التشريحية للأعصاب الحسية والحركية

علاج الهستيريا:

قد تكون الهستيريا وقتية وتشفى تلقائيا خاصة إذا لم تحقق هدفها ، ويستحسن علاج مرض الهستيريا بالعيادة الخارجية ويحسن إبقاء المريض في مكان عمله . إن أفضل طريقة لعلاج أعراض الهستيريا تترك للطبيب المعالج نفسه ، وتكون حسب كل حالة وظروفها ، فهناك مرض هستيري يشفيه الإيحاء ، وآخر يشفيه التحليل النفسي ، وثالث يتطلب التبصر- والتحليل النفسي- معاً ، فالعلاج يعتمد على نوع الأعراض وطبيعة الفرد نفسه ، (ثقافته وعمره) والعلاج النفسي- يهدف إلى تخليص المريض من الصراع النفسي الذي يعاني بسببه من تلك الأعراض ، والبحث عن (العوامل الدفينة) في اللاشعور التي هي السبب الرئيسي- في ظهور الأعراض، وإقناع المريض بأن ما يحدث له يمكن معالجته ، وإزالة الخوف من خلاله ، ومن أشهر الطرق التي استخدمها علماء النفس في العلاج هي طريقة التنفيس العقلي وذلك باستدعاء الذكريات المكبوتة وإخراجها ، وهذه هي طريقة التحليل النفسي- التي تعني إتاحة المجال للمريض للاسترخاء والاستسلام لكي يتحدث بحرية عما يجول في نفسه (عقله) من أفكار ، وان يعبر عنها بالكلام ، ويقول كل شي حتى وان كان ما يقوله غامضاً أو تافهاً لا علاقة له بالمشكلة التي يعاني منها مباشرة ، هذا وانه في حالة الاستسلام فان البكاء والانفعال لهما أثر فعال في إحداث الأثر المطلوب ألا وهو التنفيس المكبوت .

من أهم طرق علاج الهستيريا :

• **العلاج النفسي-** : ويتناول تركيب الشخصية بهدف تطويرها ونموها ، وقد يستخدم الأخصائي التنويم الإيحائي لإزالة الأعراض ، ويلعب الإيحاء والإقناع

دوراً هاماً هنا ، ويستخدم التحليل النفسي للكشف عن العوامل التي سببت ظهور الأعراض والدوافع اللاشعورية وراءها ومعرفة هدف المرض، ويقوم المعالج بالشرح الوافي والتفسير الكافي للأسباب ومعنى الأعراض ، كذلك يفيد العلاج النفسي ـ التدعيمي ومساعدة المريض على استعادة الثقة في نفسه وتعليمه طرق التوفيق النفسي السوي والعيش في واقع الحياة .

- **العلاج الجماعي** ويستخدم مع الحالات المتشابهة ويجب أن يعمل المعالج باستمرار على إثارة تعاون المريض وتنمية بصيرته ومساعدته في أن يفهم نفسه ويحل مشكلاته ويحاربها بدلاً من أن يهرب منها .

- **الإرشاد النفسي** للوالدين والمرافقين كالزوج أو الزوجة.

- **العلاج الاجتماعي البيئي** وتعديل الظروف البيئية المضطربة التي يعيش فيها المريض بما فيها من أخطاء وضغوط أو عقبات حتى تتحسن حالته.

- **العلاج الطبي** ، ويستخدم فيه التنبيه الكهربائي أو علاج الرجفة الكهربائية ، وفي بعض الأحيان يلجأ المعالج إلى استخدام الدواء النفسي ـ الوهمي ويفيد فائدة كبيرة.

ويمكن أن يكون للأخصائي الاجتماعي دور للتدخل المهني في مختلف هذه الأنواع من العلاج : يلاحظ إن حوالي 50% من مرضى الهستيريا يتم شفاؤهم تماماً مع العلاج المناسب ، وان حوالي 30% يتحسنون تحسناً ملحوظاً ، وان حوالي 20% يتحسنون تحسناً بسيطاً أو تستمر معهم الأعراض .

5

الفصل الخامس
التدخل المهني من أجل الصحة النفسية

1- الصحة النفسية

ترى بعض التعريفات الصحة النفسية في توافق الفرد الاجتماعي ، وأخرى في ضوء التكيف ويلجأ البعض إلى استخدام مفهوم التكامل مع التأكيد على الجوانب الإنسانية . فيعرف بوهيم الصحة النفسية بأنها حالة ومستوى فاعلية الفرد الاجتماعية ، وما تؤدي إليه من إشباع لحاجاته . بينما يقول كيلاندر بأنها تؤدي إلى قدر معقول من الإشباع الشخصي ، والكفاءة والسعادة .إلا أن شوبن يشير إلى مفهوم الصحة النفسية من حيث ارتباطها بالتكيف المتكامل ، وحدده في صفات معينة مثل : القدرة على ضبط النفس ، الشعور بالمسؤولية الشخصية ، الشعور بالمسؤولية الاجتماعية ، والاهتمام بالقيم المختلفة .

وينظر إلى الفرد ذي الصحة النفسية السليمة بأنه الفرد الذي تعلم إرجاء إشباع حاجاته في مواقف تتطلب ذلك مفضلاً نتائج بعيدة المدى عن ذلك الإشباع الفوري، وهذا يستلزم منه قدرة مناسبة من ضبط النفس ، وإدراك تام لدوافع سلوكه المختلفة، واختيار السلوك الذي يتفق مع ما لديه من قيم شخصية واجتماعية ومعايير ، ويتحمل مسؤولية ما يقوم من أعمال .

أما ماسلو فيقول أن الصحة النفسية السليمة هي أن يكون الفرد إنسانا كاملاً بما يتضمنه ذلك من ارتباطه بمجموعة من القيم منها : صدق الفرد مع نفسه ومع الآخرين وأن تكون لديه الشجاعة في التعبير عما يراه صواباً ، وان يتفاني في أداء العمل الذي يجب أن يؤديه ، وان يكتشف من هو ؟ وما الذي يريده ؟ وما الذي يحبه ؟ وان يعرف ما هو الخير له ؟ وان يتقبل ذلك جميعاً دون اللجوء إلى أساليب دفاعية يقصد بها تشويه الحقيقة، وهكذا يتضح اتجاه بعض علماء الصحة النفسية في التأكيد على الجوانب الخلقية كمحددات للصحة النفسية السليمة.

وكانت منظمة الصحة العالمية قد حددت مفهوم الصحة النفسية (1964) على إنها حالة عقلية انفعالية مركبة ، دائمة نسبياً من الشعور بأن كل شي على ما يرام ، والشعور بالسعادة مع الذات و مع الآخرين ، والشعور بالرضا والطمأنينة ،والأمن وسلامة العقل والإقبال على الحياة مع الشعور بالنشاط والقوة والعافية ، ويتحقق في هذه الحالة درجة مرتفعة نسبياً من التوافق النفسي والاجتماعي ، مع علاقات اجتماعية طيبة .

ويميز عبد السلام عبد الغفار بين مفهوم النفسية ومفهوم الصحة النفسية، ويعتبر الصحة النفسية السليمة (تكامل طاقات الفرد المختلفة بما يؤدي إلى حسن استثمارها، ومما يؤدي إلى تحقيق وجوده أي تحقيق إنسانيته)[1].

وكان فرويد قد اعتبر الصحة النفسية الكاملة مجرد خرافة بعيدة المنال في الحياة الواقعية، ، ويعتبر أن التوازن بين أركان الشخصية والتفاعل الديناميي بينها (الهو والأنا والأنا الأعلى) بما يحقق الإرضاء لمختلف النزاعات ، ويؤدي إلى حالة الوفاق الداخلي يمثل حالة الشخصية المعافاة . إلا أن فرويد لخص الصحة النفسية من منظور وظيفي في ثلاثية : الانجاز (الابتكار)، والإنجاب، والترويح، يأتي الانجاز وصولا إلى الابتكار في المقدمة ، كتعبير عن توظيف الطاقات و الإمكانيات في ممارسة حياتيه بناءة، يليها الإنجاب الذي يستند إلى القدرة على الحب والارتباط الزوجي والعاطفي، والوصول إلى النضج النفسي- الضروري للقيام بأدوار الزوجية والوالدية. ويكملها القدرة على الترويح والاستمتاع بمباهج الحياة وتجديد الطاقات الحيوية[2].

[1] د. أديب الخالدي / الصحة النفسية . ص 29-33.

[2] د. مصطفى حجازي / الصحة النفسية . ص 41.

أما تيار العلاج الجشطلتي فيرى الصحة النفسية في القدرة على العيش وسط الظروف الحالية بشكل حقيقي، بينما يتجلى المرض في تزوير الواقع الذاتي والوجودي، والهروب إلى الماضي أو المستقبل ، أي الهروب من متعة وقلق العيش الكثيف للتجربة الوجودية في الحاضر.

أما تيار العلاج العقلاني-المعرفي فيرى أن الصحة النفسية ترتكز على القاعدة المعرفية، فالمرض النفسي يمثل سيطرة ردود الفعل الانفعالية السلبية على الشخص وسلوكه، وأما الشخص المعافى فهو يتمتع بنظام معتقدات واقعي في النظر إلى الذات والآخرين والعلم من حوله.

تقوم هذه الرؤى على غاية كبرى هي تحرير الإنسان من قيود الدفاعات المرضية التي تكبح الصراعات المرضية التي تهدر طاقاته، ليستطيع أن يحيا حياة منتجة متفاعلة مع محيطها، أما " الإسلام" فقد عني بالصحة النفسية في بناء شخصية الفرد ، وذلك على الأسس التالية:" قوة الصلة بالله، الثبات والتوازن الانفعالي،الصبر عند الشدائد،المرونة في مواجهة الواقع، التفاؤل وعدم اليأس، والتوافق مع الآخرين ". فالإيمان بالله يشيع في القلب الطمأنينة والثبات والاتزان ويقي الإنسان من عوامل القلق والخوف والاضطراب ... قال تعالى: " يثبت الله بالقول الثابت في الحياة الدنيا وفي الآخرة"، " فمن تبع هداي فلا خوف عليهم ولا هم يحزنون"، " هو الذي أنزل السكنية في قلوب المؤمنين ليزدادوا إيمانا مع إيمانهم".

أما المرونة في مواجهة الواقع فهي من أهم ما يحصن الإنسان من القلق أو الاضطراب حين يتدبر قوله تعالى:" وعسى أن تكرهوا شيئا وهو خير لكم وعسى أن تحبوا شيئاً وهو شر لكم والله يعلم وأنتم لا تعلمون".والمؤمن متفائل دائماً، فقد قال تعالى: " ولا تيأسوا من روح الله أنه لا ييأس من روح الله إلا القوم الكافرون"، ويطمئن الله المؤمنين بأنه دائماً معهم، إذا سألوه فإنه قريب منهم ويجيبهم إذا دعوه:"وإذا

سألك عبادي عني فإني قريب أجيب دعوة الداع إذا دعـان فليسـتجيبوا لي وليؤمنوا بي لعلهم يرشدون " وهذه قمة الأمن النفسي للإنسان".

وحين جعل الإسلام سن التكليف سن البلـوغ للإنسان هـذه السـن تـأتي في الغالب مبكرة عن سن الرشد الاجتماعي الذي تقرره النظم الوضعية وبـذلك يبـدأ حياته العملية الإنسان وهو يحمل رصيداً مناسباً من الأسس النفسية السليمة التي تمكنه من التحكم والسيطرة على نزعاته وغرائزه وتمنحه درجة عالية من الرضا عـن نفسه بفضل الإيمان والتربية الدينية الصحيحة التي توقظ ضميره وتقوي صلته بالله

.

كما أن الحياة بين المسلمين حياة تعاون على البر والتقـوى ، والتسامح هـو الطريق الذي يزيد المودة بينهم ويبعد البغضاء ، وكظم الغيظ والعفـو عـن النـاس دليل على تقوى الله وقوة التوازن النفسي: " ولا تسـتوي الحسـنة ولا السـيئة ادفع بالتي هي أحسن فإذا الذي بينك وبينـه عـداوة كأنـه ولي حمـيم * ومـا يلقاهـا إلا الذين صبروا وما يلقاها إلا ذو حظ عظيم " [1]

وتتميز الصحة النفسية للإنسان بحالات وأوضاع نفسية ايجابية ، تساعده علـى التكيف والتفاعل وتنوره إلى النجاح والابتهاج بالحياة هي :

● الاتزان الانفعالي: وهو حالة الاستقرار، التي تحقق الثبات الانفعالي.

● الدافعية : وهي القوة المحركة والموجهة لنشاط الفرد نحو أهدافه.

● التفوق العقلي : وهو ما تمثله الطاقة العقلية عند الإنسان التي تساعده علـى تحقيق ذاته ، وإشباع حاجاته وتنمي لديه القدرة على التفكير المنظم .

---

[1] الانترنت / موقع الحصن النفسي / وموقع الصحة النفسية .

- الشعور بالسعادة: الذي يتمثل بالتعبير عن الرضا عن النفس وعن الحياة. حيث يصف الإنسان سعادته على أساس شعور بالرضا والإشباع والاكتفاء الذاتي، وطمأنينة النفس أو على شعوره بالبهجة والاستمتاع.

- تحقيق الذات : إذ أن الإنسان يختار العمل الذي يلائمه في حدود قدراته وإمكاناته ويسعى إلى تحقيق أهدافه في هذا المجال . فهو يسعى للوصول إلى مستوى مناسب من الصحة النفسية .

- التوافق الشخصي والاجتماعي: وهو عملية تفاعل ديناميكي مستمر بين بيئته المادية والاجتماعية. وهو المحصلة الكلية للتكيف الذي يتألف من التوافق الذاتي والذي يتعلق بالتنظيم النفسي للفرد، والتوافق الاجتماعي الذي يتعلق بالعلاقات بين الفرد والآخرين وهذا المظهران يعبران عن نفسيهما في مواقف الحياة المختلفة التي يوجد فيهما الفرد.

وبالمقابل يمر الإنسان بأوضاع نفسية سالبة تعبر عن نفسها بشكل من الأشكال التالية :

- الإحباط : وهو حالة انفعالية يشعر بها الفرد عندما يجد ما يحول دون تحقيقه لذاته أو أهدافه .

- العدوان : وهو سلوك يسعى فيه سالكه إلى إلحاق الأذى والضرر النفسي- والمادي، وقد يوجه نحو الذات فيلحق الضرر بها .
- القلق: وهو نوع الانفعال المؤلم يعانيه الفرد في بعض المواقف، ويشكل خبرات مهددة لأمن الفرد ناشئة عن تلك المواقف والأحداث المؤلمة.
- الصراع النفسي: وهو حالة تصادم الدوافع والحوافز التي يكون الفرد فيها أمام اختيارين بين هدفين أو موقفين متكافئين بالقوة ومتناقضين بالاتجاه، ويصعب حسم الصراع لصالح أي من الاختيارين.

و لكن كيف تتعامل الأسرة مع ابنها لكي يصبح صحيح نفسياً ؟

إن الإجابة على هذا التساؤل الهام تتمثل في إتباع القواعد التالية :

1- التوازن بين التطور والتكيف :

ان الطفل ينمو كل يوم ، في جسده وفي تفكيره وفي طاقاته وفي إدراكه وهو يتغير من لحظة لأخرى ومن يوم لآخر وفي ذات الوقت يحتاج مع هذا التغير المستمر وهذا النمو المطرد أن يكون في حالة تكيف وانضباط وسلام مع البيئة والمجتمع المحيط به ، إن هذا الطفل لكي يكون صحيحا نفسياً ونطمئن عليه ، فلابد أن يكون هناك توازنا بين متطلبات نموه وتطوره ومتطلبات تكيفه مع المجتمع والحياة ، ولكن ليست له علاقة بالمجتمع الذي يعيش فيه ولا يتكيف معه فهو في حالة تطور مطلق بدون قيود، وإذا ترك بهذا الشكل سيصبح أنانيا ولا يفكر إلا في نفسه ونموه وتطوره ، وفي النهاية سيكون مدمراً لمن حوله ولنفسه أيضا وفي حالة صراع دائم مع البيئة التي يعيش فيها، برغم كونه متطوراً ونامياً ومبدعاً، أما إذا كان هناك طفل آخر متكيف بدون تطور بمعنى انه مطيع جداً، هادئ جداً، ولا يفعل شيء إلا بأمر من الأب أو الأم ، ويحتاج لأمر آخر ليوقف هذا العمل ، فهو مطيع تماماً لكل ما يأتي إليه من أوامر وتوجيهات وليست له أية حركة تطور أو نمو أو تفكير. إن هذا الطفل في معيار الأب والأم وهو صغير طفل مريح، ولكن عندما يكبر سيدرك الأبوين أن هذا الطفل عبء شديد جدا عليهم لأنه لا يمتلك أية مبادرة ولا يمتلك أية ملكات أو قدرات ولا يستطيع عمل أي شي بمفرده ،فهو شخصية اعتمادية سلبية مملة .

2- صحة الطفل: صحة الأم و الأسرة و المجتمع :

هناك دوائر أخرى متتالية تحتاج للتوازن فلا ينظر إلى الطفل على انه كائن وحيد، لكن ينظر إليه باعتباره دائرة تحيطها دائرة الأسرة التي تحيطها دائرة المجتمع، ولهذا يجب أن تكون هناك حالة توازن بين هذه الدوائر، فينظر لصحة الطفل

وصحة الأم وصحة الأسرة وصحة المجتمع ، فالأم هي الحضن الأقرب للطفل ، فلا نتصور وجود ابن صحيح نفسياً وله أم مضطربة نفسياً ، والأسرة هي الحضن الأكبر الذي يحتضن الطفل والأم معا ، فلا نتصور كون الطفل والأم صحيحين معاً في حين أن الأسرة مضطربة ، والطفل والأم والأسرة يحتضنهم المجتمع وهو الدائرة الأكبر فلا نتصور أن يبقى هؤلاء في صحة في حين أن المجتمع في حالة اضطراب ، وعندما نقوم كمعالجين بتقييم حالة الطفل ننظر لهذه الدوائر ونحدد موضع الخلل ، فأحيانا يأتي الطفل باضطراب معين ، وحينما نفحصه نجد أن هناك خللا في احد هذه الدوائر أو في أكثر من دائرة ، فلا بد من التفكير في إصلاح هذا الخلل ، ولا نتوقف عند الطفل فقط ، لان الطفل هو ممثل هذا الاضطراب ، فالطفل أكثر صدقاً وأكثر براءة وأكثر شفافية فيظهر فيه الاضطراب بوضوح، لكن لا يكون هو أصل الاضطراب فقد يكون هذا الاضطراب من أم مكتئبة أو مجهدة أو مدمنة أو من الأسرة أو المجتمع فننظر إلى أصل هذا الاضطراب ، أحيانا نتجه مباشرة لعلاج الأم أو لعلاج الأسرة ، أو يكون هناك خلل اجتماعي معين ولو تم تصحيح هذا الخلل يكون هذا الطفل في حالة أفضل.

3- احترام ارادة الطفل :

كثير من الآباء والأمهات يظنون أن الطفل ليست له إرادة أو أنها تنمو عندما يكبر ويصبح شاباً أو رجلاً ، لكن الطفل له إرادة من وقت مبكر جداً ، ويمكن أن تلاحظ الأم هذا من خلال رفضه لأشياء وتمسكه بأشياء ، وليس مسلوب الإرادة ويتحرك كما يريد الأب والأم ، وحتى وهما يشعران بوجود هذه الإرادة ، يريدان أن يلغيانها، لأنهما يعتقدان أن عندهما خبرة وعندهما معرفة بالحياة أكثر من هذا الطفل فلا بد من أن يختاروا له طريقته في التفكير وفي الحياة وفي تحديد الأهداف والأساليب وكل شيء ، وكثير من الآباء والأمهات يصلون إلى درجة أن يحاولوا جعل هذا الطفل صورة طبق الأصل منهم ، وهم يعتقدون – واهمين – أنهم أفضل صورة إنسانية ممكنة أو أفضل نموذج ممكن ، وعندما يواجه الطفل بمحاولة إلغاء إرادته يبدأ في هذه اللحظة في إتباع

سلوك العناد ، وهذه مشكلة كثير من الآباء والأمهات ، ويحضرون هـذا الابـن لكي تقوم الأخصائية الاجتماعية أو المعلمة بترويضه لكي يعمل مـا يطلب منـه ، وهـذا غير ممكن عملياً.

4- مراعاة مشاعر الطفل :

رغم أن الطفل كما قلنا يتغير وينمو، واحتياجاته تختلف من وقت لآخر ،لكن الآباء يتوقفون عند أنماط جامدة وقواعد صلبه ، حتى رغم أن هذه القواعد من الممكن أن تكون صحيحة إلا أن عدم تغيرها وعدم مواكبتها لتطور الطفل ونمـوه يجعلها غير صحيحة،وتحتاج إلى تعديل وتغيير من وقت لآخر، . وهم يحتارون في كيفيـة تربيـة الأولاد، ومـا نقـدم إليـهم مـن آراء و أفكار مـن قبـل الأخصائيين الاجتماعيين و سواهم لن يحل المشكلة، لكنه سيسهل الأمور كثيراً عـلى الأب والأم، أما إذا أدركنا أن الطفل   كائن رقيق بـريء ، لديه مشـاعر مرهفة جـداً وتحتـاج للتعامل بدقة وحساسية، فإننا ينبغي أن نكون في غاية الحرص والحـذر في التعامـل معـه، فـإذا انتهكـت هـذه البـراءة بتعامـل فـظ لا يقـدر أن لهـذا الطفل مشاعر وأحاسيس فإن ذلك يؤذيه، دون أن يستطيع التعبير لفظياً عما حدث ، فالطفـل لم يتعود بعد التعبير عن مشاعره بلغتنا المعتادة لـذلك حـين يتأزم وجـدانياً ربما يظهر عليه ذلك في صورة اضطراب في الشهية أو اضطراب في النـوم أو اضطراب في السلوك.

5- رعاية مواهب الطفل واحترام الفروق الفردية بين الأطفال:

كثير من الآباء والأمهات يريدون للأطفال أن يصبحوا قالبـاً واحـداً، و بـنفس السلوك، إن تجاهل الفروق الفردية يسبب مشكلة كبيرة،إذ أن كل إنسان في الحياة يؤدي رسالة معينة ويضيف للحياة شيئاً مختلفاً عـما يضيفه بـاقي النـاس، فكيـف نريد منهم أن يكونوا كلهم شيئاً واحداً، نفس الطريقة ونفس الأسلوب وكمـا نريد لا كما يريدون، أما إذا أحـس كـل طفل بأنه محبوب لذاتـه ولإمكانياتـه، وأننا لا نقارنه بأخيه،

ولكن نقول له أنه متميز في كذا، وأخوه متميز في كذا، وأننا نحترم قدرتهم وموهبتهم وفروقهم الفردية فإن ذلك يؤثر إيجابياً عليهم جميعاً،وهناك ما يسمى بالذكاءات المتعددة، كالذكاء اللغوي، والذكاء المنطقي الحسابي والذكاء البصري والذكاء الحركي والذكاء الفني والذكاء الاجتماعي والذكاء الوجداني والذكاء الروحي،و لكن الأهل لا يقيمون في أبنائهم غير عدد قليل من هذه الذكاءات غالباً الذكاء اللغوي والذكاء الحسابي، وهذا يهدر بقية ملكاتهم التي أودعهم الله إياها ويتركهم في حيرة ويجعلهم يشعرون بالدونية لأن ملكاتهم ليست لها قيمة عند الناس الذين يحبونهم ويرعونهم، وهذه النظرة المختزلة للأبناء لا تتوقف عند حدود البيت، وإنما تمتد أيضاً إلى المدرسة (بل ربما يكون مصدرها الأساسي في المدرسة)، حيث يقوم النظام التعليمي على تقدير ملكات محدودة لدى الطالب (غالباً اللفظية اللغوية والمنطقية الحسابية)، و يهمل بقية الملكات والذكاءات، ولهذا نجد الطلاب لا يحبون مدارسهم لأنهم لا يجدون أنفسهم فيها

6- مراعاة الترتيب والتكامل في وسائل التربية:

تتبع في التربية وسائل ثلاثة حسب الترتيب التالي:القدوة.الثواب.العقاب.ومع هذا نجد المربين لا يولون القدوة أهمية كبيرة ولا يولون الثواب اهتماماً أو عناية، وربما تختزل العملية برمتها في العقاب ويختزل العقاب في الضرب.ولكي تسير العملية التربوية بشكل صحيح لابد وأن تتوازن وتتكامل فيها كل الوسائل التربوية مع مراعاة الفروق الفردية بين الأطفال، فهناك من تكفيه الإشارة وهناك من تكفيه نظرة العتاب وهناك من يقتدي بالقدوة وهناك من يحفزه الثواب وهناك من يحتاج الى العقاب، والمربي الناجح هو الذي يعرف متى وأين وكيف يستخدم هذه الوسائل [1].

[1] محمد المهدي ، الصحة النفسية للطفل، 1999م، القبطان للطباعة. المنصورة.

2- العلاج النفسي

تتزايد في العصر الحالي المعاناة الإنسانية من القلق والتوتر وعدم القدرة على التوافق النفسي والاجتماعي ، ويحاول الإنسان المعاصر إن يعالج مشكلاته النفسية بنفسه ، وان يبذل الكثير من الجهد لكي يتخلص من القلق والاضطراب بإتباع أساليبه الخاصة واقتراحات المحيطين به والتي كثيرا ما تدفع به إلى الاتجاه الخاطئ .

ونتيجة لتزايد تناقضات هذا العصرـ واحباطاته وتعدد الأزمات والضغوط المادية والاجتماعية وكثرة المشكلات النفسية وتعقدها و التي يواجهها الفرد .فقد تنبه بعض علماء الطب النفسي والعلاج النفسي إلى أهمية ابتكار وسائل علاجية وأساليب يمكن للفرد إتباعها بنفسه دون اللجوء إلى الطبيب النفسي إلا في الحالات الشديدة التي تستدعي ذلك ... خاصة بعد أن أكدت عدة دراسات عدم إلمام بعض المعالجين والأطباء النفسيين بمدارس وطرق العلاج النفسيـ الحديثة وتمسك البعض بالأساليب التقليدية التي ثبت عدم فاعليتها بصورة قاطعة وفشلها في علاج الكثير من الاضطرابات النفسية .

ما هو العلاج النفسي؟

يتضمن مفهوم العلاج النفسيـ معرفة أسباب الاضطراب عند الفرد .. عن طريق فحص أفكاره وانفعالاته وسلوكه ، ثم محاولة تغييره ، وتخليصه من الإدراك الخاطئ لنفسه وللآخرين ، وتقوية ثقته بنفسه ، ليصبح أكثر قدره على التكيف مع نفسه ومع المجتمع ، وعلى علاج المشكلات، ولتصبح لديه القدرة على الإنتاج والإبداع .. وان يكون أكثر وعياً واتزاناً، في حدود قدراته الشخصية.. وبالدرجة والنوعية التي يختارها لنفسه فهذا النوع من العلاج يتمثل بمرور الذات بخبرة تعليمية تجعل الفرد يعبر عن نفسه، مما يمكن المعالج من اكتشاف الجوانب الخفية والحساسة في شخصية المريض و مصادر الصراع العميقة والكامنة في حيز اللاشعور ...

ليس هناك تعريف كلي شامل لمصطلح العلاج النفسي Psychotherapy نظراً لتعدد طرق العلاج ووسائله المختلفة ، ومع ذلك فأنه يمكن ذكر بعض التعريفات التي تدل على معنى العلاج النفسي ووسائله ،فالعلاج النفسي، بالمعنى العام ، هو طريقة علاجية للاضطرابات النفسية أو الجسدية باستخدام الوسائل السيكولوجية المختلفة مثل : العلاقة بين المعالج والمريض ، التنويم ، الإيحاء ، إعادة التربية ، وبهذا المعنى يعتبر (التحليل النفسي-) شكلاً من أشكال العلاج النفسي. وهو اصطلاح يطلق على الوسائل النفسية التي تستخدم في علاج الأمراض النفسية والعقلية ،وقد يستخدم هذا الاصطلاح أحيانا بمعنى أعم فيطلق على جميع الوسائل العلاجية التي تستخدم في علاج هذه الاضطرابات . وبهذا المعنى يشمل العلاج النفسي العلاج بالصدمات الكهربائية والعقاقير والجراحة ، وغير ذلك من الوسائل العلاجية الطبية .

تستخدم في العلاج النفسي- الحديث مهارات وفنيات كثيرة ، من أهمها الكلمة ، فالكلمة أسرع وقد تكون اقوى من الدواء ، وكل نوع من العلاج النفسي- يهدف إلى تخفيف أو إزالة الأعراض بالطريقة التي يعتقد في جدواها ، فالمعالج بالتحليل النفسي- يهدف إلى تعديل الشخصية بصورة جذرية من خلال فهم ديناميات المرض وأسبابه اللا شعورية ، ولم يعد هذا الأسلوب يستخدم كثيراً ، وقد توجه أكثر المعالجين إلى مدارس وأساليب احدث وأكثر تأثيرا وأسرع مفعولاً ، مثل العلاج المعرفي الذي يعتمد على تعديل التفكير ، والعلاج السلوكي الذي يعتمد على تعديل السلوك .

هناك العديد من أساليب العلاج التي تعتبر روافد وفروع من المدارس الرئيسية مثل: الرسم، والرقص ، والتمثيل ، .. وكذلك الموسيقى و الأنشطة الرياضية، ويمارس بعض الأطباء من التخصصات المختلفة نوعاً من العلاج النفسي- يسمى بالعلاج النفسي- التدعيمي، من خلال إقامة علاقة حميمة مع المريض، تتسم بالود والتقدير والاهتمام والتوجيه والتشجيع .. وتسمح للمريض بالإفضاء عن متاعبه وآلامه

والتحدث عن بعض مشاكله وأحزانه بأمان ودون خوف.. وهذا هو سر النجاح الشديد الذي يلاقيه بعض الأطباء .

يعتمد أنواع من العلاج النفسي ـ على رغبة الفرد وإرادته في تعديل سلوكه.. خارج إطار العلاقة العلاجية التقليدية.. كالعلاج بالاستبصار .. حيث يطلب من المريض أن يتعرف بنفسه على أخطائه وان يتعلم أساليب أخرى بديلة ، تتيح له الفرصة لتعديل السلوك غير السوي .وهناك نوع آخر في العلاج النفسي يقوم على تدريب المريض على التفكير المنطقي في حل المشكلات واتخاذ القرارات ، والمشاركة الايجابية في خلق القيم الاجتماعية ،، والتدرب على تفحص نتائج السلوك على أساس رد الفعل ، أو ما يسمى بالتغذية الراجعة أو المرتدة ، ومن الأساليب البعيدة عن العلاقة العلاجية المباشرة بين المعالج والمريض .. العلاج الموجه بالمحاضرة .. وأسلوب التجريب الذاتي حيث يعطي المريض تعليمات للقيام بتنفيذها هذا إلى جانب العلاج التعليمي .. والعلاج عن طريق العمل ..

أهداف العلاج النفسي :

يهدف العلاج النفسي إلى مساعدة الفرد على الوصول إلى درجة مناسبة من التوافق الشخصي والاجتماعي ، بما يساعده على أن يحيا حياة مشبعة وفعالة [1].

ويتطلب ذلك توافر جملة من الشروط هي:

1. إن يزداد تقبل الفرد لذاته ، على أساس معرفته لقدراته وحدودها ، وان يكون تقبل الفرد لذاته على مستوى معرفي وانفعالي أيضا . وبذلك يتمكن من أن يعيش حياته بصورة مشبعة وفعالة ، بلا مغالاة في مستويات الطموح والآمال ، وبدون إحساس

---

[1] فراج وعبد الغفار ـ الشخصية والصحة النفسية ـ دار العرفان بيروت 1966 ـ ص 155 ـ 156

بعجز آو نقص أو إثم بما يهدد فاعليته ومستوى إنتاجيته . ومن يستطيع إن يتقبل ذاته بهذه المستويات يستطيع أن يتقبل الآخرين وان ينشئ معهـم علاقات ايجابية .

2. إن يزداد شعور الفرد بـالأمن ، فكلـما ازداد إحساس الفرد بـالأمن كلـما ازداد إدراكه لما يحيط به من مثيرات أكثر واقعية، فالشخص يجد أمنه في ذاته ، بينما الشخص اللاسوي أو المريض نفسياً يحاول أن يجد أمنه في الموضوعات الخارجية ، ولهذا فهو يبحث عن المواقف التي توفر له الحماية والاطمئنان ، ولكن لا يجد فيها ما يشبعه بصورة كافيه . ومن هنا فالمرض النفسيـ ينشأ نتيجة لصراع داخلي أكثر مما هو نتيجة للضغوط الخارجية التي يقابلها الفرد .

3. أن تزداد قدرة الفرد على حل مواقف الصراع النفسي الداخلي التي يتعرض لها ، وأن يستطيع مواجهة دوافعه وان يوافق بينها وبين مطالب البيئة التي يعيش فيها.

4. أن يتعلم الفرد أساليبا أكثر فاعلية لمواجهة تحديات البيئة ومطالبها المتعددة، يتغلب بواسطتها على المشكلات المرتبطة بها بصورة واقعية .

5. في ضوء تحقيق ما سبق تزداد قوة " الأنا " ويـزداد تماسـك شخصيته وتكاملها وبذلك يتحقق الهدف الذي يحاول المعالج أن يساعد المريض للوصول إليه .

6. وقد تبدو هذه الأعراض سهلة التحقيق ، غير أن الواقع والممارسة الفعلية تبين غير ذلك ، إذ إن تحقيق هذه الاغراض يستدعي جهداً كبيراً ومشاركة فعليـة سـواء مـن جانب المعـالج أو جانب المـريض ، ومن هنا يبرز دور الأخصـائي الاجتماعي في مساعدة المريض على ذلك أيضا .

طرق العلاج النفسي :

هنالك عدة طرق تتبع لكي تساعد في العلاج النفسي ، نستعرض أهمها تالياً :

1) العلاج بالعمل :

يعتبر العمل عند الكبار كاللعب عند الصغار ، وسيلة للتعبير والتنفيس ، فالغرض من العلاج بالعمل هو إشغال وقت المريض ، والمساعدة في عملية التشخيص ، والعلاج والتأهيل ، وليس المنفعة المادية ، ويتوقف نوع العمل على شخصية المريض ، وعمره وصحته العامة ، ونوع مرضه ، والطور الذي يمر فيه المريض ، ويهدف العلاج بالعمل إلى توجيه نشاط المريض إلى أي عمل كالنجارة والحدادة وصناعة السجاد وصناعة الأحذية أو العمل في مزرعة المستشفى أو تنظيف الغرف وطهي الطعام ، وما شابه ذلك، و هو يفيد في علاج مرضى الاكتئاب و مرضى الهوس ، ويفيد في الحالات السيكوسوماتية في التعبير عن المشاعر والتخفيف من الميول اللااجتماعية ، ويساعد على تركيز الانتباه ، كما يفيد في حالات مرضى الفصام . ويخصص عادة قسم خاص بالرجال وقسم للنساء ، وكل قسم يحتوي على ورش ، وعلى قاعات عمل داخل المستشفى ، وحتى المرضى الذين لا يستطيعون مغادرة السرير لأسباب صحية يمكن أن يشغل وقت فراغهم بالعمل في أماكنهم ويشرف على كل قسم أخصائيون في هذا العلاج .

2) العلاج بالتمثيل :

طور المحلل النفسي- الأمريكي جيه . ل . مورينو (1914 – 1959) منهجاً في العلاج النفسي يختلف عن منهج فرويد ، وقد ابتدع مورينو العلاج بالتمثيل عندما كان في فيينا عام 1921 ، ثم أنشأ أول مسرح في الولايات المتحدة في نيويورك عام 1927. وقد كان مورينو يضع مريضه وحده أو مع فريق من المرضى في جو مسرحي، ويطلب منه تمثيل تلقائي أمام مجموعة من المشاهدين، ويكون لهذا الدور دلالاته النفسية ، وعلى أمل أن يسقط على شخصيات الدور التمثيلي كثيرا مما يعانيه، بحيث يعبر المريض عن مشاعره بصورة تلقائية حرة ، وينفس عن انفعالاته ،

ويستبصر ذاته في موقف جماعي . ويعبر عن اتجاهاته العميقة ودوافعه الكامنة والصراعات التي يعاني منها .[1]

3) العلاج بالموسيقى :

يستخدم هذا النوع من العلاج النفسي لتوفير جو سار للمريض ، وهو يفيد في علاج بعض الإمراض العصابية والذهانية ، فالتأثير المهدئ للموسيقى الهادئة على أعصاب الإنسان حيث يستمتع الأفراد بسماعها، ويتفاعلون معها ، يكون بالغ الأهمية في حالات الهياج ، والثورة ، والغضب والانفعال، والعكس فأننا نجد في الإيقاعات الموسيقية الصاخبة كالموسيقى العسكرية أن لها أثر كبير على مرضى الانطواء والاكتئاب، وقد نجح العلاج بالموسيقى في علاج حالات الفصام والهوس والاكتئاب وضعاف العقول .

4) العلاج الفريقي :

يعتمد هذا النوع من العلاج على استخدام الحرارة ، والتدليك والتمارين ، وقد انتشر مؤخراً استخدام الحمامات المستمرة في علاج العصاب - العلاج - ويستخدم هذا النوع من العلاج مع المرضى الذين يرفضون أو لا يرغبون في العلاج الكيميائي أو الكهربائي ، ويجلس المريض لمدة ساعة أو أكثر في حوض ماء درجة حرارته بدرجة حرارة الجسم تقريباً ، وهذا النوع من العلاج له تأثيرً مهدئ على الجهاز العصبي والنفسي ، والدموي ، وعلى توتر العضلات التي تسترخي وتؤدي بدورها إلى استرخاء الفاعلية الفكرية وحدة الانفعالات، ويستخدم الطب الطبيعي هذا الأسلوب في العلاج .

1 د. فيصل محمد، علاج الأمراض النفسية والاضطرابات السلوكية ، الطبعة الأولى 1984 ، بيروت ، ص 234-235-239 .

5) العلاج بالقراءة :

يوضع هذا البرنامج من أجل أن يزيد المريض من فهمه لنفسه ، ولتقديم مـدى أوسع من الخبرة الانفعالية ، ولتوسيع الآفاق الثقافيـة مـن أجل زيـادة الاستبصـار بمشكلات الفرد عن ذاته وعن البيئة المجاورة له ، ويمكـن للمعالج معرفة خلفيـة المريض الثقافية ، وميوله واهتماماته ، وحاجاته ، عن طريق المطالعة والقراءة التي يعبر المريض من خلالها عن رغباته المكبوتة ودوافعه الغريزية .

6) العلاج الترويحي :

يستخدم في هذا العلاج النشاطات كالمباريـات الرياضيـة ، والحفـلات ، والـرقص والتمثيليات ، والرحلات ،و يهيئ المريض إلى العودة إلى الحياة الاجتماعيـة ، حيـث يعتبر الترويح أداة للنمو الإنساني حيث يتحرر الفرد من الملـل ، والتعب والتوتر ، عن طريق الراحة والتسلية ، ويستطيع تجديد طاقته النفسـية والجسـدية وبالتـالي قدرته على مواجهة مشكلاته ، وكذلك التعبير عن المشـاعر الاحساسيس بالمشاركة الوجدانية والشعور بالأمن والطمأنينة .

7) العلاج عن طريق التأمل :

ويقصد بهذا التأمل تحقيق الصفاء الفكري والنفسي وتحقيـق الراحـة النفسـية عن طريق تحليل الظروف المحيطة بالفرد و الابتعـاد عـن جو المثيرات والمشاكل التي يعاني منها الفرد ، والعمل على إدخال مثيرات فكريـة وحسـية ، مغـايرة تمامـاً للمثيرات السابقة ، تؤدي بالفرد إلى المتعة والراحة النفسية . وتؤدي إلى قـدر اكبر من التركيز والاستبصار، وبالتالي قدرة اكبر على مواجهة المشكلات التـي يعـاني منها في حياته العادية .

8) العلاج النفسي بواسطة اليوجا :

و يشكل مجموعة من السبل والجهود التي تؤدي إلى إكتمال الشخصية عـن طريق التحكم في الجسم والعقل، وتعتمد فلسفة اليوجا على مبدأ أن الحياة مليئة بالآلام الناجمة عن رغبات الفرد بالمتعة الدنيوية ، وتهتـم اليوجا بمفهوم الشعور واللاشعور وبأثر اللاشعور في الشعور ، وترى بـأن فشل الإنسان في السـيطرة عـلى عقله يكون إذا ما أفسح المجال لتأثيرات اللاشعور على شعوره أو مشاعره .

9) العلاج عن طريق اللعب :

يقصد بهذا اللون من العلاج الاستفادة مـن اللعب ، بحضور المعالـج النفسيـ كوسيلة لمساعدة الطفل على أن يخلص نفسه من بعض التـوترات أو الاضطرابات أو الأمراض وأعراض سوء التكيف ، عن طريق تشجيع الطفل عـلى اخراج المشاعر التي حبست في مواقف الحياة الحقيقية . بما يصعب عليه ممارسـة ذلك في عـالم الواقع فإذا كان يعجز عن التعبير عن عدوانه تجاه أحد أفراد أسرته ، فأنه يستطيع أن يفعل ذلك في اطار اللعب حيث يسمح له أن يضرب وأن يـؤدب وان يعاقب دميته . وقد تمثل هذه الدمية أي شخص يريده الطفل .

يقوم هـذا العلاج عـلى فكـرة (الفضفضة) أو التطهـير الانفعالي أو تفريغ الشحنات الانفعالية الحبيسة داخل الطفل ولا يتحقق هذا الشفاء من ممارسـة أي لون من ألوان اللعب ، ولكنه يعتمد على تنظيم الموقف ومعرفة ظروف الطفـل وضرورة حضور المعالـج وتوجيهـه ،كـما يمكـن أن يقـوم اللعب مقام المقابلـة التشخيصية حيث يكشف الطفل من خلال ألعابه عن صراعاته وتوتراته وعلاقاته بأفراد أسرته الذين يمثلهم بالدمى التي يلعب بها . وترجع أهميته إلى صعوبة الاتصال أو التفاهم اللفظي مع الأطفال الصغار فيحل اللعب محل اللغـة في تعبـير الطفل عن مشاعره .

يتطلب العلاج النفسي عن طريق اللعب تجهيز غرفة خاصة بـبعض المعـدات، بحيث تكون سارة مبهجة نظيفة وان تكون مضادة للصوت وغـير قابلـة للكسر ـ أو التدمير. ويكفي وجود طاولة وبعض الكراسي القوية مع تـوفير الـدمى وأدوات اللعب وتصنع الأدوات بحيث تقاوم أقصى درجات العنف التي يحتمل أن تصـدر عن طفل مضطرب ويمكن وضع أدوات لعب رخيصة ويمكن تحطيمها بسـهولة ،وتسمح هذه اللعب للطفل لكي يعبر علناً عـن غضبه وعدوانه ، وأن يعبر عـن صراعاته الداخلية للمعالج . وقد تحتوي غرفة اللعب على بعض الرمال أو الطين الصلصال أو المياه التي تسمح للطفل بالعبث كيفما شاء ، ويتضمن اللعب ما يمثل الأب والأم والأخوة والأقارب .

تحقيق الإسلام للصحة النفسية :

اعتبرت المنظمـة الإسلامية للعلوم الطبيـة أن المبـادئ القائمـة علـى الكتـاب والسنة أفضل السبل للوقاية والعلاج من الاضطرابات النفسية والعاطفية، وطالبت الأطباء النفسيين المسلمين والأخصائيين بدمج القيم والمبادئ الأخلاقية الإسلامية في الأساليب الفنية للعلاج النفسي ، ورأت المنظمة أن الإدراك العاطفـي للطفل يتأثـر بنوع العلاقة الأسرية السائدة في المنزل ، مشيرة إلى أن القرآن يؤكـد مـرارا وتكرارا على العلاقة السليمة بين الوالدين والطفل وعـلى مسئولية الوالـدين تجاه تربية الأطفال خاصة أن الوالدين يقومان بدور المحـب العطوف والنموذج الـواقي مـع تنمية الشعور بالجدارة والكرامة فينمو الطفل واثقاً معتداً بنفسه مستشعراً حـب ونفوذ والديه .و خلصت المنظمة في بحث لها إلى إن الـدين يقوم بـدور هـام في إشباع الرغبات البدنية والروحية مشيرة إلى أن الإسلام يعلمنا نظامـاً أخلاقياً للسلوك ويعطينا معنى للوجود في الحياة .

وبينت المنظمة أن الصحة النفسية تتحقق بالصفات الآتية :

- **قوة الصلة بالله** ،وهي أمر أساسي في بناء الإنسان في المراحل الأولى من عمره، حتى تكون حياته خالية من القلق والاضطرابات النفسية .

- **الثبات والتوازن الانفعالي**، فالإيمان بالله يشيع في القلب الطمأنينة والثبات والاتزان،ويقي المسلم من عوامل القلق والخوف والاضطراب .

- **الصبر عند الشدائد**: فالإسلام يربي في المؤمن روح الصبر عند البلاء .

- **المرونة في مواجهة الواقع**: وهي من أهم ما يحصن الإنسان من القلق أو الاضطراب.

- **التفاؤل وعدم اليأس**: فالمؤمن متفائل دائماً لا يتطرق اليأس إلى نفسه.

- **توافق الإنسان مع نفسه** :حيث انفرد الإسلام بأن جعل سن التكليف هو سن البلوغ للمسلم وهذه السن تأتي في الغالب مبكرة عن سن الرشد الاجتماعي الذي تقرره النظم الوضعية وبذلك يبدأ المسلم حياته العملية وهو يحمل رصيداً مناسباً من الأسس النفسية السليمة التي تمكنه من التحكم والسيطرة على نزعاته وغرائزه

- **توافق المسلم مع الآخرين**: فالحياة بين المسلمين حياة تعاون على البر والتقوى، والتسامح هو الطريق الذي يزيد المودة بينهم ويبعد البغضاء، وكظم الغيظ والعفو عن الناس دليل على تقوى الله وقوة التوازن النفسي.

العلاج النفسي في الإسلام :

تتمثل الصراعات النفسية في التناقض بين قوى الخير والشر، وبين الغرائز والمحرمات ، من ذلك الشعور بالذنب والخطأ الذي كثيراً ما يتسبب في القلق والفزع والعدوان واضطراب الطبع والسلوك، بيد أن أصول الشخصية الأساسية في البيئة الإسلامية لا تزال ترتكز على القيم الحضارية المنبثقة من تعاليم الإسلام،لان هذه

القيم تبقى من العناصر الرئيسية الواقية من المرض النفسي والمخففة لوطأته عند حدوثه .

وقد أكد الكثير من علماء الإسلام على فاعلية تعاليم الدين قي ترضية النفس واطمئنانها بواسطة التوبة والاستبصار واكتساب الاتجاهات الجديدة الفاضلة ، وأن شخصية المسلم ترتكز على الإيمان بالقضاء والقدر والبر والتقوى وعلى مسؤولية الاختيار وطلب العلم والصدق والتسامح و الأمانة والتعاون والقناعة والصبر والاحتمال، وكل هذه الخصال تشجع على إنماء الشخصية واكتمالها بقصد السعادة النفسية الشاملة .

وقد أجمع الكثير من العلماء على أن الخطأ هو في الذنب والألم الذي يشعر به الإنسان نتيجة ما أرتكبه من أعمال سيئة . ومن أهم الأعراض النفسية المرضية القلق والشعور بالذنب والخطأ أو بالعكس العدوان والظلم والسلوك المضطرب أو المنحرف والخارج عن المعايير الاجتماعية.ومن هنا نفهم الروابط والفوارق التي تقوم بين القيم الدينية والتحاليل النفسية الفرويدية مثلاً، حيث أن النظرية الفرويدية يمكن إن تؤدي إلى سيطرة الغرائز الجنسية في كل الحالات ، ولربما تشجع على ذلك في مفهومها السطحي الشائع بينما تحث القيم الدينية على التحكم في الدوافع والتغلب عليها بسيطرة النفس الفاضلة الضمير وهو الأنا الأعلى عند فرويد .

إن الدين الإسلامي كثيراً ما يكون وسيلة لتحقيق الأيمان والسلام النفسي، وهو إيمان وأخلاق وعمل صالح، وهو الطريق إلى سيطرة العقل والى المحبة والسبيل القويم إلى القناعة والارتياح والطمأنينة والسعادة والسلام ،وقد أكدت التجربة أن اللجوء إلى هذه المقاييس يصبح أمراً حتمياً وعملاً ناجحاً في أغلب الحالات.

طريقة العلاج الديني :

يمكن أن يمارس العلاج الـديني كـل مـن المعـالج النفسيـ والطبيب النفساني وكذلك الأخصائي الاجتماعي والمربي، وهذا الأمر يجري العمل به مثلاً في عديد مـن المصحات النفسية التي تعالج بأوروبا محاولات الانتحار مثل مصحة فينا المختصة بحـالات الطوارئ الانتحاريـة ، ذلـك لأن العـلاج النفسيـ الـديني ككـل العلاجـات النفسية بمثابة عملية يشترك فيها المعالج والمريض معاً، و هي تقوم على ما يلي:

أ-   **الاعتراف :ـ** وهو يتضمن شكوى النفس طلباً للغفران وكثيراً ما يستعمل الفرد الوسائل الدفاعية اللاشعورية مثل الإنكار والإسقاط والتحويل أو التبرير وغيرها كي يخفف التوتر الذي ربما ينتج عن الشعور بالذنب والخطأ ، وعلى المعالج أن يحلل ذلك في الوقت المناسب وبالصيغة المناسبة ، ولهذا فان اعتراف المريض يزيل مشاعر الخطيئة والإثم ويخفف عـذاب الضـمير فيطهر النفس المضطربة ويعيد إليها طمأنينتها ، لـذا يجب على المعالج مساعدة المريض على الاعتراف بخطاياه وتفريغ ما بنفسه من مشاعر الإثم المهددة ، عـلى أن يتقبل المعـالج ذلـك بحيادية ويتبـع الاعتراف الرجـوع إلى الحـق والفضيلة والتوازن النفسي السليم مع الذات .

ب-   **التوبة:** وهي تناشد المغفرة وتمثل أمل المخطئ الذي تحرر من ذنوبه، فيشعر الفرد بعدها بالتفريغ النفسي والانفراج .والتوبة كما يقول الغزالي (في إحياء علوم الدين) لها أركان ثلاثة : علـم وحـال وفعل فالعلم هـو معرفة ضرر الذنب المخالف لأمر الله ، والحـال هـو الشعور بالـذنب ، والفعل هـو تـرك الذنب والنزوع نحو فعل الخير .

ت-   **الاستبصار :**ومعنـاه الوصـول بـالمريض إلى فهم أسباب شـقائه ومشكلاته النفسية وإدراك الدوافع التي أدت به إلى حالته المضطربة وفهـم مـا بنفسه من خير وشر،

وتقبل المفاهيم الجديدة مستقبلاً بصدر رحب ، ويعني هـذا نمـو الـذات البصيرة ، وقال تعـالى في هـذا الصدد: { بـل الإنسان عـلى نفسه بصيرة } (القيامة 14) وهذه الطريقة المثلى كثيرا ما تستعمل في عديد من مظاهر العلاجات النفسية المعاصرة بما فيها التحليل النفسي الفرو يدي .

ث- اكتساب اتجاهـات وقيم جديدة:حيـث يـتم تقبل الـذات وتقبل الآخرين والقدرة على تحمل المسئولية ،وعـلى تكوين علاقات اجتماعيـة مبنيـة عـلى الثقة المتبادلة،والقدرة على التضحية وخدمة الآخرين، واتخاذ أهداف واقعية وايجابية في الحياة كالقدرة على الثبـات والعمل المثمـر ،يـتم تطهـير النـفس وأبعادها عن الرغبات المحرمة واللاأخلاقيـة واللااجتماعيـة ،ويستقيم سلوك الإنسان بعد إن تتبع السيئات الحسنات

قواعد التربية الدينية في الإسلام

إن ثمة نماذج تستخلص من كلام الله عز وجل وحديث رسوله حـول سـمات شخصية المسلم، يمكن أجمالها على النحو التالي:

1) **الإيمان بالقدر :** قال تعالى : (قل لن يصيبنا إلا ما كتب الله لنا هو مولانا وعلى الله فليتوكل المؤمنون) (التوبة 51) : وهنا ينبغي أن يفسر ـ هـذا القول دومـاً بصفة ايجابية كحث عـلى قبـول المصائب بصـدر رحب ، دون الالتجاء إلى مظاهر اليأس والوهن والانهيار أو دون الالتجاء إلى السلوك العدواني المعاكس لا يعني ذلـك الاستسـلام بـل العمـل عـلى أن نتعـدى أمرنا ونمضي ـ إلى الأمام لنتغلب على الشدائد والمصائب .

2) **مسؤولية الاختيار:** قال الله تعالى: (بل الإنسان على نفسه بصيرة) (القيامة 14)، حيث تتجلى حرية الفرد في اختيار مواقفه وسلوكه بكـل درايـة وهـو هـدف عديد من العلاجات النفسية المعاصرة .

3) **طلب العلم :** قال الله تعالى : (وقل ربِّ زدني علماً) (طه 114) ، ويتضمن ذلك قابلية المؤمن للتوعية والاستنارة .

4) **الصدق :** قال الله تعالى : (يا أيها الذين آمنوا اتقوا الله وكونوا مع الصادقين) (التوبة119) والصدق فضيلة هامة جدا يرتكز عليها اطمئنان النفس إلى حد بعيد، ويقاس به مدى انهيارها إذا خالفت.

5) **التسامح :** قال الله تعالى : (ولا تستوي الحسنة ولا السيئة ادفع بالتي هي أحسن فإذا الذي بينك وبينه كأنه ولي حميم) (فصلت 34) ، والتسامح من الفضائل الهامة لاطمئنان النفس ونيل الارتياح .

6) **الأمانة :** قال الله تعالى : (أن الله يأمركم أن تؤدوا الأمانات إلى أهلها وإذا حكمتم بين الناس أن تحكموا بالعدل أن الله نعما يعظكم به إن الله كان سميعاً بصيراً)(النساء 58) .

7) **الرحمة :** قال رسول الله صلى الله عليه وسلم : " الراحمون يرحمهم الرحمن ارحموا من في الأرض يرحمكم من في السماء " وهذه الخصال الحميدة لها وزن كبير في سلوك الأفراد الأسوياء والمرضى في آن واحد.

8) **التعاون** : قال الله تعالى : (وتعاونوا على البر والتقوى) وقال أيضا: (انما المؤمنون أخوة فأصلحوا بين أخويكم واتقوا الله لعلكم ترحمون) (الحجرات10)، وقال: (والمؤمنون والمؤمنات بعضهم أولياء بعض يأمرون بالمعروف وينهون عن المنكر ويقيمون الصلاة ويؤتون الزكاة ويطيعون الله ورسوله أولئك سيرحمهم الله إن الله عزيز حكيم) (التوبه 71).

9) **القناعة**:من أفضل الخصال البشرية التي تنهي عن التسابق المحموم نحو تحقيق السعادة المادية التي لا حد لها ، والتشبع بقيم التنافس القاسي الذي لا رحمة فيه لأحد والذي تتصف به المجتمعات العصرية المرتكزة على قاعدة الاستهلاك التي

ازدادت فيها الأمراض النفسية لهذا السبب . أما القناعة فهي تعالج الاضطرابات النفسية الناجمة عن الحقد والغيرة وكراهية الغير المنافس ، وتعالج من جهة أخرى السلوك المنحرف الناتج عن الإحباط وما ينتج عنه من سوء التوافق الفردي مع الذات ومع الغير.

يتضح مما سبق أن الإيمان يعمل على تكوين العقيدة المثلى والسلوك الصالح لاستقرار الأنا واطمئنان النفس ، لكن السلوك الذي يخرج عن الدين قد يؤدي إلى الشذوذ والانحراف وإلى حالات نفسية معقدة، ومن ذلك ينبغي أن تتضمن الوقاية من المرض النفسي- اتباع السلوك السوي وكشرط أساسي للتوافق النفسي- والاجتماعي.[1]

2- الخدمة الاجتماعية والصحة النفسية

تنشط الخدمة الاجتماعية في تدخلها المهني في سبيل تحقيق الصحة النفسية للإنسان،لهذا يقوم الأخصائي الاجتماعي بعدة أدوار في المؤسسات والأجهزة التي تبذل جهوداً فنية حثيثة في هذا السبيل، وذلك كما سنعرضه على النحو التالي:

أولا: دور الأخصائي الاجتماعي بالعيادات النفسية:

يتمثل هذا الدور في:

---

[1] انظر

- محمد -فيصل : علاج الأمراض النفسية والاضطرابات السلوكية ، الطبعة الأولى 1984 ، بيروت .

P . U . F -1

- L a Planche et Pintails – Vocabularies desychanalyse 1978p-359.2

من مقدمة (معالم التحليل النفسي) .

- فراج -عبد الغفار الشخصية والصحة النفسية دار العرفان بيروت 1966 .

- عيسوي -عبد الرحمن : علم النفس الأسري وفقاً للتصور الإسلامي والعلمي ، بيروت1993 .

1. استقبال الحالات الجديدة التي يتم تحويلها إليه، وإعداد الدراسة الاجتماعية الأولية لهذه الحالات تمهيداً لعرضها على أخصائي الأمراض النفسية.

2. إجراء الدراسة الاجتماعية الشاملة للحالات التي يتم تشخيصها من جانب أخصائي الأمراض النفسية.

3. توعية أسرة المريض ومرافقيه – في حالة وجودهم – بالعوامل المؤدية إلى الحالة المرضية لمريضهم ويعمل على توجيههم إلى أسلوب مساعدتهم للمريض بما يمكنه من التماثل للشفاء، غالباً ما تكون أسرة المريض جاهلة بالمرض وأسبابه فيقوم الأخصائي الاجتماعي بالتوعية بذلك بالمناقشة الجماعية.

4. متابعة الحالات المترددة على العيادة طبقاً للنموذج المرفق مع الدراسة الاجتماعية في العيادة، ويختلف نوع المرض الذي يصيب الفرد ، فهناك أمراض تتطلب من المريض المراجعة المستمرة في العيادة ، ويقوم الأخصائي بمتابعة المريض خلال تردده على العيادة.

5. تسجيل حالات المرضى المحالين إليه، والذي يقوم بإجراء الدراسة الاجتماعية لهم في السجل العام للخدمة الاجتماعية إلا الحالات التي تدرس دراسة اجتماعية شاملة.

6. تحويل الحالات التي تحتاج إلى مساعدة مؤسسات أخرى كالضمان الاجتماعي أو التأهيل المهني أو دور التربية الفكرية،وهناك حالات تستدعي تحويلها إلى مؤسسة أخرى، فيقوم الأخصائي وحسب إجرائه للدراسة الاجتماعية بتحويل الحالات التي تستوجب التحويل إلى المؤسسات الأخرى بالتعاون مع مكتب الخدمة الاجتماعية.

7. إعداد تقرير نشاطات الخدمة الاجتماعية الشهري، وكذا البيان الإحصائي الشهري عن المرضى المترددين على العيادة، وفقا للبيانات الأولية وطرق التحويل والحالة العقلية والمهنية، و طبقاً للنماذج الخاصة بذلك.

8. تقـديم المقترحـات الخاصـة بتحسـين وتطويـر العمـل الاجتماعـي بالعيـادة، ومناقشتها مع أخصائي الأمراض النفسية بالعيادة، قبل عرضها على رئيس قسـم الخدمة الاجتماعيـة بالمستشفى، والـذي يقـوم بدراسـتها وعرضهـا علـى مديـر المستشفى لإبداء الرأي فيها، وهناك اجتماعات تعقد بصفة دوريـة يقـوم بهـا الفريـق الطبـي المعالـج بالاشتراك مع الأخصائـي الاجتماعـي، و تـتم فيهـا مناقشـة العمل الاجتماعي بشكل خاص وسبل تطويره، ويتم تحويل مستجدات الأعمال إلى رئيس قسم الخدمة الاجتماعية ومناقشتها مع مدير المستشفى، بمـا يحقـق سبل التقدم للعمل الاجتماعي مع المرضى النفسيين.

ثانياً: دور الأخصائي الاجتماعي بالمكتـب الفنـي (بالنسبة لمستشفى الأمراض النفسية): وهو تنظيم خـاص بمستشفى الأمراض النفسية، يتضمن اختصاصات العلاقات العامة، البحوث والإحصاء، شؤون المرضى، حيث تتضمن واجبات ـالأخصائي الاجتماعي ما يلي:

أ- واجبات الأخصائي الاجتماعي للعلاقات العامة:

1. يستقبل حالات المرضى وذويهم المترددين علـى العيـادة النفسية والمراجعين للمستشفى ، ويـرد علـى شكاواهم واستفساراتهم، ويتصل بـالأجهزة المعنيـة بالمستشفى للعمل على تذليل ما يقابلهم مـن عقبـات ، ويـوجههم إلى مصادر الخدمات المعنية بحالتهم.

2. يستقبل ويتصل بمندوبي أجهزة الإعـلام مـن صحافة وإذاعـة وتلفزة و يـمدهم بالنشرات الثقافية في مجال الصحة النفسية ونشاطات المستشفى، حيـث يبين الأخصائي الاجتماعي مدى تفعيل دور وسائل الإعلام في سبيل تقبل المجتمـع للمرضى بمختلف أمراضهم، لأنهم بحاجة إلى الرعاية من مختلف الأطراف.

3. يطلع على الصحف والمطبوعات لاستخلاص ما قد يرد بها من أخبار صحفية في مجال الخدمات الطبية ويعرضها على مدير المستشفى.

4. يحضر للاجتماعات والندوات العلمية والاجتماعية التي يعقدها المستشفى.

5. يتخذ الإجراءات التنفيذية الخاصة باشتراك المستشفى في المؤتمرات وحلقات البحث العلمية المحلية والدولية.

6. يعد برامج لزيارة الجماعات المختلفة للمستشفى للتعرف على نشاطاته، ومن هذه الجماعات طلاب المدارس والجامعات.

7. يقوم بأعمال العلاقات العامة بالنسبة للأساتذة الزائرين للمستشفى، و يعمل على توفير وسائل الراحة لهم أثناء فترة إقامتهم.

ب- واجبات الأخصائي الاجتماعي بوحدة البحوث الإحصاء:

1. يصمم الجداول الإحصائية والنماذج الخاصة بالعمل الاجتماعي بالمستشفى.

2. يساهم في البحوث التي تهم المستشفى بهدف دراسة الظواهر المختلفة بها، وكذلك التي تحتاجها للاشتراك في المؤتمرات العلمية المحلية والدولية.

جـ - واجبات الأخصائي الاجتماعي بوحدة شئون المرضى واللجنة الطبية:

1. يستقبل المرضى وذويهم من مراجعي العيادة الخارجية المطلوب عقد لجنة طبية نفسية لهم، وطمأنتهم ، وتنظيم عرضهم على اللجنة الطبية، بعد إكمال الدراسة النفسية والاجتماعية الخاصة بكل منهم.

2. يعد التقارير الطبية الخاصة بالمرضى للعمل على راحة المريض وعدم توترهم بالتردد مراراً للحصول على تقاريرهم، ويوجههم إلى مصادر الخدمات المعنية بحالتهم.

3. ينظم التقارير الطبية الصادرة بحق المرضى بما يحافظ على السرية، ويسهل الرجوع إليها، وتتبع حالة المرضى من خلالها.

4. يتخذ إجراءات تحويل الحالات التي تحتاج إلى رعاية خاصة إلى الأجهزة المعنية بها كالرعاية الاجتماعية ، الضمان الاجتماعي ، التأهيل المهني، التربية الفكرية.

ثالثا: دور الأخصائي الاجتماعي بالعيادة النفسية:

1. يستقبل الحالات الجديدة التي يتم تحويلها إليه، وإعداد الدراسة الاجتماعية الأولية لهذه الحالات تمهيداً لعرضها على أخصائي الأمراض النفسية بالعيادة.

2. يجري الدراسة الاجتماعية الشاملة للحالات التي يتم تشخيصها من جانب أخصائي الأمراض النفسية، طبقاً لنموذج الدراسة الاجتماعية الشاملة.

3. يقوم بتوعية المريض ومرافقيه – في حالة وجودهم – بالعوامل المؤدية إلى الحالة المرضية للمريض.

4. يتتبع الحالات المترددة على العيادة من الحالات النفسية، طبقاً للنموذج المرفق مع الدراسة الاجتماعية بأوراق المريض.

5. يسجل حالات المرضى المحولين إليه في سجل الخدمة الاجتماعية، ثم يقوم بإجراء الدراسة اللازمة لهم.

6. يحول الحالات التي تحتاج إلى مساعدة من مؤسسات أخرى كالضمان والتأهيل المهني أو دور التربية الفكرية.

7. يعد تقرير نشاطات الخدمة الاجتماعية شهرياً ،وكذلك البيان الإحصائي الشهري عن المرضى المترددين على العيادة، طبقاً للجنسيات وطرق التحويل والحالة التعليمية والمهنية.

رابعاً: دور الأخصائي الاجتماعي النفسي بالأقسام الداخلية للمرضى النفسيين:

1. يستقبل المرضى المحولين للقسم ، ويطمئن ذويهم ويقوم بتوعيتهم بـدور المستشفى نحو المريض.

2. يفتح ملفاً اجتماعياً لكل حالة بالقسم أو الجناح الـذي يعمـل فيـه، مبتـدئاً بالدراسة الاجتماعية النفسية، ويسجل فيه البيانات التـي قام بهـا الأخصائي الاجتماعي بالعيادة الخارجية باستيفائها ، ويحتفظ بهذا الملـف لديه ليستوفي بقيـة بيانـات الدراسـة الاجتماعيـة النفسـية الشـاملة، لعرضـها عـلى أخصائي الأمـراض النفسـية عنـد طلبـه، لتشـخيص أو تتبـع الحالـة، ويضـمنه خدماتـه للمريض.

3. يقوم بملاحظة سلوك المرضى داخل القسم من حيث علاقتهم بـالآخرين وبهيئـة التمريض، وتسجيل ذلك بالملف الاجتماعي.

4. يعلم الأخصائي الاجتماعي رئيسة التمريض بالقسم بأسماء المرضى الذين يحتاج الأمر مقابلة ذويهم عند زيارتهم له، لاستكمال جميع البيانات اللازمة في دراسة الحالة.

5. ينتهز زيارة أهـل المـريض لـه ،وينبههم إلى أهميـة الزيـارة في رفع معنويـات المريض، ويوعيهم بأسس معاملته، وأهمية انتظام العـلاج عنـد خروجـه لبيئتـه الطبيعية.

6. ينظم ويعد برامج الترفيه وشغل أوقـات الفـراغ، التـي تتناسب وحالـة المـرضى لديه، مع تسجيل هذه الأنشطة في سجل النشاط الترفيهي.

7. يعد ملخصاً كامـلاً عـن الحالة قبل نقلها أو خروجها، ويسجلها في ملف المـريض الخاصة بالعيادة النفسية، حتى تكتمل الدراسة الاجتماعية بملف المـريض ،ممـا يفيد عند تتبع حالته لدى العيادة الخارجية.

8. يعد تقريراً عن معوقات العمل التي تعترضه، واقتراحاته للتغلب عليها في ضوء الإمكانيات المتاحة، ويعرضه على رئيس قسم الخدمة الاجتماعية، تمهيداً لعرضه على مدير المستشفى.

9. يعد مقترحاته لتطوير العمل الاجتماعي وتحسين الخدمة الاجتماعية المقدمة للمرضى، من خلال التقرير الشهري الخاص بذلك.

خامساً: دور الأخصائي الاجتماعي بأقسام المرضى المتحسنين:

1. ينظم برامج الترفية وشغل أوقات الفراغ لمجموعات المرضى، مستخدماً المهارات والخدمات في الجماعة،ويقوم بتوجيه الحالات ذات المهارات المختلفة إلى برامج العلاج بالعمل، في ضوء توجيهات الطبيب أخصائي الأمراض النفسية، مع تسجيل ملاحظاته عن المرضى و تجاوبهم وعلاقتهم أثناء النشاط الترويجي والعلاج بالعمل.

2. يقابل ذوي المرضى عند زيارتهم لهم، والعمل على إقناعهم باستلام مرضاهم، مما يساعد على استمرارية تحسنهم بعد خروجهم لبيئتهم الطبيعية، وتوجيههم إلى أسس معاملتهم.

3. يعلم مكتب الخروج والتتبع الاجتماعي بحالات المرضى المتحسنين المقرر خروجهم، وبأسماء المرضى الذين لم يحضرـ ذويهم لاستلامهم ،ليقوم باتخاذ الإجراءات لتسليمهم لذويهم.

4. يعلم ذوي المرضى بأن مرضاهم قد تحسنوا وحالتهم تتطلب استلامهم، ويكرر ذلك مرتين خلال شهر من تحسن المريض وتقرير خروجه.

5. يحول الحالات التي تحتاج لرعاية مؤسسات خدمات أخرى كالضمان الاجتماعي ودور التربية الفكرية ودور الرعاية الاجتماعية الخاصة لهذه المؤسسات،

والاحتفاظ بصورة من هذا الإجراء في الملف الاجتماعي للمريض، ويسجل في سجل الحالات المحولة للمؤسسات الاجتماعية.

سادساً: دور الأخصائي الاجتماعي النفسي بدار النقاهة والعلاج بالعمل والتأهيل :

يتركز دور الأخصائي الاجتماعي النفسي- في دار النقاهة بجانب الواجبات العامة للأخصائيين الاجتماعيين للأقسام الداخلية، باعتبار أن الدار مكان للإقامة في اختصاصات ثلاثة هي:

1. تنظيم البرامج الاجتماعية والثقافية والترويحية، بهدف شغل أوقات الفراغ، وتوجيه سلوك المرضى في ضوء مبادئ خدمة الجماعة.

2. تنظيم برامج تأهيل المرضى بالتعاون مع الأجهزة المتخصصة، بما يتناسب مع قدرات المرضى، في ضوء توجيهات أخصائي الأمراض النفسية، بما يحقق اعتماد المريض على قدرته وعمله.

3. تنظيم المشاركة في برامج العلاج بالعمل للمرضى مع المتخصصين، بما يحقق تنمية وتوجيه قدرات المرضى للأعمال المهنية والحرفية.

سابعاً: دور الأخصائي الاجتماعي عند الخروج والتتبع الاجتماعي :

1. إعلام أهالي المرضى المتحسنين حول تحسنهم، وضرورة عودتهم إلى بيوتهم وأسرهم ، وذلك في حالات المرضى اللذين لم يحضر ذويهم لاستلامهم.

2. القيام بإجراءات تسليم المرضى المتحسنين لذويهم، في ضوء البيانات الواردة لهم من الأقسام المختلفة للمرضى المتحسنين.

3. تلخيص الدراسة الاجتماعية والنموذج اللازم، لكل حالة لكي يضمن استمرار رعايته عن طريق العيادات النفسية بالمستشفيات العامة التي يتبعها المريض.

4. تسجيل إجراءات إرسال علاجات المرضى للمستشفيات العامة أو المستوصفات التي لا يوجد بها عيادات نفسية، وتزويد المرضى اللذين تتابع عيادات نفسية حالتهم بصورة من نموذج صرف العلاج للمتابعة.

5. مقابلة أسرة كل مريض تطلب إخراجه ويقوم بتوجيهها إلى أساليب معاملة المريض وتعريفها بمصادر الخدمات بالبيئة.

6. المساهمة في إعداد الدراسات الاجتماعية لحالات المرضى اللذين يتكرر دخولهم، ويعمل على توجيه وتوعية أسرهم بما يضمن استمرارية بقاء المريض بالبيئة الطبيعية مع أسرته.

7. تسجيل نشاطاته بسجلات العمل الاجتماعي الخاصة بالمكتب، بما يمكنه من إعداد التقرير الشهري والإحصائيات الدورية.

8. يعد تقريراً شهرياً وإحصائياً عن المرضى طبقاً للنموذج المعد لذلك، في موعد غايته اليوم الثالث من كل شهر.

9. الإسهام في البحوث والدراسات التي ينظمها المكتب الفني.[1]

---

[1] انظر:

• لطفي الشربيني 1995 تأثير العوامل الثقافية والاجتماعية على الأمراض النفسية الجمعية العالمية الإسلامية للصحة النفسية – لبنان.

• مواقع من الانترنت:

- www.google.com

- http://www.q8castle.com/ab7ath

- http://www.acmls.org/medicalarabization

6

الفصل السادس
التعامل الطبي الاجتماعي في الحالات
المستعصية

1- مرض نقص المناعة المكتسبة (الايدز)

إن الايدز مرض يسببه فيروس يدخل في جهاز المناعة في الجسم ويعطله، مما يؤدي إلى إصابات مميتة، و الترجمة الحرفية لاسم المرض هي مرض نقص المناعة البشرية المكتسبة، وكلمة ايدز مشتقة من الحروف الأولى للاسم العلمي باللغة الانجليزية لهذا المرض (A.I.D.S) وهي : مكتسب Acquired ، مناعة Immune ، نقص أو عوز Deficiency ، متلازمة Syndrome ، فيكون معناه بالعربي (مرض نقص المناعة المكتسب) .

لاحظ الأطباء في أوائل الثمانينات وفي مدينة سان فرانسيسكو، كثرة ظهور ورم جلدي خبيث يدعى مرض كابوسي بين الشواذ جنسياً، ومن المعروف إن هذا المرض نادر الحدوث في تلك المناطق، ويظهر مرض كابوسي على شكل عقيدات متحجرة لونها أحمر يميل إلى الزرقة، ويصيب الأقدام والأيدي عادة، وقد يمتد فيما بعد ليصيب مناطق أخرى من الجلد، ويتميز ببطء الانتشار، الا أن هذا المرض بدأ يأخذ شكلاً مختلفاً عن المعتاد في الشواذ جنسياً، فكان سريع الانتشار ويصيب أماكن متعددة من الجلد والغشاء المخاطي ، وسرعان ما كان يهدد حياة المريض ويؤدي إلى وفاته، وصاحب ظهور تلك الأورام الاستعداد لكثرة الإصابة بالأمراض الميكروبية والفطرية والفيروسية، والتي كانت تأخذ شكلاً غير مألوف، ولوحظ أن كثيراً من تلك الإمراض يتسبب عن الميكروبات التي لا تصيب الشخص ذا المناعة العادية، ويطلق عليها اسم الميكروبات الانتهازية، وإنما تصيب من يعانون نقصاً في مناعة الجسم، وصاحب ظهور هذه الأورام الجلدية وكثرة الإصابة بالالتهابات الرئوية، نقص مطرد في وزن الجسم وتضخم في الغدد الليمفاوية، وكان الأمر ينتهي بالوفاة.

وقد أشارت تلك الأعراض متجمعة إلى إن المصابين بتلك الحالة يعانون من نقص المناعة المكتسبة، وأضيفت كلمة المكتسبة لتفيد اختلافه عن مرض آخر يتميز بنقص مناعة الجسم، يحدث عند الأطفال، نتيجة عيوب خلقية في أحد مكونات جهاز المناعة ، ويطلق عليه مرض نقص المناعة الولادي ، لتنطلق كلمة الايدز، وهي الكلمة التي أصبحت على كل لسان، لتعبر عن مرض مروع، يهدد مستقبل البشرية.

أماكن تواجد الفيروس :

من الصعب معرفة مكان نشأة الايدز، ولكن من الثابت أن هذا الفيروس ليس من صنع الإنسان، فالجراثيم يمكن أن تتحول أحياناً من كونها غير ضارة . ربما هذا ما حدث لفيروس الايدز، قبل أن ينتشر بسرعة ويتحول إلى وباء، فهو يوجد في : الدم – السائل المنوي – سائل النخاع الشوكي – ويوجد بتركيز اقل في إفرازات عنق الرحم والمهبل والدموع واللعاب وحليب الأم والبول .

فترة حضانة فيروس الايدز :

يبدأ ظهور الأعراض بعد دخول الفيروس للجسم من 6 شهور – 5 سنوات، وقد تمتد في بعض الحالات إلى 15 سنة .

العدوى بمرض الايدز:

يتم انتقال العدوى بالايدز عن طريق من الطرق التالية :

- الاتصال الجنسي بمختلف أشكاله مع الشخص المصاب سواء كان ذكراً أو أنثى.

- نقل الدم الملوث أو مشتقاته من المصاب إلى السليم .

- الأدوات الجارحة أو الثاقبة للجلد الملوثة بدم الشخص المصاب كالإبر أو شفرات الحلاقة أو أدوات الوشم ، يعتبر حقن المخدرات من أخطر وسائل العدوى بفيروس الايدز .

- انتقال الفيروس من الأم إلى الجنين أثناء الحمل والولادة بالرضاعة الطبيعية .

إلا أنه لا يمكن انتقال فيروس الايدز عن طريق الأكواب والملاعق و المصافحة أو الحشرات كما يتصور الكثيرون ، ويمكن أن تنتقل عدوى الايدز دون أن تظهر على المنتقلة إليه أية إعراض لسنوات عديدة ، فعدوى الايدز هي المرحلة التي يهاجم فيها الفيروس المعروف HIV جسم الإنسان ويبدأ بإتلاف جهاز المناعة ، مما يجعل المصاب عرضه للإصابة بالعديد من الأمراض والأورام التي تودي إلى الوفاة. فعندما يدخل الفيروس إلى الخلية يتحد مع المورثات الموجودة فيها وقد يبقى كامناً لعدة سنوات، ويبقى المصاب بالعدوى ناقلاً لها مدى الحياة، حيث يستطيع نقل الفيروس إلى الآخرين حتى ولو بدا سليماً في الظاهر. وفي معظم الحالات يمكن تأكيد ايجابية العدوى بالفيروس خلال ثلاثة أشهر من التعرض للعدوى.

وهناك عوامل تساعد على انتشار المرض مثل :الحروب - الكوارث الطبيعية - الهجرة للعمل والدراسة - السلوك غير المنضبط ،ويصيب فيروس الايدز نوعاً من خلايا جهاز المناعة، والذي يلعب دوراً أساسياً في وقاية الجسم من الأمراض وظهور الخلايا السرطانية، وينمو الفيروس في الخلية المصابة ويتكاثر فيها حتى يدمرها، لينتقل إلى مجموعة أخرى من الخلايا فيدمرها، وهكذا إلى أن يدمر معظم ذلك النوع من الخلايا ويحرم الجسم من الدفاع عن نفسه، وعادة يمر وقت طويل بين دخول الفيروس إلى الجسم وبين فقدان الجسم لمناعته قد تمتد إلى سنوات عديدة، يكون المصاب خلالها حاملاً للمرض، وينقله للآخرين دون ظهور علامات أو أعراض عليه.

مراحل المرض :

يمر المصاب بعدة مراحل بدءاً من إصابته بالفيروس حتى ظهور المرض الذي ينتهي بالوفاة في كل الأحوال ، وتمثل هذه المراحل التطورات التالية :

1) بعد الإصابة مباشرة قد يشعر المريض بأعراض بسيطة تشبه الأنفلونزا لا تسترعي انتباهه، وتستغرق ذلك زمناً قصيراً، ينتهي بظهور أجسام مضادة للفيروس في مصل الدم، ويستخدم ظهور تلك الأجسام المضادة في الكشف المعملي عن الإصابة وتشخيصها.

2) عندما يصبح المصاب حاملاً للفيروس، ولا تظهر عليه أية أعراض مرضية، ولكنه يصبح مصدراً لعدوى الآخرين، وقد تمتد تلك المرحلة إلى سنوات عديدة تنتهي ببدء ظهور الأعراض.

3) عندما تظهر الأعراض في صورة ارتفاع في درجة الحرار،ة ونقص مطرد في الوزن مع كثرة الإصابة بالإسهال، وتضخم الغدد الليمفاوية في جميع أجزاء الجسم .

الجهود الوقائية من مرض الايدز :

تنبهت الدول العربية بحكوماتها ومنظماتها الأهلية كما هو الحال في دول العالم المتطورة والمتخلفة باتخاذ الحيطة والحذر من انتشار العدوى بالايدز في صفوف مواطنيها ، وخاصة الشباب ، فكانت ثمة سياسات واستراتيجيات وخطط خاصة بذلك ، على المستوى القطري ، وعلى المستوى القومي ، وكان من بينهما هذا المشروع:

الأهداف الأساسية:

1) التركيز على الوقاية الشاملة التي تحد من انتشار الايدز، مع الوضع في الاعتبار للحالات المصابة، ومعالجتها دون انتقاص من حقوقها .

2) مشاركة أفراد المجتمع من مختلف المستويات والتخصصات في زيادة الوعي بالايدز .

3) إعداد الكوادر المختلفة في مجالات الوقاية والمعالجة النفسية والاجتماعية والطبية.

الأهداف الجزئية:

1) زيادة الوعي بخطورة فيروس الايدز ، كيفية الإصابة ، طرق الانتقال ، تصحيح المعتقدات الخاطئة .

2) تقويم السلوك الفردي والجماعي والمجتمعي:تشجيع العفاف، الفحص العاجل من الممارسة الجنسية غير الشرعية خارج حدود الزوجية، تشجيع الشباب على الزواج، تقوية الوازع الديني والروحي.

3) الوقاية من انتقال المرض عبر الدم: فحص الدم المتبرع به ، توفير معدات الفحص لدى بنوك الدم والمستشفيات وتدريب الفنيين لفحص الايدز.

4) الوقاية من انتقال الايدز من الأم لطفلها: تدريب الأطباء والقابلات لتقليل الانتقال.

5) الفحص والاستشارة الطوعية: توفير فرص فحص الايدز طوعاً ومجاناً ، تقديم الاستشارات الصحية والاجتماعية بالمراكز الصحية ، تدريب المرشدين الطبيين والاجتماعيين لتقديم الخدمة.

6) المعالجة والرعاية الطبية: تضمين الايدز بمناهج المدارس الطبية وتدريب الممرضين والقابلات والمؤسسات الصحية ، توفير العقاقير لعلاج الحالات العارضة ، توفير العلاج والرعاية الطبية ضمن الرعاية الصحية الأولية ، توفير العلاج النفسي والاجتماعي للمصابين وأسرهم.

7) اللامركزية في بناء القدرات: إقامة مرافق محلية لتسهيل أنشطة مكافحة الايدز، تشجيع منظمات المجتمع المدني والفعاليات في المساهمة في الوقاية والعلاج من الايدز وتوزيع الأدوار على المنظمات العالمية والوطنية جغرافياً قطاعياً لمكافحة الايدز.

السياسيات :

1) في المجال الاجتماعي

أ- دراسة حالات المصابين بالايدز وأسرهم نفسياً واجتماعياً وإدماجهم مجتمعياً وتنمية قدراتهم المهنية وتمكينهم من تحقيق الاعتماد على الذات .

ب- مشاركة هيئات التنمية الاجتماعية في الجهود المبذولة لمكافحة الايـدز بفعاليـة والتنسيق فيما بينهما وبين الجهات المختصة في كل مراحل المكافحة والوقايـة .

2) في المجال الصحي

أ- رفع الوعي الاجتماعي بخطورة المرض .

ب- الوقاية من انتقال المرض عبر وسائط الانتقال .

ت- حماية ووقاية الأمهات وأطفالهن.

ث- تنمية قدرات الأطباء والفنيين وتوفير المعدات اللازمة وحمايتهم من المرض.

3) في مجال الإرشاد والتوجيه الديني

1) إعداد مناهج دينية لتدريب الدعاة والأئمة على أساليب مكافحة المرض .

2) ربط الجهود الوقائية بالبعد الديني .

3) تنظيم ورش عمل للقيادات الدينية .

4) إنتاج مواد تعليمية حول الايدز .

4) في مجال التربية والتعليم

أ- إقامة مؤتمرات وورش العمل للقائمين على أمـر التعلـيم حـول الوقايـة مـن الايدز.

ب- اطلاع المعلمين بالمراحل المختلفة على برامج مكافحة الايدز.

ت-   إصدار النشرات والإصدارات للتوعية بالايدز.

ث-   معالجة المرض من منظور تربوي وفق منهج يراعي توزيع أعمار الطلبة

ج-   تكريس القيم الدينية والتوعية الصحية للطلاب بالمراحل الدراسية المختلفة
     .

ح-   إلزام القطاعات التعليمية المختلفة بإدخال نظام الكشف الطبي على الطلبة عند الدخول وخلال العام الدراسي .

خ-   إعداد كتيبات عن الايدز مصاحبة لمكتبات المدارس وتخصيص حصة كل شهر في كل المراحل للحديث عن الايدز.

د-   إجراء الفحوصات عند القبول بالجامعات وأثناء العام الدراسي وعند التخرج بالتركيز على المقيمين في سكن الطالبات والطلاب .

ذ-   استهداف طلاب الجامعات ببرامج موجهة عبر وسائل الإعلام.

ر-   إدخال موضوع الايدز كجزء من مادة الصحة العامة تدرس من ضمن متطلبات الجامعة وفي كل التخصصات .

4) في مجال العمل والاستخدام:

أ-   تنفيذ ورش وندوات حول السلامة المهنية .

ب-   تعديل تشريعات العمل لتضمين الفحص الطبي على خدم المنازل وسائقي النقل العام.

ت-   فحص العمالة الأجنبية عند دخولها البلاد، وإبعاد المصابين عبر فحوصات دورية .

5) في مجال الأمن الداخلي :

أ-   تعديل قوانين دخول وخروج الأجانب بما يضمن سلامتهم وسلامة مواطنيها.

ب- إخضاع الأجانب لفحص دوري وذلك عند تجديد اقاماتهم وإبعاد المصابين منهم.

ت- تقييد استخراج الوثائق الثبوتية والتأشيرات والتصديقات بفحص الايدز .

ث- فحص نزلاء السجون عند دخولها وعند اطلاق سراحهم من الايدز .

6) في مجال الشباب والرياضة :

أ- تكثيف التوعية بالايدز بالأندية و التجمعات الشبابية .

ب- توجيه أنشطة مراكز الشباب والمعسكرات نحو مكافحة الايدز .

ت- تشجيع الشباب على الزواج المبكر كأحد عناصر الوقاية .

7) في مجال الأسرة :

أ- إجراء الفحص قبل الزواج للطرفين ولزوم إبراز شهادة خلو الشخصين من الايدز للمأذون كشرط لازم لإتمام الزواج .

ب- إلزام أطباء النسائية والتوليد بفحص الايدز أثناء الحمل ضماناً للسلامة وتقليلاً لنسبة الإصابة .

ت- تدريب القابلات للتعامل مع المريضات حماية لهن وللأطفال حديثي الولادة .

ث- إدخال خدمات الفحص من الايدز لكل المشتركين بنظام التأمين الصحي.

8) في مجال الإعلام :

أ- عرض الأفلام الوثائقية لأحوال المرض وأطواره، عرض أفلام عن كيفية انتقال المرض، عرض أفلام عن عواقب المرض.

ب- توظيـف الـدراما الإذاعيـة والتلفزيونيـة للتبصيـر بـالمرض والحـد منـه عـبر التمثيليات والمسرحيات .

ت- التركيـز عـلى التوعيـة المجتمعيـة وتصميم البرامج الإذاعيـة الأكـثر وصولاً واستخدام منابر المساجد في الدروس والخطب.

ث- توظيـف الصحافة للحديـث عن المـرض وسرعـة انتشاره وواقـع الـدول مـن حولنا.

ج- توظيـف المسرح المدرسي للحديـث عـن المـرض وعمـل مسرحيات نموذجيـة تؤدى في مسارح المدارس عـبر تلاميـذ المـدارس للحـد مـن المـرض وإيقـاف انتشاره والقضاء عليه .

تعامل المجتمع مع مريض الايدز ؟

إن مريض الايدز هو إنسان يحتاج إلى العطف والرعاية ، وذلك لأن خطره عـلى المجتمع يمكن السيطرة عليه من خلال تجنب السلوكيات التي تساعد عـلى انتقـال العدوى ، يمكن لمريض الايدز الانخراط في المجتمع وممارسة عمله، دون الحاجة إلى عزله عن المجتمع أو الحجر على تحركاته، إذا كان حريصا على عـدم نقـل العـدوى إلى غيره .

الأخصائي الاجتماعي ودوره في مكافحة الايدز :

من خلال التعامل مع الأمراض المزمنة والمستعصية، اتضح أن هناك صعوبة بالغة التعقيد في كيفية التعامل مع المصابين بالأمراض الخطيرة، من حيث الإرشـاد الاجتماعـي والنفسي ـ أو تقـديم التوجيـه أو التثقيـف، أو تقـديم برنـامج علاجـي اجتماعي تأهيلي من قبل الأخصائيين، ومن خلال الحديث عن معاناتهم في التدخل المهني وتقديم المساعدة، وهذا يرجـع لعـدة أسباب منهـا : كـثرة ظهـور الأمـراض وعدم التطرق

لها بالأبحاث وطرق التدخل المهني الواقعي الميداني ، افتقاد المهارة في التغلب على الخوف من العدوى أو الإصابة بالمرض .

و لا يتمكن الأخصائي الاجتماعي من النجاح بالتدخل المهني في الوقاية إلا إذا كانت وسائله ملائمة لاحتياجات المريض وحالته العاطفية خاصة مع مرضى العزل كالايدز، إذ يحتاج بعض المرضى إلى دعم نفسي واجتماعي ومادي إضافة إلى كلمات الطمأنة، كما يحتاج إلى طرق عملية لحل المشاكل واتخاذ القرارات، كما يشعر المريض بالحاجة للمساعدة.

وقد يكون الأخصائي الاجتماعي هو الذي قام بالاتصال بالمصاب، بناء على طلب من احد الأصدقاء أو أفراد العائلة أو العاملين لتقديم المساعدة لهذا المريض، وعلى الأخصائي الاجتماعي إن يستكشف مع المريض ما إذا كانت هناك مشكلة أم لا، وفي بعض الأحيان لا يكون المريض واعياً بأحد مجالات احتياجه، ولذلك فانه قبل أن تبدأ عملية تقديم الخدمة سواء كانت وقائية أو علاجية أو إنمائية، لابد من تحديد الاحتياجات، ومن خلال الحوار والتفاعل هذا يساعد على تحديد المشكلات و معالجتها، كما يساعد على التصرف إزاء المشكلات والاحتياجات النفسية بأكبر قدر ممكن من التعقل، ويجب أن يكون تدخله المهني مكثفاً ومركزاً في خطوات معده مسبقاً ،حتى يساعد المريض أو الأسرة على تحمل أقصى قدر من المسؤولية في اتخاذ القرارات المتعلقة بصحتهم وعافيتهم، ويهتم الأخصائي الاجتماعي بالأفراد والأزواج والعائلات والجماعات، لتحقيق عدة أغراض، فهو يشجع على التغيير إذا ما أحتاج الأمر إلى ذلك للوقاية من مرض معد أو لمكافحته، ويقدم الدعم في أوقات الأزمات، ويقترح إجراءات واقعية يمكن ملاءمتها لعملاء مختلفين ولظروف مختلفة، ويساعد المرضى على تفهم المعلومات الخاصة بالحفاظ على الصحة والعافية والعمل وفقاً لها، أما الغرض الأساسي لعمليات وخطوات التدخل المهني للأخصائي الاجتماعي نحو مرض العدوى بفيروس العوز المناعي البشري فهو :

- الوقاية من العدوى وانتشارها .
- تقديم الدعم النفسي بمساندة المصابين بها والقائمين برعايتهم .
- تصميم برنامج وقائي لمكافحة عدوى فيروس العوز المناعي البشري .
- المتابعة العلاجية أو وقف انتشار المرض .

ولا يستطيع الأخصائي الاجتماعي أن يحقق أغراضه في الوقاية والدعم إلا إذا كانت وسائله ملائمة لاحتياجات المريض وحالته العاطفية وظروفه الاجتماعية ملائمة ومدروسة بالإضافة إلى أن تكون متوافقة مع السلوكيات والعقائد السائدة والنظم والقيم وكثيراً ما يمكن الحصول على وسيلة فعالة للتثقيف والدعم من خلال الإرشاد عن طريق مجموعة من الأقران وفي جماعات معينة وكذلك لدى بعض الأفراد يكون الإرشاد بواسطة الأقران أسهل منالا كما يكون تلبية لاحتياجاتهم .

ويحرص الأخصائي الاجتماعي على أن يكون متفتحاً واسع الصدر في تعامله مع أناس من بيئات متباينة مختلفة وعلى الأخصائيين الاجتماعيين أن يكونوا على استعداد لتعديل أساليبهم في الاتصال لتتلاءم مع احتياجات ومستوى فهم هؤلاء الذين يتعاملون معهم ويجب إن يتعلم الأخصائي كيف يتناول موضوعات حساسة للغاية لا تناقش في العادة بين الأصدقاء المقربين أو حتى الأزواج وبالنظر إلى طبيعة التوجيه ذاتها وهنا ينظر إلى الأخصائي الاجتماعي في هذه اللحظة على انه يتمتع بقوة لا يستهان بها للتأثير على حياة الآخرين ويمكن استخدام هذه القوة بطريقة مثمرة في توجيه سلوكياتهم بما لا يتعارض مع معتقداتهم أو بما يشكل محاولة لإجبارهم على التغيير باستخدام اللوم أو السخرية .

أن التدخل المهني للأخصائي الاجتماعي ينجح إذا كان مزيجاً من الدعم والمواجهة وبناء على ذلك فانه يتعين على الأخصائي أن يقوم بمهمة التعرف على كيفية

توفير الـدعم العـاطفي للآخـرين وكيفيـة مواجهـة الـرفض والإصرار علـى السـلوك المحفوف بالخطر دون أن يدفع المريض إلى عدم الاستمرار بالتعاون .

إن أساسيات ووسائل التدخل المهني للأخصائي الاجتماعي متشابهة بطريقة أو بـأخرى ولكـن في مجـال العـدوى بفيروس العـوز المناعي البشـري فإن لعمـل الأخصائي الاجتماعي سمات خاصة كالخوف من أنه لا يوجد علاج شـاف حتـى الآن وخوف الآخرين من حامل العدوى أو المريض ، أو من الأشخاص المعرضين لخطر الإصابة أو الخرافات الشائعة حول طرق العـدوى بفيروس العوز المناعي البشـري وعلى الأخص الاعتقاد بإمكانيـة انتقال العـدوى عـن طريق المخالطة العاديـة ، والاعتقاد بأن عدوى فيروس العوز المناعي البشري والايـدز اقل انتشـاراً أو اخـف ضرراً من أمراض تم التعارف منذ زمن طويل على أنها مميتة بمعدلات مرتفعة ..

كما أن الأخصائي الاجتماعي معني بأشخاص ربما تهتز النظرة إليـهم بسـبب الوصمة المرتبطة بمرض الايدز وفي العادة يتم الاتصال المهني في ظروف عدائيـة أو غير مواتية اجتماعياً وفي مناخ يسوده الخوف من المرض ومن المصابين به وخلـل في التفكير.

أن الأشخاص المصابين بالعدوى أو الايدز أو بالحـالات المرتبطـة بالايدز قـد يكونون في جماعات موصومة اجتماعيا وقد يكونون منفصلين عـن أسرهـم وظلـوا يعيشون في الخفاء وهؤلاء قد تصبح دوافعهم لطلب الإرشاد أو الاختيار أو العلاج واهية إذا مـا استشعروا احتمال تعرضهم للعدوان أو لتقييـد سـلوكهم أو حتـى السجن. أنهم يحسون بأنهم منبوذون اجتماعياً ويخافون مـن افتضـاح أمرهم بـل قديرون في الأخصائي الاجتماعي مجـرد موظـف رسمي كغيره مـن المـوظفين ولا يثقون فيه، وبالتالي لا يكون للتدخل المهني بمختلف طرقه وأساليبه أيه فائدة ..

وبالتالي يراعي الأخصائي الاجتماعي كون هؤلاء المرضى أشخاص في غاية القلق من إن يكونوا أو يصبحوا ايجابيين عند فحص الأجسام المضادة للفيروس في دمائهم أو أشخاصا يواجهون التشخيص الايجابي ومرض الموت والحفاظ على استمرار الدافع . إن ممارسة الحياة الطبيعية لدى الأشخاص الذين تتوفر لديهم أسباب وجيهة للشعور باليأس هو احد المهام الكبرى للأخصائي الاجتماعي للتعامل مع مرضى الايدز ..

و هنالك مواقف يمكن إن يتخذها الإنسان لتجنب الإصابة بالايدز ، مثل :

أ- عدم إقامة علاقات جنسية غير آمنة .

ب- تجنب الحوادث التي تضطر المصاب فيها إلى عمليات نقل الدم .

ت- عدم مشاركة الآخرين في استخدام الأدوات الجارحة كأدوات الحلاقة .

ث- تجنب استعمال الأدوات الثاقبة للجلد كالإبر الصينية وأدوات الوشم أو ثقب الأذن إلا تحت إشراف طبي ، و التأكد من عدم تلوث هذه الأدوات على الأقل .

ج- إجراء الفحوص الطبية اللازمة قبل الزواج . [1]

---

[1] انظر:

أ- في رسالة إلى الدورة الخاصة للجمعية العامة للأمم المتحدة د . ضيوف يحذر ، مرض " الايدز " ينتشر ـ في المناطق الريفية ويزيد من عدد سنوات الحياة .

ب- www.zavenonline.com/AAIDS.SHTMLhttp://sarc.t.tripod

2- مرض السكر

إن مـرض السـكر رفيـق طريـق،إذا احترمتـه احترمـك ،وإذا تجاهلتـه
دمرك،مرض السكر لا يمنع صاحبه من الإستمتاع بالحياة على الإطلاق ، ما دام قادراً
على تنفيذ تعليمات الطبيب، وهناك الملايين من مرضى السكر عاشوا سنوات طويلة
،وهم في قمـة الاستمتاع بالحياة، وهنـاك مـن شغل دوراً كبيراً في حياته وعمله
واستمر في وعطائه سنوات عديدة، وهو مصاب بالسكر،وكان هـذا المرض لا يمنعه
على الإطلاق من العطاء والسـفر والاجتماعـات والمناقشـات والتألق في العمـل،لأن
علاج السكر يعتمد على تنظيم الغذاء وتنفيذ تعليمات الطبيب المعالج كاملة[1]،إمـا
إذا تجاهلته وأهملته فإن مرض السكر له مضاعفات كبيرة تؤدي إلى الموت،فإن أي
مرض حتى وإن كان إحدى نزلات البرد،يزداد ويصعب التعامل معه والتخلص منـه
إذا ما صادف إهمالاً من المريض.

تكمن المشاكل في المضاعفات الخطيرة التي يمكن إن تنتج عـن إهمال أي
مرض ، ومن أهم هذه الأمراض مرض السكري ، الذي يصيب الكثيرين ، ومضاعفاته
لا تتوقف عند أعراض الإصابة به فقط ،بل تمتد لما هو أسوأ إذا لم يستطع المريض
التعامل معه بالتنظيم الغذائي ، والمحافظة على تناول العلاج المناسب ، وكمثال على
المضاعفات ، ضيق وانسداد الشرايين الطرفية وقد يؤدي إهمال علاجـه إلى حـالات
شديدة الخطورة تؤدي إلى حدوث غرغرينا وبتر للقدم أو الساق[2] .

إن السكري احد أقدم الأمـراض البشـرية المعروفـة واسـم الـداء (Diabetes
Mellitus) مشتق من كلمتين اليونانيتين بمعنى سيفون وسكر – ويصف الأعراض
الأوضح للداء السكري غير المسيطر عليه – أي مرور كميات كبيرة من البول الحلو،

---

[1] غذاءك يا مريض السكر ص 7
[2] www.diabetes-eg.com

لأنه يحتوي على سكر (الجلوكوز) وثمة أوصاف لأعراض هذا الداء وضعها الفرس والهنود والمصريون القدماء ، غير أن فهم الحالة فهما صحيحاً لم يتطور إلا في حوالي المائة سنة الأخيرة .وقد توصل طبيبان ألمانيان في أواخر القرن التاسع عشرـ إلى أن البنكرياس ينبغي أن تفرز مادة تمنع ارتفاع مستوى الجلوكوز في الدم ،وعندما أصبح الأنسولين متاحاً لعلاج الداء السكري في عام 1922 م . أعتبر ذلك أعجوبة طبية حولت التوقعات المستقبلية للمصابين بالداء وأنقذت حياة كثيرين كانوا سيموتون لولا ذلك بعد مرض منهك .بعد ذلك بثلاثين عاما أكتشف أن أحد أشكال المرض يمكن معالجته بالأقراص لتخفيض مستويات جلوكوز الدم،وساعد هذا التطور الجديد الأطباء على التمييز بين نوعين من الحالة :الداء السكري المحتاج للأنسولين والداء السكري غير المحتاج للأنسولين.

أنواع مرض السكر

إن هذه الأنواع هي :

1- النوع الأول : وينتج هذا النوع عن نقص كلي أو جزئي في إفراز الأنسولين وبصفة منتظمة لدى الأطفال و اليافعين ، لذا يقوم علاجه على استخدام ما يحدث إفراز الأنسولين .

2- النوع الثاني : وبحدث غالباً في البالغين ، ويحدث بسبب وجود نقص نسبي أو بسبب وجود خلل بحيث لا يتناسب مع كمية النشويات أو السكريات التي يتناولها الجسم .

3- سكر الحمل : وهي حالة من حالات السكر المؤقتة تصاحب الحمل متحولة الي النوع الثاني ، تعود للظهور عند تكرار الحمل وفي بعض الأحيان تستمر بعد الولادة.

4- السكر الكامن: وهو وصف لحالة وجود استعداد وراثي للإصابة بداء السكر بدون ظهور أعراض خاصة .

مضاعفات مرض السكر

إن المضاعفات أهم ما في الحديث عن مرض السكر، لأن ارتفاع مستوى الجلوكوز بالدم ، أي زيادة تركيزه بأنسجة الجسم ، إذا استمر لفترة طويلة " لعدة سنوات" سواء بشكل دائم أو متكرر ، فانه يضعف من حيوية الأنسجة ، ويفسدها بمواضع متفرقة من الجسم ، فتظهر الشكوى من متاعب مختلفة قد يصعب علاجها ، وتبقى بصورة مزمنة ، ذلك بالإضافة إلى أن مرض السكر يصحبه عادة اضطراب بتمثل المواد الذهنية ، وقد يؤدي إلى ارتفاع مستواها بالدم .. وأهم أنواع هذه الدهون هي: الكولسترول والترايجلسيريز . وقد وجد أن مريض السكر يتعرض لارتفاع مستوى الترايجلسيريز . وهو ما يفتقر إليه المريض ، وارتفاع مستوى الدهون " خاصة الكولسترول " لفترة طويلة يؤدي مع الوقت إلى حدوث تصلب الشرايين ، أي تصلب جدار الشريان ، ويفقد مرونته وتترسب الدهون بداخله فيضيق ممر الدماء به ، ولا تصل كمية كافية من الدم للعضو الذي يغذيه الشريان .. فإذا كان هذا الشريان مثلاً هو الشريان التاجي " المغذي لعضلة القلب " تحدث الذبحة الصدرية " قصور الشريان التاجي " وإذا كان احد شرايين المخ الرئيسية تضطرب وظائف المخ بصور مختلفة ، مثل النسيان وضعف التركيز والدوخة المتكررة، علاوة على أن تصلب الشريان يساعد على حدوث الجلطة (حيث تلتصق بجداره الخشن الصفائح الدموية أثناء مرور الدم خلاله) . وإذا حدث هذا بالشريان التاجي تحدث جلطة القلب وهي أزمة قلبية شديدة تفوق الذبحة الصدرية، وإذا كانت الجلطة بأحد شرايين المخ تحدث جلطة المخ (الشلل النصفي) .

وأما مضاعفات السكر بأعضاء الجسم المختلفة فتتمثل بـما يلي:

1. اضطراب الرؤية بصور مختلفـة، واعـتلال شـبكية العـين، وذلـك بسـبب إصـابة الأوعية الدموية الدقيقة المغذية للعين بأضرار معينة غير تصلب الشرايين .
2. متاعب بمجرى البول واعتلال الكلية السكري.
3. التهاب واعتلال الأعصاب الطرفية.
4. الم في القدمين ، وضعف الإحساس بهما.
5. آلام باللثة والأسنان.
6. آلام بالمفاصل.

وأما مضاعفات سـكر الحمـل والـولادة فهـي: حـدوث إجهـاض، أو ولادة مبكـرة أو ولادة طفل ناقص الوزن .

ويتعـرض مـريض السـكر للعـدوى والالتهابـات المتكـررة ،مثـل الإصـابة بالتهابـات متكررة بالمثانة البولية أو الأذن أو الجلد كالدمامل والخراج وغيرها مـن الالتهابـات الصدرية ، ومنها : تينيا القدمين وعدوى المهبل الفطرية.

من الملاحظ انتشار الشكوى من الضعف الجنسي بين مرضى السـكر وبيـنما يؤكد الأطباء انه لا يشترط أبدا أن يكـون مـريض السـكر ضـعيفاً جنسـياً طالمـا أنـه مصاب بالسكر .. والحقيقـة أن نسـبة كبـيرة مـن مـرضى السـكر يشـعرون بضـعف قدرتهم الجنسية لمجرد إصابتهم بالسكر .. وهذا الإحساس الزائف يجعلهم بالفعـل يخفقون جنسيا ،وأحياناً تكون الشكوى من الضـعف الجنسيـ سـببها تنـاول أدويـة لعلاج مضاعفات السكر تؤدي إلى الاسترخاء الجنسيـ وقـد يتعـرض مـريض السـكر لغيبوبة بسبب حدوث اضطراب حاد بمستوى الجلوكوز بالـدم .. وهـذه الغيبوبـة تحدث في حالة نقص مستوى الجلوكوز بالدم، وفي حالة ارتفـاع مسـتوى الجلوكـوز بالدم،

يحدث عادة لتناول جرعة زائدة من علاج السكر " الأنسولين أو الحبوب " ، أو نتيجة للقيام بمجهود عضلي شاق على غير العادة . أو إهمال تناول وجبة طعام رئيسية.أو يحدث عادة لعكس السبب الأول أي لإهمال تناول علاج السكر ، أو للإفراط في الطعام أو لتناول كمية من الحلويات أو السكريات .

الوقاية من مرض السكري:

ينصح الاختصاصيون القيام بعدة خطوات وقائية مثل :

1- مراقبـة الـوزن : فالـوزن الزائـد هـو أول الأسـباب التـي يمكـن أن تـؤدي إلى الإصابة بمرض السكر ، لذا على الإنسان معرفـة وزنـه الصحي مقارنـة بطولـه للتعرف إذا كانت محتاجاً إلى إنقاص وزنه .

2- إدخال بعض التعديلات في نظام الحياة اليومية وأهمها :

● ممارسة الرياضة بصورة منتظمة وان كانت خفيفة مثل المشي أو الجري.

● الإقلال من أكل الدهون والسكريات .

● الإكثار مـن أكـل الخضـروات والفاكهـة والخبـز الأسـمر مـع الاعتـدال في أكـل النشويات .

إن الرياضـة تساعـد علـى خفـض نسبـة الكولسـترول السـيئ (LDL) وزيـادة الكولسـترول الجيـد (HDL)، وبـذلك تقلـل نسبـة الـدهون المتراكـم علـى جـدران الأوعية الدموية، مما يؤدي إلى تقليل الإصابة باحتشاء عضلة القلب والجلطات الدماغية ،كذلك تساعد الرياضة على خفض ضغط الـدم، ممـا يساعد علـى جعـل الجسم أقل عرضة للإصابة بأمراض القلب والجلطة الدماغية، كما يساعد التمرين الرياضي المنتظم على ضبط الضغط والسيطرة عليـه ،وتسـاعد التـمارين الرياضية المنتظمة أيضاً على تخفيف

التوتر النفسي، وتقلل من آثاره الضارة الناتجة عن زيادة إفراز هرمون الأدرينالين، والذي يؤدي إفرازه إلى تسارع ضربات القلب وارتفاع ضغط الدم.

إن هناك الكثير من أنواع الرياضات المسلية والمهم هو الجهد المنتظم والمتواصل المفيد للقلب ويسعى هذا النوع بالرياضات الهوائية وتشمل الجري والمشي السريع والسباحة وقفز الموانع والتزلج على الجليد ، ولكن المهم هو اختيار الرياضة التي يستمر المرء عليها و يدخلها روتين حياته اليومية ،وينبغي على مريض السكر إن يناقش برنامجه التدريبي مع طبيبه المختص قبل البدء به، خاصة إذا كان مصاباً بمرض قلبي أو كان غير معتاد على الإجهاد الجسدي ، إن ثمة نصائح مهمة بهذا الخصوص، تتضمن ما يلي :

1- البدء بشكل تدريجي .

2- الانتباه إلى الأعراض الخطيرة : فإذا كنت مصاباً بأحد الأمراض القلبية مسبقاً فان من علامات الإنذار الخطيرة أثناء الإجهاد هو الدوار المفاجئ ، التعرق البارد ، الشحوب ، الألم والسقوط .

3- الاستمرار بالرياضة و تنويعها، السير كثيراً عوضاً عن استعمال السيارة ، استعمال الدرج عوضاً عن المصعد ، العمل على تنسيق الحديقة .

علاج السكري

أ- معالجة الداء السكري بالأدوية :

أدوية لداء السكري لمن يعاني من السكري الذي لا يحتاج إلى الأنسولين: جميع هذه الأنواع تنتج تحت اسم العوامل الخافضة لسكر الدم، ويمكن تناول أي منها بمفرده أو مع الأخرى..

أدوية داء السكري المحتاج إلى الأنسولين: لا يوجد بديل لتعويض نقص الأنسولين باستعمال الحقن اليومية، و هو يستغرق بعض الوقت للتعود على الفكرة إلا أنه بتوافر المعلومات الصحيحة والدعم من فريق المعالجة، سيدرك المصاب سريعا انه يستطيع التغلب على المصاعب ويتمتع بصحة جيدة.

ب- معالجة داء السكري من خلال الحمية:

إن العلاج مدى الحياة ضروري للسيطرة على هذا الداء، وتعتمد فعالية العلاج عموماً على الشخص نفسه ، لأن العلاج ذاتي التدبير بوجه عام.

يعني علاج السكري بالحمية إتباع خطة تناول طعام صحية بدلاً من حمية صعبة ومقيدة وينطبق هذا على كل المصابين بالسكري. وربما تكفي للسيطرة على السكري غير المحتاج إلى الأنسولين فانه يحتاج إلى معرفة موازنة مقدار الطعام مع حقن الأنسولين بهدف تحقيق أفضل سيطرة ممكنة على مستويات الغلوكوز في الدم ،تستعمل الأقراص للسيطرة على السكري غير المحتاج إلى الأنسولين وثمة أربعة أنواع وكل مصاب بالسكري المحتاج إلى الأنسولين ينبغي إن يأخذ الأنسولين بالحقن إلا إن الأقلية من المصابين بالنوع الثاني يعالجون بهذه الطريقة .

1- النظام الغذائي :إن نوع النظام الذي ينبغي أن يتبعه المصاب بالسكري يعني إن يكثر من الأطعمة المفيدة له ويقلل من تناول الأطعمة غير الملائمة إن الفرق الذي يمكن إن يحدثه الطعام الصحي في صحة المريض جدير بالاهتمام إذ بدونه لن يكون تناوله فعالاً كما يجب .

إن من الأسهل على المريض السيطرة على غلوكوز الدم إذا التزم بوجيهات الطعام المنتظمة وإذا كان يتعاطى الأنسولين فيشرح له اختصاصي التغذية أو المرضة أهمية تنظيم مواعيد الوجبات مع مواعيد الحقن وتستنبط تدريجياً طريقته الخاصة لملائمة مقدار الطعام الذي يتناوله مع إنتاجه من الطاقة .

2- السيطرة على الوزن :ينصح من يشخص عندهم داء السكري حديثاً بتخفيف وزنهم بعد أن تثبت الخطة الجديدة لطعامهم سيجدون على الأرجح أنه يسهل المحافظة على الوزن.

3- المحافظة على نظام غذائي متوازن :وذلك من خلال تناول الغذاء الصحي للحصول على مزيج جيد من الأنواع الصحية من الغذاء وتقليل تلك الأغذية التي تضر أكثر مما يفيد ووفقاً للمعايير التالية بالنسبة للغذاء :

● أن يحتوي خمسا الطبق على طعام نشوي والأفضل من نوعية غنية بالألياف

● أن تغطي الخضروات / السلطة أو الفاكهة خمسي الطبق .

● أن يحتوي الخمس الباقي من الطبق على مصدر بروتيني مثل اللحم أو السمك أو البيض أو الحبوب أو الجبن .

4- تناول الكربوهيدرات المناسبة : تتحلل هذه الأغذية في الجسم لتنتج الغلوكوز الذي يمنح الطاقة و هما نوعان:

● السكرية : السكر والحلوى والشوكولا والكاتو والبسكويت الحلو والبودنغ والمشروبات الغازية و ينبغي الابتعاد عن تناول هذه المواد لأن الغلوكوز يتجه إلى مجرى الدم سريعاً جداً وقد يسبب ارتفاعاً مفاجئاً في غلوكوز الدم .

● النشوية : الخبز والبطاطا والمعكرونة والرز وحبوب الفطور والفاكهة و هذه مواد أبطأ مفعولا وهي مصادر جيدة للطاقة .

ج- علاج السكري من خلال تغيير الروتين ومن خلال التمارين الرياضية :عندما يمارس شخص لا يشكو من الداء السكري الرياضة يتوقف أطلاق الأنسولين من البنكرياس في حين تنتج هرمونات أخرى تسبب ارتفاع مستوى سكر الدم ،عندما يعرف المريض أنه سيمارس الرياضة يستطيع تعديل الدواء الذي يتناوله أو اتباع

الحمية الغذائية، ربما ينبغي تقليل جرعة الأنسولين بمقدار يصل إلى النصف بحسب قوة جلسة التمرين الذي ينوي ممارسته يكون الأمر أصعب عندما تمارس الرياضة على نحو غير متوقع، وقد يكون ذلك مشكلة لاسيما مع الأطفال ومرة أخرى فأن الحل هو تناول وجبة خفيفة سريعة مكونة من الكوبوهيدرات .

إن اختيار الرياضة المناسبة شيء مهم جدا ، لأن الإصابة بالسكري وارتفاع ضغط الدم قد يؤديان إلى الإصابة بأمراض القلب ، لـذلك فالرياضـة المجهـدة تكون في بعض الأحيان ذات تأثير سلبي على المريض . والرياضة يجب أن تتناسـب مـع عمـر المريض وقابليته البدنية ، ولابد أن تكون مستمرة وتفضل أن تكون بشـكل يـومي . من أحسن أنواع الرياضة التي يمكن للمريض ممارستها المشي لنصف ساعة يومياً ، أو استعمال الدراجة الثابتة مـع بعض الحركات الأرضية . يجب تجنب الألعـاب الثقيلة كرفع الأثقال لأنها قد تؤثر على شبكية العين ، أو الركض لمسافات طويلة أو تسلق المرتفعات لأنها مجهدة للقلب . كما أن إجراء بعض الفحوصات علـى العـين والأعصاب والقلب والكلى مهم جدا للتأكد من كون الرياضة المختارة لا تـؤثر علـى وظائف هذه الأعضاء .

دور الأخصائي الاجتماعي مع مرضى السكر

إن لدور الأخصائي الاجتماعي ثلاث جوانب هي :

أولاً – العمل مع الحالات الفردية لمرضى السكر:

● مساعدة المريض على تقبل المرض: وليس التقبـل هـو مجـرد التسـليم بوجـود المرض بل هو التفكيـر في المـرض ومحاولـة علاجـه أو تخفيـف آثـاره الجسـمية والنفسية والاجتماعية.

● مساعدة المريض للقضاء على المخاوف والقلق: فالمريض الخـائف لـن يتحمـل توصيات الطبيب ، وخصوصاً هؤلاء الذين في طريقهم لإجراء عمليات جراحية،

وقد يصل تأثير هذه المخاوف إلى مضاعفات في المرض . ولذلك يجب ألا تجرى عمليات جراحية لهؤلاء المرضى الـذين انتـابهم الخـوف والقلق إلا بعـد استقرارهم نفسياً بمحاولة الأخصائي الاجتماعي في إقناعهم بفائدة الإجراءات التي ستتبع وتقبلهم ذلك وتبصيرهم بـأمور مرضـهم وإعطائهم المعلومـات الكافية عنها .

- حل المشكلات الأسرية التي تحيط بالمريض : لما كان بعض المرضى مسئولين عـن رعاية أسرهم سواء من الناحية المادية أو رعاية الأطفال أو أدارة شـئون المنـزل، وكانت الأسرة بسبب ذلك المرض الذي لزم عائلها المستشفى محاطة بمشكلات، وذلك بالاتصال بالهيئات الاجتماعية المختصة، . وكذلك الاتصال بأعضاء أسرة المريض فيقوم بتهيئة الجو العائلي للأسرة ويجعلهم يتعاونون على سرعة شفائه . كما يعمل على تقوية العلاقات الاجتماعيـة بـين المـريض وأفـراد أسرتـه أثنـاء الزيارة، مما يكون لها الأثر في سرعة شفائه وخروجه من المستشفى .

- مساعدة المريض على التكيف مع الحياة الجديدة بعد الخروج من المستشـفى: يعمـل الأخصـائي عـلى تهيئـة المـريض لحياتـه المستقبلية قبـل خروجـه مـن المستشفى في حالة عجزه أو إصابته بعاهة تمنعه من ممارسة عمله الأصلي ، أو في حالة النقص في قدراته الجسمية ، وذلك بـأن يتعاون مـع بعـض مؤسسـات التأهيل المهني على العناية به ورعايته حتى يقوم بدوره كمواطن له أنتاجـه في المجتمع .

ثانياً – تنظيم الحياة الجماعية للمرضى :

يقوم الأخصائي الاجتماعي بعمل بـرامج ثقافيـة وترويجيـة ورياضية واجتماعيـة في المستشفى كي يؤنس المرضى ويزيح عن كاهلهم شعورهم في بيئة تـذكرهم بالمرض وبأنهم غير متكيفين مع مجتمع المستشفى .

- البرامج الثقافية : يقوم الأخصائي الاجتماعي الطبي بإنشاء مكتبة في المستشفى فيها أنواع المجلات والكتب الثقافية في مختلف أنواع الثقافة كي تلائم المراحل

العقلية المختلفة للمرضى من روايات وكتب أدبية إلى كتب علمية إلى كتب هوايات مختلفة .

- البرامج الترويجية : يقوم الأخصائي الاجتماعي بتنظيم حفلات سينمائية وتمثيلية داخل المستشفى ، وقد يكون ذلك في حجرة خاصة في المستشفى وفي هذه الحالة يمكن نقل المرضى الذين لا يستطيعون السير إلى هذه الصالات نتيجة لبتر أحد الأطراف وذلك بسبب تأثير السكري على أسرة بحيث توضع في وضع يساعدهم على مشاهدة الحفلات . وقد يعمل الأخصائي الاجتماعي الطبي على وجود مذياع أو تلفزيون في حجرة المرضى أو يحضر لهم فرقة موسيقية أو بعض الأفراد الذين يقدمون بعض الفكاهات أو القصص المسلية . كما يقوم الأخصائي الاجتماعي بتوفير بعض الألعاب الخفيفة لمرضى السكر خاصة الألعاب الداخلية كالطاولة والدومينو والشطرنج ، ويمكن لبعض المرضى ممارسة لعبة كرة الطائرة في فناء المستشفى، وكذا بعض ألعاب الحركة البسيطة .

- البرامج الاجتماعية: يقوم الأخصائي الاجتماعي الطبي بتكوين جماعات للنشاط من المرضى وبخاصة في المستشفيات التي يمكث فيها المرضى مدداً كبيرة. مستندا إلى طريقة خدمة الجماعة وأسسها.

ثالثاً – العمل مع المجتمع :

- توعية المرضى في وصف الأعراض التي تساعد الطبيب على تشخيص المرض، وكذلك احترام رأي الطبيب وهيئة التمريض وتنفيذ تعليماتهم ، ومراعاة مشاعر المرضى الآخرين والمحافظة على نظافة العنابر ، وكذلك توعية الجمهور بواجباته نحو المستشفى في المحافظة على مواعيد الزيارة، وعدم إحضار مأكولات للمرضى، والمحافظة على مشاعر المرضى .

- عقد ندوات للتوعية الصحية حول مرض السكر في أماكن التجمعات، مع عرض أفلام للتوعية بالمرض ،ويمكن وضع خطة عمل مع المسئولين في التثقيف الصحي بهذا الشأن .

- التوعية العامة لمرضى العيادات الخارجية، للمحافظة على المواعيد والنظام وعدم التزاحم، والمحافظة على النظافة من الأوراق القذرة وفضلات الأطعمة التي يلقيها المترددين، وكذلك التوعية بالنظافة مع المريض وحول ما قد تؤدي زيارتهم الى الإخلال بنظام المستشفى و ما يسببونه من ضوضاء .

- القيام بالدراسات والبحوث الاجتماعية الميدانية التي تجرى سواء على مرضى المستشفى والمستفيدين من خدماته، وكذلك على البيئة المحيطة بالمستشفى، بهدف الوقوف على المشكلات التي يعاني منها مرضى السكر، والمشكلات الصحية والاجتماعية التي تعاني منها البيئة، وكذلك الإمكانيات المتاحة وأساليب استخدام هذه الإمكانيات في حل تلك المشكلات [1] .

- ربط المؤسسة بالمجتمع الخارجي ممثلا بمؤسساته المختلفة الطبية منها والاجتماعية [2].

---

[1] . دندراوي-علي عباس ، مدخل الخدمة الاجتماعية ، الإسكندرية ، ص 207-211.

[2] انظر:

1غذاءك يا مريض السكر،طلعت أكرام ،دار الطائف للنشر والتوزيع . طبعة الأولى سنة 2003مصر / القاهرة .

2-الحسيني - أيمن، أعشاب ونباتات من الطب الشعبي في خدمة مريض السكر، مكتبة أبن سينا للنشر والتوزيع والتصدير طبعة سنة 1993 . مصر / الإسكندرية

3-السكري : الوقاية ، العلاج الشفاء في 6 خطوات سهلة أكاديمياً انترناشيونال سنة 2002 . لبنان / بيروت

www.diabetes-eg.com4-

www.hmc.qa5-

3- مرض السرطان

يعتبر مرض السرطان من الأمراض العصرية المستعصية التي يصعب الاستشفاء منها، و غالبا ما تؤدي الإصابة به إلى الوفاة، حتى إذا ما تماثل مريضه إلى الشفاء فان إصابته تؤثر على وضعه الاجتماعي و علاقته بالمحيطين، كما أنه مرض مثير للقلق، نظرا لازدياد الإصابة به، وهو يحدث تغييرات كثيرة على المريض والأسرة، من أبرزها صعوبة التأقلم مع الوضع المترتب على الإصابة، في ظل الشعور بفقدان الأمل و الاكتئاب و انخفاض تقدير الذات، ومخاوف وهمية أخرى، إلى جانب المعاناة و الألم، و نتيجة لهذه الأحوال النفسية الاجتماعية، يبرز دور الخدمة الاجتماعية، لتساعد على مواجهة المريض و أسرته لانعكاسات المرض و آثاره.

تقول أحدث النظريات إن السبب في نشوء المرض هو وجود خلل جيني بسيط، لا يلاحظه جهاز المناعة، يتسبب مع الوقت بخروج الخلية عن السيطرة، و بالتالي إلى ظهور حالة السرطان. و ترد المسببات إلى عوامل وراثية و وظيفية هرمونية و قصور في الجهاز المناعي أو استخدام علاج مثبط للمناعة يزيد من احتمال التعرض للسرطان، وسوء التغذية.

ويذكر في هذا المجال إن الغذاء قد يحفز للسرطان من خلال النمط الغذائي ومضاعفات الغذاء وملوثات الغذاء، هذا بالإضافة إلى الضغوط النفسية و التلوث البيئي والسلوك الإنساني كالتدخين و التعاطي و عوامل طبيعية كأشعة الشمس في بعض الحالات.

إن للفحص الطبي الدوري دور هام ، نظرا لعدم وضوح العوارض التي تدل على الإصابة بمرض السرطان، و تتنوع طرق التشخيص، و إن كان من أبرزها فحص عينة من الأنسجة، الجراحة الاستكشافية، المرسام الحراري، الموجات فوق الصوتية،

والنظائر المشعة.أما العلاج فله أربعة أنماط هـي: بالجراحـة، بالأشعة، بالهرمون، وبالعقاقير.

الآثار الاجتماعية للسرطان:

ان المرض عموما تجربة من تجارب الحيـاة، و لكن هـذه التجربـة تختلـف في معناها بين مـريض و آخـر،لاختلاف العوامـل المتداخلة و المرتبطة بـالجنس، نمـو الشخصية،الضغوط البيئية، الظروف الاجتماعية، درجة العجز،تلك النـواحي التـي تعين مدى الاستجابة و مدى المقاومة و درجـة النضج و الخبرة وطبيعـة المشاعر. فقد يستطيع المريض الناضج انفعاليا التكيف مع عجزه بدون انحراف نفسي يذكر، ويتقبل الاعتماد على الآخرين لفترة معينة، ويتخلى عن ذلك عند إحساسـه بعـدم الحاجة إلى ذلك الاعتماد.أما مـن ينقصه النضج الانفعالي فقد تكون استجابته للمرض بالانسحاب و تجنب الاتصال بالناس.

يمـر المـريض بالسرطان بثلاثة مراحـل، تبدأ بالصـدمة و عـدم التصديق، ثـم الخـوف، فالمواجهـة،و التي تتضمن التغلـب عـلى الآثار الجسـمية و النفسـية و الاجتماعية. كما أن الحياة الأسرية تضطرب، و مـن أبرزها ازديـاد الأعبـاء المادية و التي تتضمن تكاليف الدواء و الغذاء الخاص، و الانقطـاع عـن العمل. و في حالـة إلحاق المريض بالمؤسسة الطبية المختصة، قد تتحول الأسرة إلى عامل إعاقة لجهود الطبيب أو عامل مساعد، من حيث بث الاطمئنان لديه و تبديـد قلقـه، أو إظهار قلقهم و الإكثار من التحدث عن المرض الخبيث الفتاك.كما يحرص الكثيرون مـن المرضى و عائلاتهم على إحاطة الأمر بالسرية.

و يصيب السرطان الأطفال أحيانـا، و تـزداد الحالـة صعوبة،إذ لا يعي الطفـل حقيقة ما أصابه،و هو يريد أن يلعب و يركض و يذهب إلى المدرسـة، و هـو يكـره الإبرة ولا يحب الطبيب و لا يرغب في الذهاب إلى المستشـفى.و هـو يبـدي تعلقـا زائدا بالأم ، ولا يريد أن

يهزأ به الآخرون، و إذا صار يعرف حقيقة مرضه، فانه يحاول أن يخفيه عن أقرانه. وإذا كان من اللازم أن يمكث في المستشفى، فانه يميل إلى العزلة و يبتعد عـن استفسارات الناس، و يرفض نظرات الإشفاق عليه.

أما الأهل فإنهم يمرون بمراحل نفسية متدرجة بعد سماعهم النبأ المزعج عـن الإصابة،و يحسون بالمصيبة، يتبعونها بحالة النكران للإصابة،و مـع المضي ـ بـالعلاج تقل حالة الإنكار و تزيد حالة الغضب،و يأخذون بمساومة الطبيب في صحة تشخيصه،و يمرون على أكثر من طبيب، لعله يعيد التشخيص و ينفي وجود المرض.

يتهدد كيان الأسرة نتيجة اضطراب العلاقات داخلها: بين الزوج والزوجة وبينهما وبين الأبناء،و يتغير نمط حياتها، و تغيب الأم عـن البيت،لمرافقة طفلها المصاب،و يتحمل الأب أو البنت الكبرى مسؤولية العناية بالأطفال الآخرين. و قـد تضطر الأم العاملة إلى ترك عملها،وتقل بذلك مـوارد الأسرة في الوقـت الـذي تـزداد فيها الأعباء.

دور الأخصائي الاجتماعي مع مرضى السرطان:

يقوم الأخصائي الاجتماعي بدوره مـع مـرضى السرطان عـلى ثـلاث مستويات: فردية وجماعية و مجتمعية.

فعلى المستوى الفردي، يبدأ بفتح الملف الاجتماعي للحالة. ويتعامل مـع المصاب للتخفيف من الآثار النفسية و الاجتماعية التي تحدثنا عنها فيما سبق.من حيث تلقي نبأ الإصابة و تكوين استجابة واقعية مـع المرض، و التجـاوب مـع خطوات العلاج و التعاون مع الفريق المعالج،كما يعمل الأخصائي الاجتماعي مـع أسرة المصاب، للتخفيف من الآثار السلبية، و لتأمين تعاونها في تنفيذ خطة العلاج، إضافة إلى جهوده لمساعدتها في الحصول على مساعدة مالية في حال حاجتها إليها، والتفاهم معها

لتطبيق إرشادات الطبيب و أنظمة المؤسسة المعالجة.و تنفيذ التزاماتها تجاه خطة العلاج.

أما على **المستوى الجماعي**، فيتمثل دور الأخصائي الاجتماعي في الاستخدام الواعي للعلاقة بين عضو الجماعة و الجماعة ككل و من خلال النشاط الجماعي، لجماعة يجمعها التجانس، و خاصة الإصابة بمرض السرطان، وهي تتألف ممن يتعاملون خارجيا و يترددون على المؤسسة العلاجية، طلبا للعلاج ، ويمكن أن تكون نشاطات الجماعة جزءا متمما للعلاج، أو جماعة تتألف من المقيمين في المؤسسة لتلقي العلاج، ويكون النشاط الجماعي جزءا من العلاج أيضا.

تسعى الجماعات في هذا السياق إلى ما يلي:
- تقديم معلومات موضوعية عن المرض للأعضاء المصابين، بغية زيادة إدراك كل واحد منهم حول ظروفهم .
- مساعدة الأعضاء على إدراك الواقع الاجتماعي المحيط و فهم أدوار الفريق المعالج بما فيهم دور الأخصائي الاجتماعي نفسه.
- فهم الأعضاء للتغيرات الجسمية و الاجتماعية و النفسية التي تنجم عن الإصابة، و معرفة الإجراءات اللازمة للتكيف مع تلك التغيرات.
- تشجيع الأعضاء على ممارسة النشاط، و ما يتطلبه من مناقشة جماعية ومعونات متبادلة.
- استثمار قدرات الأعضاء للمشاركة في تقديم الخدمات بحدود إمكانياتهم، بما يحسسهم بالقيمة و الدور الاجتماعي.
- إتاحة فرص التعبير الحر التلقائي وخاصة عن المشاعر السلبية.
- توعية الأعضاء و تدريبهم على الأنشطة المناسبة لحالاتهم، والتي تشكل جزءا من العلاج النفسي الاجتماعي.

أما على **المستوى المجتمعي**، فيتوزع جهد الأخصائي الاجتماعي بين ثلاثة جهات هي :

- الجهات الرسمية التي تتولى الرعاية الصحية عامة و مرضى السرطان خاصة، مثل: وزارة الصحة، المراكز الصحية، مراكز العناية بالمصابين بالسرطان، ويركز هنا على الرفع من مستوى الخدمات، و إبداء الملاحظات و الاقتراحات، وتقل مطالب المصابين و توقعاتهم إلى المسؤولين، بقصد تطوير الخدمات وزيادة فاعليتها.
- الجهات الأهلية التي تعمل بصورة تطوعية مع المصابين بالسرطان، و هدفها التخفيف من الآلام و التقليل من الإصابات، و العمل مع أهل المصابين، للتخفيف من الآثار السلبية للإصابة.
- الرأي العام الذي تتصل به حياة المصابين و ذويهم، و ما يلزم ذلك من برامج توعية و توجيه و تثقيف، و إصدار تشريعات و تنفيذ برامج تدريب و إرشاد أسري ، توفير أدوية و أجهزة وأدوات و تسهيلات لمرض السرطان و أبنائهم و زوجاتهم

تستكمل هذه الجهود بإجراء البحوث و تقديم المشورة و تقديم التصورات و اقتراح الخطط، فيما يظهر من الانعكاسات السلبية للإصابة بالسرطان على مستوى المجتمع الوطني عموما.[1]

---

[1] أنظر:

- إبراهيم عبد الهادي المليحي:**الممارسة المهنية في المجال الطبي و ألتأهيلي**، المكتب العلمي للكمبيوتر و النشر و التوزيع،الإسكندرية1996
- كاملة الفرخ: **مرضى السرطان** ،مجلة الثقافة النفسية، ع13 مج 4 البحرين1993
- سعيد الدجاني:**تمريض المصابين بالسرطان و العناية بهم**، دار الأندلس، بيروت 1988
- Dorothy Stock Whitalez: **Using Group to Help People** N.Y 1997:

4-مرض الفشل الكلوي

يعد الفشل الكلوي من الأمراض المزمنة التي تؤثر على قدرات الإنسان و علاقاته و عمله، و هو الذي ينجم عن تلف أنسجة الكليتين بصورة نهائية و تعجزان بعدها عن أداء وظيفتهما في جسم المصاب بهذا المرض.و الذي ينشأ بداية نتيجة التهاب الكلى أو ارتفاع ضغط الدم أو الدرن أ، البلهارسيا،، مما يؤدي الى تراكم السموم و الفضلات في الدم .

المشكلات التي تواجه المصابين بالفشل الكلوي:

تترتب على الإصابة بهذا المرض انعكاسات سلبية، ذات طابع نفسيـ أو اجتماعي أو مادي،نحاول عرضها على النحو التالي:

1- يزداد اعتماد المصاب على الأشخاص و الأجهزة، مع تزايد المخاوف من استمرار ذاك الاعتماد إلى نهاية الحياة.

2- يصاحب عملية غسيل الكلى المتكرر حالة قلق تشتد حدته مع الزمن،و خاصة اذا ما بدأ ينصح بزرع الكلية،فيتجه قلقه إلى مدى نجاح العملية و استمرار نجاحها.عدا عن الألم المصاحب لعملية غسيل الكلى في حد ذاتها.

3- يحاول المصاب تجاهل الحالة و إنكارها، و يعبر عن رغبته في العودة إلى عمله، و قد تزداد الحالة حدة إلى درجة عدم الحضور إلى الجلسة التالية، مما يسبب انتكاسا لحالته.

4- يزداد اعتماد المصاب على الآخرين و خاصة في تركيب الجهاز الخاص بالغسيل، رغم أن بعض المصابين يقللون من الاعتماد على الآخرين و يحاولون تقليص ذلك إلى أبعد الحدود.

5- تحتاج الحالة إلى إتباع نظام غذائي خاص، و يحاول المصاب عادة أن يخرج عن هذا النظام الغذائي، مما ينعكس على صحته البدنية و النفسية بالاضطراب و عدم الارتياح.

التدخل المهني للأخصائي الاجتماعي:

يقوم التدخل المهني الاجتماعي على محورين هما المصاب و أسرته،وذلك على النحو التالي:

أ- التعامل مع المصاب:

يقوم الأخصائي الاجتماعي بما يلي:

1- ينصت إلى المصاب الذي يوجه أسئلة كثيرة إلى الأخصائي الاجتماعي حول حالته و مستقبله الصحي بسببها.و يحاول الأخصائي من خلال هذا الإنصات إلى ما لدى المصاب من أفكار و ربطه بما لديه من معلومات مستقاة من الملف و أقوال الطبيب المختص، أن يطمئن المصاب إلى سلامة الإجراءات العلاجية الضرورية، التي ستحسن من صحته لا العكس كما يظن المصاب،فان ذلك سوف يجعل المصاب يتعامل بواقعية أكثر مع حالته و علاجها المقرر.

2- يساعد في إدخال المصاب إلى المستشفى، و يسبقها بالتمهيد لذلك مع المصاب الذي يكون مترددا في دخول المستشفى.

3- يسعى إلى تخلص المصاب من مشاعر الاكتئاب، التي تؤثر سلبيا على الحالة،و تبديده يساعد على تعامل المصاب مع حالته بواقعية.

4- يساعد المصاب على التعبير عن إحساسه بالغضب والحزن، لكي يعيد إليه الاطمئنان الذي يسهم في التجاوب مع إجراءات العلاج.

5- يساعد المصاب على وضع أهداف واقعية لحياته بما يتناسب مع حالته. وخاصة ما يتعلق بالعمل أو الدراسة ، و ذلك في ضوء دراسته للملف الخاص بالحالة.

6- يساعد المصاب في الالتحاق ببرنامج التأهيل المهني المناسب لحالته و قدراته واستعداداته.

ب التعامل مع أسرة المصاب:

يقوم الأخصائي الاجتماعي بما يلي:

1- إعطاء المعلومات المناسبة عن الحالة إلى أسرة المصاب،فيما يخص التعامل مع الحالة بعد الخروج من المستشفى و تفهم حالة الاضطراب التي تنتاب المصاب.

2- التفاهم مع الأسرة حول النظام الغذائي للمصاب بعد خروجه من المستشفى.

3- إرشاد الأسرة إلى المؤسسات التي يمكن أن تستفيد منها الحالة و الأسرة.

4- القيام بإجراءات الحصول على مساعدات مالية للأسر المحتاجة في ضوء مستجدات الحالة.

5- مساعدة الأسرة باستمرار على التخفيف من المشاعر الغاضبة التي تنتابها نتيجة الحالة و في هذا التنفيس عن الانفعالات يساعد الأسرة على مواجهة الضغوط التي تصاحب استمرار الحالة المرضية. [1]

---

[1] أنظر:

- السنهوري_ احمد محمد: **مداخل و نظريات و نماذج الممارسة المعاصرة للخدمة الاجتماعية**، دار النهضة العربية، القاهرة 1998

- عثمان_عبد الفتاح ، السيد_ علي الدين:**الخدمة الاجتماعية مع الفئات الخاصة**، مكتبة عين شمس، القاهرة1998

- Macmilan Publishing Co.Inc. 1983.Leon H Ginsberg: **The Practice of Social Work in Public Welfare**

5- أمراض القلب

أصبحت أمراض القلب في مقدمة الأمراض الأكثر شيوعا في العصر الحديث، حتى أنها دعيت بمرض العصر. و كثيرا ما ترد أسباب أمراض القلب إلى طبيعة البيئة العصرية و ما تحمله من مفاجآت سياسية و اقتصادية و ثقافية، بشكل أجهدت فيه الإنسان، الذي تعاظمت طموحاته و زادت إمكانياته في مواجهة التحديات و التي تزايدت أمام الإنسان، تبعا لازدياد متطلبات الحياة والتسابق المحموم للحصول على المكاسب و تطوير الذات و إثبات الوجود.

إن مرض القلب ليس مرضا عاديا، و هو يزداد خطورة مع مرور الزمن و مع تزايد متاعب المصاب فيه،في الوقت الذي لا يمكن الشفاء منه، و غاية العلاج فيه التكيف معه، و تقبله نفسيا و تعديل السلوك مراعاة له و مداراة لشروطه، و إن كان الطب الحديث قد ابتدع أساليب جراحية لتدارك الوضع المرضي و التخفيف من الاختلال الوظيفي عند المصاب.

انعكاسات أمراض القلب:

تتعدد انعكاسات أمراض القلب على جسم المصاب و نفسيته و علاقاته و وضعه الاجتماعي.

ففي الأثر الجسمي يتبين إحساس بالألم داخل الصدر، يستتبعه ضيق في التنفس و سرعة في النبض و شعور بخفقان القلب و هبوط عام.

أما في الأثر النفسي، فان القلب أكثر أعضاء جسم الإنسان تأثرا بانفعالاته، و معروف عن القلب تسارع دقاته عند الغضب أو الخوف أو المفاجأة الحادة.أما عندما يصبح مرض القلب مزمنا فان اضطرابات نفسية تظهر في قالب خوف و قلق وغضب، وتفضي إلى الاكتئاب و التشاؤم و التي ينميها سيطرة الأفكار المتشائمة والأوهام.

أما اجتماعيا، فتتقلص الأدوار الاجتماعية للمريض، لاضطراره إلى التقليل من الحركة و تجنبه بذل جهد جسماني كبير.كما تتأثر علاقته بأسرته أو انفصاله عنها عند دخوله المستشفى و تكرر ذلك عدة مرات،و يؤثر على الأوضاع المالية للأسرة، إذا كان المعيل أو كانت تكاليف العلاج مرتفعة.

علاج المصابين بأمراض القلب:

شهد علاج أمراض القلب تطورا متسارعاً، وسبقه أيضا تطور كبير في تشخيصه حالة القلب. و من أبرزها التعامل مع الصمامات و الشرايين و التغلب على الانسداد و عمليات القلب المفتوح، بالإضافة إلى العلاج المكمل المتصل بنظام غذائي يناسب الحالة و التمرينات الرياضية و رفع وتيرة التفاؤل و الأمل و الشعور بالارتياح.

دور الخدمة الاجتماعية مع المصابين بأمراض القلب:

يقوم هذا الدور على محورين هما المصاب نفسه و أسرة المصاب، بالإضافة إلى المحور الوقائي بشكل عام، و ذلك على النحو التالي:

1- محور المصاب:

يقوم الأخصائي في المستشفى أو في مركز أمراض القلب بما يلي:

- استقبال المصاب و محاولة تبديد القلق و الخوف لديه.
- دراسة تطور الحالة، من حيث نشوئها والمحاولات السابقة لعلاجها،و الإحاطة التامة بالظروف الاجتماعية للحالة.
- مساعدة المصاب على التوافق مع حالته المرضية، و إدراكه لضرورة التجاوب مع خطوات العلاج، وأهمية هذا التكيف وهذا التجاوب لإتمام العلاج بنجاح.
- تهيئة الأجواء النفسية التي تخلص المصاب من الانفعالات المرهقة وتزيد من ثقته بالشفاء و جدوى العلاج.

- المساعدة في تفهم المصاب لخطة العلاج و أهمية التزامه بها، بما في ذلك النظام الغذائي و الرياضة و الاطمئنان و الابتعاد عن التدخين.

- معالجة المشكلات الاجتماعية للمصاب، التي تتصل بالأسرة و التعليم والعمل والدخل.

- إعطاء المصاب معلومات واضحة عن الجراحة الضرورية له، و أهمية الاستعداد النفسي لجدواها.

- متابعة الإجراءات الروتينية اللازمة داخل المستشفى و لدى المؤسسات الأخرى ذات العلاقة.

- العمل مع جماعات المصابين بأمراض القلب الذين تطول إقامتهم في المستشفى، بما يتناسب مع قدراتهم،و يزيد من الايجابية و الاندماج ، و يبدد الغم و التفكير بالهموم، وذلك بأسلوب ترفيهي تلقائي ودود.

2- محور الأسرة:

يتعامل الأخصائي الاجتماعي مع أسرة المصاب في الأمور التالية:

- تعاطف الأسرة مع المصاب و اهتمامها به و تشجيعها على زيارته.

- توجيه الأسرة للتعامل مع المصاب بطريقة هادئة بعيدة عن التوتر والمشاحنة وزيادة الأعباء و تزايد القلق.

- توعية الأسرة بضرورة تعاونها مع المصاب عقب مغادرته المستشفى، فيما يتعلق بالنظام الغذائي و الراحة النفسية والجسمية و التخفيف من بذل الجهد، مع عدم اللجوء إلى الخمول و عدم الحركة، والقيام بالنزهة بصورة يومية والتمتع بمباهج الحياة

- المساعدة في الاتصالات اللازمة مع المؤسسات ذات العلاقة في بعض مشكلاتها، المادية خاصة، كمؤسسات الإسكان و التنمية الاجتماعية والتي يعمل أو يدرس فيها المصاب.

- ترتيب لقاءات الأهل مع الأطباء للتداول حول معالجة الحالة والتعامل معها بصورة سليمة.

3- **المحور الوقائي:**

يتضمن المحور الوقائي الجهود التي تخفف من الإصابة بأمراض القلب، أي منع الأسباب قبل حدوثها، و هي التي تتمثل فيما يلي:

- التوعية بأخطار العادات الغذائية التي لا توفر الغذاء الصحي السليم و تزيد من السمعة و ترفع من نسبة الكولسترول و ترفع من الضغط و تصلب الشرايين، والتوعية بأخطار التدخين و المسكرات،و الخروج إلى الهواء الطلق و تجنب الخمول و الميل إلى الجلوس الطويل و التقليل من الحركة.

- الحث على الاكتشاف المبكر ، أو التأكد من عدم ظهور بوادر لمثل هذه الإصابات،و ضرورة عدم التهاون و الإهمال و اللامبالاة إذا ما ظهر ما يشير إلى احتمال الإصابة بأمراض القلب.

- القيام بالدراسات الميدانية للظروف البيئية التي تبرز الاتجاهات السلوكية السائدة و التي قد تكون عوامل مساعدة على الإصابة، و عكسها بما يحمي الناس من الإصابة. [1]

---

[1] أنظر:

- بشير- إقبال محمد، عثمان- سوسن:الممارسة المهنية للخدمة الاجتماعية في المجال الطبي، المكتب الجامعي الحديث، الإسكندرية 1986

- علي- ماهر أبو المعا طي: قياس اتجاهات الفريق العلاجي بالمستشفى.. نحو دور الأخصائي الاجتماعي كعضو في الفريق، مجلة الخدمة الاجتماعية، الجمعية المصرية للأخصائيين الاجتماعيين1992

Bosom W.Ratlif and others: **Social Work in Hospital، Spring field Illinois 1982**

6- التوحــد

إن مرض " التوحد " هو نوع من الإعاقات التطورية التي تصيب الأطفال خلال السـنوات الثـلاث الأولى مـن أعمارهم،ويسبب متاعب كثيرة لهـم وأسرهـم ويسبب مشاكل في التفاعل الاجتماعي وتأخرا في النمو الإدراكي وفي الكلام وفي تطور اللغة ،وقد لا يبدأ الكلام قبل سن 5 سـنوات هـذا بالإضافة إلى البطء في المهارات التعليمية،كما يعاني 25% منهم من حالات صرع ومن حركات الزائدة وعدم القدرة على التركيز والاستيعاب.

أظهرت الدراسات أن نسبة الإعاقـة الذهنيـة في حـالات التوحد تصل إلى 60- 70%،وتتراوح الإعاقة الذهنية بين إعاقة خفيفة ومتوسطة وشديدة،وهذا يدل عـلى وجود خلل يتمثل في تلف جزء من المخ،وقد يتحدد مكان التلـف بالتوقيت الـذي حدث فيه هذا الخلل، سواء حدث في أثناء الإخصاب أو الحمل أو بعد الولادة،وقد تكون النتيجة تبعاً لـذلك ظهـور بعض أعراض التوحد،أو ظهـور كل الأعـراض،أو حدوث أعراض مشابهة ، ويحذر من الخلط بين أعراض التوحد وغيره من الإعاقات الذهنية،فقد تكون الحالة إعاقة ذهنية ، ويفسرها البعض على أنها عقلية.

يؤثر التوحد على النمو الطبيعي للمخ في مجـال الحيـاة الاجتماعيـة ومهـارات التواصل، اللفظي،والتفاعـل الاجتماعـي،و صعوبات في الأنشطة الترفيهيـة، حيـث يمكن أن يظهر المصابون بهذا الاضطراب سلوكياً متكـرراً بصورة غـير طبيعيـة،كأن يرفرفوا بأيديهم بشكل متكرر،أو أن يهـزوا جسـمهم بشكل متكرر، كـما يمكن أن يظهـروا ردوداً غـير معتـادة عنـد تعـاملهم مـع النـاس ،أو أن يرتبطـوا بـبعض الأشياء غـير الطبيعية.

سمات طفل التوحد:

توجد مجموعة من السمات العامة لطفل التوحد، يمكنني عرضها في النقاط التالية:

- يتميز طفل التوحد بقصور وتأخر في النمو الاجتماعي والإدراكي واللغوي،وثبت حديثاً أن الإصابة بالتوحد ناتجة عن خلل في الجهاز العصبي وجهاز المناعة عند الطفل.
- التفاعل الاجتماعي: يقضي طفل التوحد وقتاً أقل مع الآخرين،كما يبدي اهتماماً أقل بتكوين صداقات، وتكون استجابته أقل من أقرانه بالنسبة للإشارات الاجتماعية مثل الابتسامة أو النظر للعيون.
- التواصل: يكون بطيئاً لدى طفل التوحد، وقد لا تتطور نهائياً، كما أنه يستخدم الكلمات بشكل مختلف عن الأطفال الآخرين، حيث ترتبط الكلمات بمعانٍ غير معتادة لها،ويكون تواصله مع الآخرين عن طريق "إشارات "،وتكون فترات انتباهه وتركيزه قصيرة.
- السلوك: قد يكون طفل التوحد نشطاً،أو يتحرك أكثر من المعتاد،وأحياناً تكون حركته بشكل أقل من المعتاد،مع ظهور نوبات من السلوك غير السوي عليه (كأن يضرب رأسه بالحائط،أو يعض) دون سبب واضح،ويصر على الاحتفاظ بشيء ما،أو التفكير في فكرة بعينها،أو الارتباط بشخص واحد بعينه،ويوجد لديه نقص واضح في تقدير الأمور المعتادة ،وقد يظهر سلوكاً عنيفاً أو عدوانياً أو مؤذياً للذات.
- المشكلات الحسية: لدى طفل التوحد استجابة غير معتادة للأحاسيس الجسدية،مثل أن يكون حساساً أكثر من المعتاد للمس،أو أن يكون أقل حساسية من المعتاد للألم،أو النظر،أو السمع أو الشم.

القدرات المعرفية للتوحديين:

تتنوع قدرات ذكاء الطفل ذي الحاجات الخاصة (التوحد) من طفل إلى طفل آخر في عمليات اللعب ومستوى الألعاب، وهناك مجموعة من القدرات النوعية التي قد تظهر في جوانب عند بعضهم وقد لا تظهر لدى البعض الآخر من مثل التجريد فعندما نقول له" هل يمكنك التركيز على شكل المنزل " أو أن نقول له " المنزل قوامه الغرف والحمامات والمطبخ" جميع هذه الأمور لا يتخيلها إذا لم يذهب لها ويتحسسها ونقول له هذا منزل ونشرح معنى المنزل وهذا مطبخ ونشرح له معنى المطبخ وهذا حمام .. الخ، وكذلك الأمر أيضاً في المسائل الحسابية والتنظيم الإدراكي في المكعبات والقدرات الكامنة.

إن ذكاء التوحديين لا يقف عند حد معين من معرفة المفردات وعدم التجانس واتساع التباين في المضمون المعرفي فحسب، بل يمتد إلى حجم إسهام كل مكون من هذه المكونات العقلية في الدرجة الكلية للذكاء، وذلك حسب مستوى الذكاء الخاص بهذا التوحدي، إذ يمتد إلى عوامل أخرى قد تكون وراثية أو قد تكون ذات عامل بيئي.

ويرى علماء النفس السلوكيين أن تعديل السلوك عملية منظمة تسير حسب صحة وقوة المعلومات الموجودة وكميتها،ومن ثم الخطط واختيار الخطوات والمستويات المناسبة للسلوك المستهدف، فمثلاً طريقة لعب الأطفال التوحديين غير الطبيعية من ناحية وتفاعلاتهم الشاذة مع اللعبة أو الدمية بطريقة عنيفة من ناحية أخرى تدخل ضمن السلوك العدواني الذي ترغب الأسرة في تصحيحه وإزالة ما فيه من عدوانية من خلال خطوات محددة،معنى ذلك أن هذه الخطوات المحددة لم تأتي من فراغ، وإنما هي إستراتيجية بنيت على معلومات ومشاهدات فعليه لهذا الطفل بعينه، لهذا لابد من جمع المعلومات في بداية العلاج عن الطفل المصاب بالتوحد، ثم تصميم خطة علاجية لهذا الشكل أو ذاك من السلوك المستهدف يلحقها فيما بعد تحليل للمهمات والمهارات

والأعمال التي قام الطفل بفعلها، وعلى الأسرة أن تنظر إلى هذا السلوك الشاذ نظرة مستقلة أو منفصلة عن نفس الطفل،وبعبارة أخرى يجب أن ننظر إلى سلوك نفسه وليس للطفل التوحدي بذاته،فمثلاً عندما يصدر عنه سلوك غير مؤدب أو غير مقبول تجاه لعبة معينة أو نجد لديه ميلاً عدوانياً أو تخريبياً معيناً، فأنه علينا أن ننظر إلى عدد مرات تكرار هذا السلوك أو هذا الفعل غير المقبول ثم ننظر أيضاً إلى شدته وقوته والمعدل الذي يكرره في الأوقات الزمنية الأخرى ،ثم نقوم بتسجيل هذه المعدلات في جداول دقيقة ونرصدها في صفحات، حتى يمكننا تحديد طبوغرافية السلوك الذي يراد تعديله أو تقليله مع الاهتمام بدور المعالج أو المدرب الذي يعطي التوجيهات والإرشادات للوالدين في كيفية التعامل مع طفلهم وخصوصاً في اللعب، كما لا ينبغي تجاهل دور اللعبة والألعاب كمواد تعليمية تربوية ذات صفة ترويحية هادفة، قد يجد فيها طفل التوحد في بداية الأمر نوعاً من الكراهية، إذ قد يعاني طفل التوحد في البداية من صعوبة في فهم اللعبة ولا يدرك الهدف من اللعبة نفسها،ومتى يلعبها ولماذا يلعبها،ومتى ينتهي منها،وجميع هذه الأمور تتطلب من الأبوين أن يقوما بنفسيهما بالمساهمة في تهيئة البيئة الصحيحة للعب،وتوضيح الهدف من اللعبة وشرحها للطفل، وكذلك تنظيم الوقت وإعداد جدول زمني أمامهم للنظر من أن إلى آخر في الفترة الزمنية المتاحة لهم، ومن ثم يعرف الطفل طريقة تقسيم الوقت في يومه بحيث لا يقلق ولا يخرج عن طوره ويشعر بالارتياح لمعرفته أوقات اللعب بالتحديد إذ يبين الجدول لعبه من الساعة كذا إلى الساعة كذا كما يتعين وقت طعامه،ودراسته.

أشكال التوحد:

عادة ما يتم تشخيص التوحد بناء على سلوك الشخص،ولذلك فإن هناك عدة أعراض للتوحد ، ويختلف ظهور هذه الأعراض من شخص لآخر ،فقد تظهر بعض الأعراض عند الطفل،بينما لا تظهر هذه الأعراض عند طفل أخر ،رغم أنه تم تشخيص كليهما على أنهما مصابان بالتوحد،كما تختلف حدة التوحد من شخص لآخر.

هذا ويستخدم المتخصصون مرجعاً يسمى الدليل الأمريكي التشخيصي-الرابع DSM-IV Statistical Manual Diagnostic and الذي يصدره اتحاد علماء النفس الأمريكيين ،للوصول إلى تشخيص علمي للتوحد،وفي هذا المرجع يتم تشخيص الاضطرابات المتعلقة بالتوحد تحت العناوين التالية:

- اضطرابات النمو الدائمة.
- التوحد.
- اضطرابات النمو الدائمة غير محددة تحت مسمى آخر.
- متلازمة أسبرجر Syndrome Aspergers .
- متلازمة رت Rhett's Syndrome .
- اضطرابات الطفولة التراجعي.

يتم استخدام هذه المصطلحات بشكل مختلف أحياناً من قبل بعض المتخصصين للإشارة إلى بعض الأشخاص الذين يظهرون بعض،وليس كل علامات التوحد،فمثلاً يتم تشخيص الشخص على أنه مصاب " بالتوحد " حينما يظهر عدداً معينا من أعراض التوحد المذكورة في الموسوعة الإحصائية التشخيصية DSM-IV ،بينما يتم مثلاً تشخيصه على أنه مصاب باضطراب النمو غير المحدد تحت مسمى آخر حينما يظهر الشخص أعراضاً يقل عددها عن ذلك الموجودة في " التوحد " ،على الرغم من الأعراض الموجودة مطابقة لتلك الموجودة في التوحد ،بينما يظهر الأطفال المصابون بمتلازمتين أسبرجر ورت أعراضا تختلف بشكل أوضح عن أعراض التوحد،لكن ذلك لا يعني وجود إجماع بين المتخصصين حول هذه المسميات ،حيث يفضل البعض استخدام بعض المسميات بطريقة تختلف عن الأخر.

أعراض التوحد:

وفيما يخص الأعراض التي تظهـر علـى طفـل التوحـد فهـي متعـددة إلا إننـي سأعرض أهمها فيما يلي:

1. يجد الطفل صعوبة في تكوين العلاقات الاجتماعية، وعدم قدرته على التواصل والمشاركة في اللعب الجماعي مع أقرانه مـن الأطفـال ،ولا يشـارك الآخـرين في اهتماماته.

2. عدم القدرة على التواصل مع الآخرين عن طريق الكلام أو التخاطب، فالطفل التوحدي يعاني من انعـدام النضـج في طريقـة الكلام،ومحدودية فهـم الأفكار، واستعمال الكلمات دون ربـط المعـاني المعتادة بها،وترديد العبـارات والجمـل التي يسمعها كالببغاء.

3. بطء المهارات التعليمية ،وأثبتت الدراسات أن 40 % من الأفراد الذين يعانون من التوحد متأخرون في اكتساب القدرات العقلية،واكتشف أن لـدى المصـابين بالتوحد مهارات ومواهب معينة في مجالات الموسيقى والحساب،ومهارات يدوية مثل تركيب أجزاء الصور المقطوعة،بينما يظهر لـديهم تخلف شـديد في مجالات أخرى.

4. وجود حركات متكررة للجسم تكون غير طبيعية،كهز الرأس المسـتمر،أو رفرفـة اليدين،وكضرب رأسه بالحائط.

5. يظهر على 25% من الأطفال الذين يعانون مـن التوحـد حـالات صرع، ويعـاني بعض الأطفال من الحركات الزائدة، وعدم القدرة على التركيز والاستيعاب.

6. التمسك بروتين حياتي معين والالتزام به، كأن ينشغل الطفل بلعبة واحدة لفترة طويلة دون ملل منها،كفتح الباب وغلقه مثلاً.

أسباب التوحد

وعن الأسباب التي تؤدي إلى الإصابة بالتوحد لم يصل العلماء والباحثون بعد إلى سبب أكيد يمكن الاستناد إليه حتى الآن ،فهذا المرض لا يـزال في مجـال البحـث والدراسة متعددة الأسباب،ولا نستطيع القول إنه مرض وراثي،لأنه أيضا يرتبط بالعامل البيئي،فقد يكون الطفل حاملاً الجين المسبب للمرض، ثم لم يتعرض لبيئـة مواتية لنشاطه فلا تظهر أعراض المرض، كما أن التوحد يرتبط بعدد مـن الجينـات، وليس جينا واحداً، وسأعرض فيما يلي بعض النظريات التي توصلت إليها الأبحـاث العلمية المفسرة لأسباب مرض التوحد:

- النظرية الأولى تقول أنه لوحظ أن الأطفال الذين يعـانون مـن التوحـد يعـانون في نفس الوقت من حساسية من مادة الكازين وهي موجـودة في لبن الأبقـار والماعز،وكـذلك الجلـوتين وهـي مـادة بروتينيـة موجـودة في القمـح والشـعير والشوفان.

- النظرية الثانية أرجعت الإصابة بالتوحد إلى المضادات الحيوية ،فعنـدما يأخـذ الطفل المضاد الحيوي يؤدي ذلك إلى القضاء على البكتيريا النافعة والضارة في أمعائه في الوقت نفسه،ما يؤدي إلى تكاثر الفطريات فيها التي تقوم بدورها في إفرازهـا المـواد الكيماويـة مثل حمـض الترتريـك و الأرابينـوز، والتي تكـون موجودة أصلاً،ولكن بكميات صغيرة،وقد لوحظ زيادة ونمـو وتكـاثر الفطريـات في الأطفـال الـذين يعـانون مـن التوحـد بسـبب كـثرة استعمال المضـادات الحيوية،وكـذلك احتواء الجسـم والوجبـات الغذائيـة على كميات كبيرة مـن السكريات.

- نظرية ثالثة لم يتم إثباتها في العالم العربي بشكل قاطع ترجع أسباب الإصابة بمرض التوحد إلى لقاح النكاف والحصبة والحصبة الألمانيـة ،حيـث وجـد أن الأطفال المصابين بالتوحد يعانون مـن اضطرابات في جهاز المناعـة مقارنـة بالأطفال الآخرين ،وهذه اللقاحات تزيد هذا الخلل،وبعض الدراسات في المملكة المتحدة

والولايات المتحدة الأمريكية أثبتت أن هناك علاقة بين حـدوث التوحد وهـذه اللقاحات.

دور الأخصائي الاجتماعي:

تشتمل مهام الأخصائي الاجتماعي تجاه مرضى التوحد على الأدوار التالية:

أولا: دوره مع المريض:

1. استقبال المريض وتعريفه بالمستشفى.

2. تخفيف حدة المخاوف والقلق الناتج عن وجوده في مكان جديد.

3. معاونته على تقبل الخطة العلاجية ومساعدته في تنفيذها.

4. إكسابه مهارات خاصة بالتفاعل الاجتماعي مع الآخرين.

5. إعداد برامج خاصة بهم تكون قادرة على إشباع احتياجاتهم.

6. القيام بالزيارات الميدانية للمريض في بيئته الطبيعية وفي منزله.

7. تقديم الإعانات المالية للمريض إذا كان يحتاج للمال للصرف على شراء الأدويـة الخاصة.

8. دفع مصاريف العلاج إذا كان المريض قد أقام في المستشفى.

9. إيجاد رابطة بين المريض وبين أسرته حتى لا تنقطع صلته بهم.

10. القيام بفتح ملف يشمل جميع التقارير الطبية والنفسية والاجتماعية.

11. دراسـة الحـالات للتعـرف عـلى التـاريخ الاجتماعي والتطوري والثقـافي للمريض.

ثانيا:مسئوليته مع أسرة المريض:

1. إقناع الأسرة بضرورة علاج المريض أو الاستمرار في العلاج.

2. شرح خدمات ووظيفة المؤسسة للأسرة.

3. مساعدة الأسـر عـلى حـل مشـاكلها المترتبـة عـلى إصـابة المريض بـالمرض ومعاونته في التخلص مـن المشاكل الناتجة عـن دخولـه المستشفى أو لكـثرة تردده عليها.

4. تخفيف حدة مشاعر الأسر بالعار.

5. مساعدة الأسر على مداومة الاتصال به وتحسين علاقتها به.

6. تهيئة الأسرة لاستقبال المريض بعد خروجه من المستشفى.

7. معاونتهم على تعديل اتجاهاتهم نحو المريض لتخفيف حدة الضغوط الواقعـة عليه.

تعديل سلوك التوحدي :

هناك خطوات يمكن إتباعها ضمن برنامج إجرائي لتعديل سلوك الطفل التوحدي هي:

1. تحديد السلوك المستهدف (تصحيح أفعاله الخاطئة).

2. تعريف السلوك المستهدف (طلبه للشيء ،خروجه دون إذن، ضربه للآخرين).

3. قياس السلوك المستهدف (الفترة الزمنية التي تمت ملاحظته فيها والخطوات التي تم إتباعها).

4. تحديد المتغيرات ذات العلاقة الوظيفية بالسلوك المستهدف .

5. تصميم خطة العلاج (مع المدرسة ،مع الأسرة ،مع المدرب).

6. تنفيذ خطة العلاج (المرحلة التدخلية في العمل).

7. تقييم فعالية برنامج العلاج (مخرجات العلاج).

8. أهم النتائج المستخلصة للخطوات السابقة (وضع التوصيات اللازمة).

ويمكن الاستفادة من نظريات علم النفس التعليمي مع أطفال التوحد في ملاحظة طريقة لعبهم وشدة العنف مع الألعاب والبعد عنها والتعامل الغريب معها، ومدى التقارب من الأصدقاء و التباعد عنهم أثناء اللعب والتفاعل الشخصي مع بيئة اللعب ، ومن ثم التحكم بالظروف المحيطة به وتحسين وضع الطفل التوحدي بتوفير الألعاب المناسبة له والتي تساعده في الضبط الذاتي والبعد عن السلبيات التي يعاني منها ، وإزالة ما يعيق تطور سلوكه في اللعب، وثم نعمم السلوك المكتسب، الذي يعتبر التعاقد السلوكي بين الطفل وأسرته أو الطفل ومعلمه جزء منها ، وتتخللها وسائل التعزيز المختلفة وبرامج التدريب المنظم.

الوقاية :

إن من الصعب وضع خطوط واضحة لطرق الوقاية من التوحد في الوقت الراهن، لكن هناك استثارة للإباء أو الأمهات والأسرة للاهتمام بالكشف على الطفل في مرحلة مبكرة، لآن الأسباب لم تعرف، فمن الصعب معرفة طرق الوقاية، وعلى الأم أخذ الاحتياطات الوقائية خلال فترة الحمل، والمراجعة الدورية للطبيب، والابتعاد عن كل ما يؤثر سلباً على الجنين . كما إن فهم مسألة الطفل الذي لديه حالة التوحد من

المسائل الضرورية للأسرة،إذ على آباء أطفال التوحد أن يطلعوا عليها أولاً بأول وأن يقرأوا تفاصيلها في الأبحاث و المقالات و المنشورات التي تتناولها.[1]

---

[1] انظر:

1- سلسلة نشر الوعي بالتوحد ، سلسلة يصدرها مركز الكويت للتوحد ، وقـد صـدر منهـا : مختصر۔ لإعاقة التوحد ، نحـو فهـم متكامل للتكامل الحسي ، رسائل من عالم التوحد .

2- السعد سميرة : معاناتي والتوحد ، الكويت ، دار ذات السلاسل ، 1997 .

3- الزيادة عائشة : دور الأخصائي الاجتماعي الطبي في تقديم خدمـة متكاملـة للمـريض في المستشـفى العـام ، القـاهرة ، المعهد العالي للخدمة الاجتماعية ، 1974 .

4- الوردان وضحه : التوحد ، (مظاهرة الطبية والتعليمية) الكويت ، إصدار مركز الكويت للتوحد ، 1997 .

5- سيد سليمان عبد الرحيم : الذاتوية (إعاقة التوحد لدى الأطفال) ، كلية التربية ، جامعة عين شمس ، مكتبة زهـراء الشرق ، 2000 .

6- عبيد محمد بن أحمد : التوحد 2 (المفهـوم والتعلـيم والتـدريب ، مرشد إلى الوالـدين والمهنيـين ، الريـاض ،دار عـالم الكتـب للطباعة والنشر والتوزيع ، 1421 ، 2000 .

7- هود جون ليندا ، تعريب سهام حسن بصراوي : استراتيجيات بصرية لتحسين عمليـة التواصل (الجـزء الأول) الـدار العربيـة للعلوم ، 2000 .

8- الراوي فضيلة ، آمال صالح : التوحد - الإعاقة الغامضة ، الدوحة ، 1999 .

7

الفصل السابع

البعد الوقائي للصحة الشخصية والعامة

1- الصحة العمومية

هي علم وفن الوقاية من المرض ، وإطالة العمر ، وتعزيز الصحة والكفاءة النفسية والبدنية من خلال جهود ينظمها المجتمع لإصحاح البيئة ، ومكافحة الأمراض السارية ، وتثقيف الفرد حول حفظ صحته الشخصية ، وتنظيم خدمات طبية وتمريضية للتشخيص المبكر للمرض ومعالجته معالجة وقائية ، وإيجاد آلية اجتماعية لضمان تمتع كل فرد بمستوى معيشي يكفي لصون صحته ، وتنظيم هذه الفوائد لتمكين كل مواطن من ممارسة حقه الطبيعي في التمتع بالصحة وطول العمر .

إن المعالجة الطبية يمكن أن تمثل مكوناً مهماً من مكونات تدابير الوقاية الثانوية ، ويصدق ذلك على العديد من الأمراض غير السارية ،كما أن المعالجة الطبية للمرضى بأمراض سارية يمكن أن تحد كثيراً من إمكانية انتقال المرض ، ومن ثم تمثل عنصراً مهماً من عناصر المكافحة العامة للأمراض السارية ، ويظهر ذلك بوضوح العلاقة الوثيقة بين الوقاية من المرض وبين معالجته من اجل حفظ الصحة وتعزيزها على العموم ،وقد تطورت الصحة العمومية لتصبح اختصاصاً قائماً بذاته ، يتكيف باستمرار مع المستجدات ويواجه الأخطار الصحية والمرضية ، مستعيناً بما تحقق من جوانب التقدم في المعرفة العلمية والتكنولوجيا ، أي في مجالات : الوبائيات، والإحصاء الحيوي ، والبيولوجيا .

تسعى الصحة العمومية بمفهومها الحديث إلى التصدي لبعض القضايا الصحية المعاصرة، من قبيل إتاحة الخدمات الصحية على أساس من العدل والإنصاف، فضلاً عما يتصل بها من قضايا تتعلق بالبيئة، والإدارة السياسية، والتنمية الاجتماعية والاقتصادية، كما تسعى إلى إدخال الصحة في إطار التنمية لضمان الحماية للصحة في السياسة العمومية، كما تعنى بالعمل، إذ لا يقتصر

اهتمامها على إيجاد خطة أساسية للتصدي للعديد من قضايا الساعة الملحة ، بل تعنى أيضا بتحديد استراتيجيات قابلة للتنفيذ سعياً إلى حل هذه القضايا .

ان مفهوم الصحة العمومية الجديدة مفهوم شامل، يجمع بين كل القضايا الجديدة التي استجدت منذ إعداد الإستراتيجية العالمية لتوفير الصحة للجميع بحلول سنة 2000، وقد توسعت السياسة والإستراتيجية الإقليمية لتوفير الصحة للجميع في القرن الحادي والعشرين ، في العناصر الثمانية للرعاية الصحية الأولية التي تم تحديدها في مؤتمر ألما آتا في ضوء المعارف والتحديات الجديدة . فقد تم توسيع وإعادة تشكيل مجمل أنشطة صحة الأمومة والطفولة بحيث تشمل الصحة الإنجابية، تطوير مفهوم الأدوية الأساسية باعتباره تكنولوجيا أوسع قاعدة للسياسة الصحية، توسيع الاهتمام السابق لمكافحة الأمراض السارية ليشمل الأمراض غير السارية، بما فيها الصحة النفسية والسلوك الجنسي.ـ ومن المزمع تطبيق أسلوب واضح يشمل المراحل العمرية كلها في إطار النظام الصحي ، ويجري تناول السلامة الغذائية عند النظر في الأغذية والتغذية ، وسوف يصبح التثقيف الصحي أحد مقومات تعزيز الصحة والتحدي لجميع الجوانب التي لم تحسم بعد والمتعلقة بمكافحة الأمراض السارية ، وسوء التغذية ، ووفيات الأمومة والطفولة ، والأمراض المستجدة ، إضافة إلى التحديات الجديدة لإصلاح القطاع الصحي ، وخصخصة الخدمات والمخاطر البيئية والتوسع الحضري وتزايد الفقر .

إن الغرض الرئيسي للصحة العمومية هو صحة السكان، والتي تشمل جميع العناصر المساهمة في تحسين صحة الناس ،ويسفر هذا المفهوم عن نتيجتين رئيسيتين هما : الحاجة إلى العمل المشترك مع سائر القطاعات ، والاهتمام بصحة الفرد ، إن المجال الذي تدور فيه أنشطة الصحة العمومية يغطي الميدان الصحي بوجه عام ، شاملاً جميع مقوماته ، من حيث صحة السكان ، وتؤدي وظائف الصحة العمومية في

السياق الأوسع للإجراءات الصحية ، بحيـث لا يكتمـل تحليـل مفهـوم الصحة العمومية ما لم يتم هذا التحليل في سياق النظام الصحي والرعاية الصـحية والرعاية الطبية.

تشكل الصحة العمومية جـزءا لا يتجـزأ مـن النظـام الصـحي الـذي يمثل المدخلات التي تتخذ في المجتمع ويكون مرماها الرئيسي- "الصـحة". ويشمل هـذا المفهوم رعاية الناس والبيئة . مـن أجـل تعزيـز الصحة وحفظها ، واستعادتها أو تقليص العجز ، كما يشمل توفير ما يلزم لانجاز ذلك من وسائل وموارد وظروف . ويتضمن كـذلك الإجـراءات التـي تـؤثر في المحـددات الصـحية العامـة التـي تتخذ لتحسين الصحة أو لتيسير الرعاية ، بغض النظـر عـن طبيعـة الأطـراف التـي تتخذ هذه الإجراءات – سواء كانت عامة حكومية أو غير حكومية أو خاصة .

أما الوظائف الأساسية للصحة العمومية فتتضمن ما يلي :

● رصد الوضع وتقييمه وتحليله.

● ترصد المخاطر التي تهدد الصحة العمومية وبحثها ومكافحتها.

● تعزيز الصحة.

● المشاركة الاجتماعية في توفير الصحة

● تطوير السياسات والقدرة المؤسسية على التخطيط والإدارة

● تقوية القدرة المؤسسية على التنظيم والتنفيذ

● تقييم وتعزيز مدى الحصول على الخدمات الصحية الضرورية عـلى أسـاس من العدل والإنصاف.

● تنمية قدرات الموارد البشرية وتدريبها

● ضمان الجودة في الخدمات الصحية الشخصية والمجتمعية .

- البحث في مجال الصحة العمومية .

- تقليص أثر الطوارئ والكوارث على الصحة .

في ضوء ما سبق فأنه ينبغي لنطاق الصحة العمومية أن يشمل المفاهيم الآتيـة للرعاية الصحية الأولية:

1) تغطية جميع السكان بالرعاية التي تقدم إليهم وفقاً لحـاجتهم واعتبارها حقاً من حقوق الإنسان.

2) ضمان العدالة لجميع الفئات الجغرافية والاقتصادية والعرقية، بغض النظر عن الجنس، وللمسنين والفئات الخاصة .

3) تقديم خدمات تعزيزيه ووقائية وعلاجية وتأهيلية .

4) تقديم خدمات فعالة ومقبولة ثقافياً وميسورة الكلفة وممكنة التدبير .

5) استكشاف آليات تمويلية بديلة مـن دون المسـاس بـالالتزام بتلبيـة احتياجـات السكان والنهوض بالمسؤولية الاجتماعية . [1]

---

[1] أنظر:

1- WWW.Google.com

2- www.Ayna.com

3- www.Sehha.com

4- www.Arabi.com

5- www.Suhuf.net.sa/2000gazhd/jan/31/frhtm

2- رعاية الأمومة والطفولة

التزمت الخدمة الاجتماعية بمجموعة من المفاهيم احتلت أهمية خاصة في البناء العلمي لها، وقد انحصرت هذه المفاهيم في نهاية الأمر في قيم أخلاقية و أسس مهنية.فأكدت أن معاملة الإنسان كفرد مختلف عن الآخرين وتقبله وتجنب إدانته وصيانة أسراره والاعتراف بحقه في ممارسة حريته واستثمار طاقاته تشكل قيما إنسانية أخلاقية بالغة الأهمية ، وأن الإنسان أياً كان عجزه أو انحرافه و آلام الإنسان ومشكلاته أعباء يجب أن يشاركه فيها المجتمع و يلتزم بمساعدته للتخلص منها.

لا تقتصر قيمة هذه المفاهيم على كونها استجابة لحاجات الإنسان وكرامته كما يريد هو لهذه الكرامة أن تكون، بل أن قيمتها في نظرتها إلى الإنسان والى كرامته كما يجب أن تكون أي أنها ترفض آلام الإنسان حتى لو أرادها لنفسه استجابة منه لمعتقدات خاطئة أو لاضطرابات نفسية . كما ترفض سلبية الإنسان وخضوعه حتى وأن كانت انصياعاً لتقاليد بالية أو نتيجة لتنشئة غير سليمة .

لقد شكلت الأمومة والطفولة ثنائية دائمة، حتى كأنهما شيء واحد يصعب تفرد الواحد منهما وانعزاله عن الآخر، وفي ذات الوقت تبدو تنمية المجتمع داعية إلى تقديم الرعاية لهما : لأن الأمومة الكنف الذي تتخرج منه طلائع المجتمع، والطفولة أمل المجتمع ومستقبله الموعود. لذا وجب على الخدمة الاجتماعية كمهنة تعمل على مساعدة الأفراد والجماعات والمجتمعات على النهوض والتقدم أن تولي اهتمامها بالأمومة والطفولة كمتلازمتين .

أما لماذا الأمومة أقرب إلى الطفولة دائماً والطفولة أقرب إلى الأمومة دائماً ؟.. بينما لا نجد من يهتم بالأبوة وعلاقتها بالطفولة؟

يفسر الدكتور أحمد أوزي هذه العلاقة فيقول لأن الأم هي التي تتكفل بتزويد الطفل بالحب الضروري، ذلك الغذاء العاطفي الأساسي الذي لا يقل في أهميته عن الطعام، والذي يشكل ركيزة في شعوره بالأمن الضروري للنمو والنضج السوي . تبدأ علاقات الطفل بأمه في بداية الأمر ثم تمتد إلى بقية الأطراف في الأسرة، و الحب هو أهم ما يميز علاقات الطفل بأمه، ويؤدي الحرمان من الأم، لسبب من الأسباب إلى شل عواطف الطفل وإحداث اضطراب في سلوكه العاطفي في المستقبل، ولا يعني مجرد حضور الأم مع الطفل أنها تشبع حاجاته الوجدانية، وإنما لابد أن تقوم بوظيفتها في هذا الجانب الذي يشكل مكوناً إنسانيا هاماً في شخصيته الثلاثية الأبعاد : العاطفة والجسم والعقل.إن دور الأم لا ينحصر في حب الطفل، وإنما لابد أن تتحلى بدورها بقدر من السلطة الرادعة لطفلها، شريطة ألا تكون مساوية لمقدار الحب الذي ينبغي أن تتحلى به وأن تمنحه إياه بتلقائية.

يرى اوير أن الطفل من الولادة إلى سن الثالثة يعيش في وسط طبيعي يعتبر امتداداً للوسط الذي كان يعيش فيه خلال المرحلة الجنينية، فرغم انقطاع الحبل السري بينه وبين أمه، فهو لم ينفصل عنها كلياً ، وإنما قد غير مكانه بكيفية أصبح فيها محط نظرها وعنايتها بشكل مباشر ومركز ،ويستقل الطفل من الناحية الفسيولوجية عن أمه بالتدريج إلى أن يصبح مستقل الذات نهائياً ، معتمداً في إشباع حاجاته العضوية على نفسه وهذا الاستقلال العاطفي يتبع تطوراً موازياً لذلك ، وان تأخر عنه قليلاً بسبب عدم ظهوره الا بعد الولادة .

إن هذا الارتباط بالأم وعدم استقلال الرضيع عنها يجعلها وحدها تجسد بالنسبة إليه كل العلاقات الأسرية، ولهذا الاعتبار فان شخصية الأم وسلوكها نحو ابنها سيكون له تأثير كبير على طبيعة شخصيته في المستقبل من الوجهة النفسية، فشخصية الطفل تتحدد بما يتشربه من سلوك ومعاملة مصاحبة لعملية الرضاعة،أن

سلوك الأم من جانبها يتحدد في جزء كبير منه بناء على طبيعة العلاقة التي تربطها يزوجها أي على التوازن الذي يسود جو الأسرة .

رعاية الطفولة والأمومة كشكل من الرعاية الاجتماعية:

إن تاريخ برامج الرعاية الصحية المنظمة يشير إلى أنها تعتبر ظاهرة حضرية مبدئياً في طبيعتها ،وحتى الآن تبذل الجهود لتخفيض نسبة الإصابة بالأمراض ونشر طرق الوقاية من المرض ،وبالنسبة لجميع المستويات المتنوعة الحكومية نجد العديد من البرامج التي توجد الآن لتوفر خدمات الصحة الشخصية للمواطنين ،ومن البرامج التي حظيت باهتمام الدولة برامج صحة الأم والطفل وهي تهتم بالعديد من المشكلات المتنوعة، بالإضافة إلى أنواع الخدمات الصحية التقليدية التي تقدم في مجال رعاية الأمومة والطفولة، وما تقوم به من تنظيم للمؤتمرات في هذا المجال وما تعني به من الاختبارات المدرسية والتثقيف الصحي والخدمات المتكاملة للحوامل ، وأيضاً مشكلات الطفل المنبوذ أو الذين تساء معاملتهم عن طريق الاعتداء البدني والمحور التقليدي لهذه البرامج كان مركزاً على تحسين المستويات الصحية وجوانب الوقاية مع التركيز على ما يتعلق بصحة الأم والطفل - رعاية في فترة ما قبل الولادة وبالنسبة لنمو الطفل وصحة الإنسان والوقاية من الحوادث والتغذية وخدمات المناعة وخدمات الرعاية الصحية العامة وكانت دائما محتويات رئيسية لبرامج صحة الأم والطفل والهيئات المقدمة لخدمات الأمومة والأطفال الحديثي الولادة .

إن مشروعات مراكز الأمومة تولي الاهتمام بتغطية برنامج واسع من التعاون الطبي والخدمات الاجتماعية برعاية الأم والطفل، وبعض هذه المراكز تعد برامجها من أجل التعاون في المجال الطبي وتوفير الخدمات التعليمية والخدمات الاجتماعية من أجل صغار الأمهات وأطفالهن، كما يعد البعض الآخر البرامج التي توفر رعاية طبية فردية وللجماعات من الأمهات . وخدمات الأطفال المبتسرين ورعاية الأمومة وتوفر

التشريعات البنود التي تنص على أن كل البرامج الصحية المعدة للأمومة والطفولة يعول بشدة على الخدمات التي تعتمد في طبيعتها مبدئيا على المشكلات الجزئية الدقيقة وعلى الاهتمامات الخاصة بالمنتفعين وعلى الموارد المتوفرة في المجتمع المحلي وعلى الأقسام الصحية المحلية . كما أن الإدارات المركزية توفر التمويل وعمليات المتابعة والاستشارة وقد تتشعب في توفير خدماتها في مناطق متنوعة في كل إقليم .

الخدمة الاجتماعية ورعاية الطفولة والأمومة:

ظهرت بوادر الاهتمام بالأمومة والطفولة من خلال إنشاء العديد من المراكز والجمعيات التي تهتم بشؤونهما ، هذه المراكز و الجمعيات تلعب دوراً هاماً في حياة الأسرة من خلال نشر ـ الوعي التربوي والثقافي والمعرفة بالمشكلات النفسية والاجتماعية التي تعاني منها الأسرة، وهي تسعى الى تعريف المجتمع وخاصة الوالدين بحقوق الطفل، وذلك حتى يتم التعامل مع الأطفال باحترام كيانهم وقدراتهم مما يساعد على تنمية الطفل.

ومن أهداف تلك المراكز :

- اقامة دورات تثقيفية وتوعية في المجالات النفسية والاجتماعية والصحية وذلك لنشر المعرفة والوعي التربوي والنفسي والصحي بين أفراد المجتمع من أجل تحسين نوعية حياة الأسرة.

- وضع مشاريع تهتم بالطفل في مرحلة ما قبل المدرسة وإيجاد وسائل تساعد الأبوين لاستمرار التعلم للقيام بدورهما.

- توفير التسهيلات المناسبة لرعاية الأسر المشاركة بأنشطة المركز .

- تبادل الخبراء المهتمين بشؤون الأسرة .

- تأهيل المـدربين والمـدربات عـن طريـق إقامـة دورات وذلك لفـتح مراكـز مشابهة له في مناطق أخرى لتعزيز دور المركز وجهـوده كحلقـة وصـل بـين الجهات والمراكز سواء كانت حكوميـة أو غـير حكوميـة المعنيـة بالطفولـة والأمومة.

- تفعيل دور المرأة في الحياة .

- إنشاء قاعدة للمعلومات تتـوفر فيهـا المطبوعـات و المنشـورات التـي تهـم رعاية الطفل والأم والأسرة.

- مواجهة المشاكل التي تواجهها الأمهات والأطفال.

- إشباع احتياجات الأمهات والأطفال في ضوء الإمكانيات .

يشـارك الأخصـائيـون الاجتماعيـون في ادوار قياديـة في الأنشـطة التـي سـبق الحديث عنها،و كان لاهتمامهم واندماجهم تأثير على القرارات التي اتخـذت بشـأن الطفولة والأمومة وإدارة برامجها،كما يشـارك الأخصائيون الاجتماعيـون في تطـوير وتـدعيم التشرـيعات بشـأن صحـة الأم والطفـل وفي تنظيـم وتخطيـط الخـدمات الصحية للأمهات والأطفال وفهم ديناميكية العلاقات الإنسانية واقـتراح الخـدمات الاجتماعية الملائمة و تنظيمها و تقديمها بيسر و عمومية .[1]

[1] انظر:
- إوزي، أحمد " الطفل والعلاقات الأسرية " مطبعة النجاح الجديدة . الدار البيضاء . المغرب 2001 .
- مخلوف، إقبال إبراهيم "الرعاية الطبية والصحية ورعاية المعوقين" المكتب الجامعي الحديث . الإسكندرية ، مصر2000.
- مركز الطفولة والأمومة الكويتي
- Tt://www.moe.edu.kw/unesco/child_cente-/ center_def.htm

3- الجهود الوقائية

كانت الوقاية عبر العصور تعني الحد من انتشار الأوبئة التي كانت تفتك بالبشر، وتمت إجراءات الوقاية بهذا الشكل، مما أدى إلى قيام المرافق الصحية العامة التي تحولت بالتدريج إلى مؤسسات تقوم بتقديم المعارف الطبية للجمهور من ضمن إجراءاتها الهادفة إلى الوقاية من الأمراض ،والوقاية مجموعة من الإجراءات الكفيلة بضمان استمرار الصحة ،مع التركز على إجراءات التدخل ،و لابد للوقاية من أن ترتبط بصورة وثيقة مع الأسباب وعوامل الخطر التي تقود إلى حدوث الاضطراب في سير الحياة.

أشكال الوقاية

للوقاية أشكال ثلاثة :

1) الوقاية من الدرجة الأولى:

وتعني الإجراءات التي تحول دون حدوث المرض أو الاضطراب، من خلال البحث عن العوامل الجسدية والاجتماعية والنفسية المسببة للأمراض أو التي تسهم في نشوئها ، وتحديد مكامن الخطر وعوامله ، بهدف تجنبها والتغلب عليها ومنعها من التأثير، كما إجراءات معرفة العوامل الايجابية التي تسهم في تنمية الصحة النفسية وتعزيزها ، وتعليم الناس أنماط السلوك الصحي السليم وأشكال التفاعلات والعلاقات الايجابية في البيت والمدرسة والمهنة ، بهدف خلق موارد صحية مفيدة تجعل الإنسان قادراً على مواجهة ضغوط الحياة، والتعامل معها بطرق فاعلة والتغلب عليها أو تحييد آثارها السلبية .

تتوجه إجراءات الوقاية الأولية إلى تحديد مجموعات الخطر ، أي تلك المجموعات المعرضة بصورة مباشرة أو غير مباشرة للاضطرابات بسبب ظروفها الجسدية أو الاجتماعية أو النفسية أو بسبب طبيعة المرحلة العمرية التي تمر بها. بهدف التحصين و التصرف لمنع التأثيرات الخطرة من الظهور، ويمكن في هذه الحالة استخدام تقنيات الخدمة الاجتماعية في برامج الوقاية الأولية، كبرامج الابتعاد عن التدخين و تعاطي المواد المسببة للإدمان (كالمخدرات والكحول) ، برامج تدريب الوالدين والمعلمين على أساليب التعامل مع الأبناء ، برامج تدريب المراهقين على الدخول في مرحلة المراهقة ومواجهة تغيراتها ومشكلاتها ، برامج تدريب الأزواج على أدارة الحياة الزوجية وتحقيق التكيف الزواجي ، برامج تدعيم الوالدين الذين يمتلكون طفلاً معاقاً ، برامج الوقاية من زيادة الوزن، برامج الوقاية من الإرهاق والضغط النفسي.

2) الوقاية من الدرجة الثانية:

تتوجه إجراءات الوقاية من الدرجة الثانية إلى الفئات التي تعاني من احد أشكال الأمراض والاضطرابات النفسية أو الاجتماعية ، إما بهدف الشفاء أو التخفيف من التأثيرات الضارة للمرض من أجل منع تفاقمه وتأثيراته السلبية، وتحديد نتائج هذه الاضطرابات ضمن حدود معينة . أي أنها تهدف إلى السيطرة على الآثار الضارة الجسدية والنفسية والاجتماعية للمرض .

3) الوقاية من الدرجة الثالثة:

توجد أشكال مختلفة من الأمراض التي يصعب شفاؤها لأسباب كثيرة . بحيث تكون هذه الأمراض مزمنة .. كأمراض الجهاز العصبي ، ومرض السكري، وهناك أشكال مختلفة من الإعاقات العقلية والجسدية التي توجد منذ الولادة أو يمكن أن تحدث خلال الحياة ، والتي لا يمكن تصحيحها بحد ذاتها ، والتي تقود إلى

مشكلات واضطرابات، سواء للمصابين أنفسهم أو لأسرهم وهناك أمراض وإعاقات تتطلب من أصحابها وذويهم تغيير مسار حياتهم، وهناك أمراض وإعاقات تتطلب من المرضى فترات طويلة من الإقامة في المستشفيات أو تتطلب منهم الخضوع لإجراءات طبية مرهقة ومتعبة من التشخيص والعلاج . وكل ذلك قد يقود إلى مشكلات نفسية واجتماعية للمعنيين و ذويهم.

وتهدف إجراءات الوقاية من الدرجة الثالثة إلى الحد من الآثار الاجتماعية والنفسية والجسدية للإعاقة (وليس إلى التغلب على الإعاقة نفسها) والى إعادة تأهيل المرضى والمعوقين،، بحيث تساعدهم على التأقلم مع مرضهم أو إعاقتهم ومواجهة التأثيرات السلبية الناجمة عن ذلك ، ووضع أهداف وتصورات حياتية جديدة تتناسب مع وضع الشخص وإمكاناته المتاحة ، واستغلال الموارد والطاقات الكامنة في الشخصية التي ما تزال سليمة ولم تتضرر بعد ، وتنمية الجوانب الايجابية وتعزيزها وتعليم الأشخاص ممارسة مهنة تتناسب مع وضعهم ، والتخفيف من الاعتماد على الآخرين وبناء مفهوم ايجابي عن الذات و المحيط ، واكتشاف حقيقة المرض والإعاقة وآثارها ، وتتم ممارسة ذلك في أطر مختلفة منها إرشادي وتربوي وتدريبي وعلاجي حسب الهدف ونوع الإعاقة أو المرض وحسب الجوانب المراد تنميتها وتطويرها يكون للأخصائي الاجتماعي دور في التخطيط له و التشجيع عليه و إتقانه و المثابرة عليه و الوصول بالتالي إلى الأهداف المقررة.

الوقاية وفق المستويات العمرية للإنسان :

إن الوقاية من الأمراض وتعلم أنماط السلوك الصحي يبدأ في مرحلة ما قبل الولادة ، من خلال الاهتمام بالأم الحامل وإظهار آثار السلوك غير الصحي، كالتدخين وتناول الكحول وتعاطي المواد المسببة للإدمان وتناول الأدوية دون استشارة طبيب، والتوعية والإرشاد حول السلوك الجنسي الملائم وتنظيم الولادات بما يتناسب مع

الظروف الأسرية المستقرة والعلاقات الزوجية المتينة القائمة على المودة والتفاهم والاحترام المتبادل والعدالة في الحقوق والواجبات والدعم النفسي- والاجتماعي للحامل والتغذية السليمة والمتوازنة وهي الخطوة الأولى للوقاية من الأمراض والاضطرابات النفسية والاجتماعية والإعاقات الجسدية والعقلية ، ومن ثم من أجل ولادة أطفال أصحاء مزودين بجهاز مناعة جسدي ونفسي .

أما في مرحلة الطفولة: فيتم اكتساب السلوك والعادات المختلفة ويتعلم الأطفال مهارات أكاديمية وعملية يصعب حصرها. وما يتعلمه الأطفال في هذه السن ويكتسبونه من محيطهم يعد محدداً هاماً لما سيكونون عليه في المستقبل. ففي الطفولة يتعلم الطفل من خلال والديه ومحيطه كيفية مواجهة المشكلات والصعوبات والصراعات التي يمكن أن تواجهه في المستقبل ، ويمكن في كثير من الحالات اكتشاف عدم الاستقرار الانفعالي والأمراض والاضطرابات النفسية والجسدية في الطفولة ، بسبب وجود اضطراب أساسي في علاقة الطفل بوالديه ومحيطه وعلاقات الوالدين مع بعضهما ومع محيطهما .فالاستقرار الانفعالي والعلاقات المتينة بين الوالدين والأولاد والرعاية العاطفية الجيدة وإشباع الحاجات النفسية عند الأطفال نحو الحب والاعتراف والتقبل والانتماء تعد من الشروط ، وموقف الوالدين من الطفل والحياة والمجتمع والمهنة ، وتقبلهما لدور الوالدية وأسلوبهما الايجابي في مواجهة المشكلات والصراعات تعد من الشروط الهامة التي تنمى مفهوماً سليماً ومستقراً حول الذات والواقع وبالتالي من أجل الوقاية من الأمراض والاضطرابات النفسية والاجتماعية في المستقبل .

وفي مرحلة المراهقة: يتشكل في هذه المرحلة البلوغ الجنسي- والنضج النفسي- كما يتم فيها اختيار التوجه المهني المستقبلي و الاتجاه العقائدي والفلسفي والسياسي للفرد و يتبنى فيها الإنسان القيم الاجتماعية والأخلاقية ويتمثل دوره

الجنسي ويتبلور مفهومه عن ذاته والعالم من حوله ،وتتحدد أهداف الوقاية في هذه المرحلة في ما يتم اكتسابه في هذه السن ، ويفيد مراحل الحياة القادمة.

تبدأ الوقاية وتنمية الصحة في مرحلتي الطفولة والمراهقة اللتين تشكلان الطور البنيوي بالنسبة لسير الحياة ، فإذا ما أمكن إزالة أو إيقاف الأسباب الرئيسية لمشكلات الصحة في الأطوار الباكرة من الشكل ، عندئذ تكون التأثيرات ايجابية على أطوار الحياة اللاحقة .من هنا يمكن تحديد الملامح الخاصة بالوقاية من خلال برامج التوعية والتنمية الفكرية حول النضج الجنسي ـ وما ينتظر المراهق من تغيرات على المستوى الجسدي والنفسي ـ والاجتماعي ، و توضيح طبيعة السلوك الجنسي السليم والخاطئ والتوجيه المهني والمدرسي الصحيح بما يتناسب مع إمكانات واهتمامات المراهق وإرشاد الوالدين وتدريبهم على تنمية الهوايات والاعتراف بالمراهق كفرد في المجتمع وتعزيز اتجاهات التفاعل والتواصل الاجتماعي عند المراهق ، واحترام رأيه والسماح له بالتعبير بحرية عنه وأخذ أفكاره على محمل الجد وتدريبه على تحمل المسؤولية بما يتناسب مع سنه وبناء الثقة بين المراهق ومعلميه ووالديه ومحيطه ، وإعطاءه قدراً مناسباً من الحرية ، دون قهر أو تسلط، وعدم إرهاقه بمتطلبات عالم الكبار وعدم تحميله فوق طاقته ، وتدريبه على تنمية كفاءته الذاتية واستقلاليته وبناء مفهوم واقعي حول نفسه و محيطه .

أما في مرحلة الرشد فيتعرض كثير من الراشدين لأزمات حياتية مختلفة في الميادين الاجتماعية والاقتصادية أو المهنية والسياسية ، حيث يكون غالبية الناس قد اختاروا مهنتهم وتدربوا عليها و مارسوها وشكلوا أسرة ، وقد يخفق الإنسان في تحقيق كثير من أهدافه ويصطدم بالواقع ، وقد يكتشف أن السعادة التي كان ينشدها موهومة ، ومن ثم يمكن للأزمات والمشكلات أن تظهر في كل المجالات المذكورة أو تظهر في مجال واحد وتمتد تأثيراتها إلى المجالات الأخرى فتؤثر على نظرة الإنسان إلى الحياة شعوره بالسعادة ، وتتمثل الوقاية في محاصرة الأزمات وجعل آثارها ضمن

الحدود الدنيا، ومساعدة الإنسان على إعادة اكتشاف نفسه وتوجيه أهدافه واهتماماته، بما يتناسب مع الواقع وطبيعة المرحلة التي يعيشها .

في مرحلة الشيخوخة : تفرض متطلبات مختلفة على كبار السن ، تجعل منها مرحلة حرجة ، حيث يفقد الكبار الدور الاجتماعي و الأحبة والأصدقاء وتتراجع القدرات الجسدية ، ومن هنا يحتاج كبار السن إلى الدعم وبرامج الوقاية ، وخصوصا في مواقف الأزمات ، بهدف منع اليأس والاستسلام وبالتالي منع ظهور كثير من التأثيرات السلبية على الشيخوخة

الوقاية والمجتمع :

تتوجه الوقاية من الأمراض والاضطرابات إلى جماعات مختلفة من المجتمع ،فهي تتوجه للجماعات المهنية من أجل تحقيق الرضا عن العمل ،الذي يمثل جزءاً مهماً من الاستقرار النفسي و الاجتماعي للأنسان. و يهدف التدخل المهني للخدمة الاجتماعية هنا الى التغلب على المشكلات الناجمة عن العمل والمساعدة على التكيف في محيط العمل ، من خلال تحقيق الأمن المهني والاستقرار النفسي-والاجتماعي و توفير الشروط المادية المناسبة لممارسة العمل، كما تتوجه الوقاية إلى المرأة كجماعة تعاني من القهر و المتاعب التي تواجهها المرأة، وتجعل منها أكثر عرضة للاضطرابات الاجتماعية والنفسية، كالقلق والاكتئاب والإحساس بالغبن والاستغلال وفقدان الحرية.

وقد توسع مجال عمل الوقاية في العقود الأخيرة ليشمل الجماعات التي تتعرض لأزمات وكوارث اجتماعية ونفسية واقتصادية طبيعية وتعاني من ويلات الحروب والدمار، كذلك الأقليات العرقية والدينية والمهاجرين والمدمنين، والجماعات التي تعيش على هامش المجتمع ،بالإضافة إلى اهتمامها بالأشخاص الذين يعانون من أمراض جسدية مزمنة كالسرطان والفشل الكلوي والايدز. وهم يحتاجون إلى التدخل

المهني الاجتماعي، للاسراع في تحقيق التكيف الاجتماعي و عدم تـدهور الأداء الاجتماعي.و بما يجنبهم الوقوع في حالة يأس واستسلام[1].

4-التثقيف الصحي

يعني مفهوم الصحة سـلامة الجسـم وسـلامة الـنفس وسـلامة الحيـاة الاجتماعية، أي أن تصبح البيئة جزءاً لا يتجزأ من الإنسان كجسمه ونفسه ،ويصبح الأسلوب التقليدي للعلاج الذي لم يدخل البيئة والمجتمع باعتباره عـاجزاً عـن أداء دوره لتحقيق المعنى الحقيقي للصحة، والإشارة هنـا لا تعنـي البيئة المادية التـي تتمثل في إقامة المشروعات الصحية فقط، انما تعني كـذلك البيئـة غير المادية بشوائبها وجراثيمها، كما تعني العادات الراسخة في حياة الإنسان والمجتمع .

أما الثقافة فلها أهميـة في تحديد نمط السـلوك المريض وكيفيـة التصرف معه وعلاجه وحتى أسلوب الشكوى منه، فالتنشئة الثقافية تمارس دورها في سـلوك المريض في المجتمع باختلاف قطاعاته وبـداخل المؤسسـة الصحية، كـما أن الثقافـة تدفع المريض لالتماس العلاج وهنا يكون الاعتماد عليـه، وبالتالي يختلـف سـلوك المريض باختلاف الثقافة والمرض أصلا، ولذلك نجد سـلوكيات متعددة مـن الأفراد تجاه المرض، وهكذا تسهم الثقافة عموماً في اتخاذ القرار العلاجي بدور كبير .

مفهوم التثقيف الصحي

يسعى التثقيف الصحي الحديث إلى تقديم الوسائل الفرديـة والجمعيـة التي تمكن الأفراد مـن النمـو نمـواً سـويا متكـاملا في النـواحي الجسـمية والعقليـة النفسية

---

6 أبو العزائم ، جمال ، "الوقاية" مجلة النفس المطمئنة ، تصدر بواسطة الجمعية العالمية الإسلامية للصحة النفسية، العدد 38 0 السنة الثامنة – ابريل 1994 .

والاجتماعية والتعليمية والمهنية ،ويهتم التثقيف الصحي بجميع أفراد المجتمع بقصد تغيير اتجاهاتهم وسلوكهم الصحي بما يحقق للفرد تكاملاً في صحته ويحقق فرصة للناس حتى يشارك مشاركة ايجابية في تحمل المسؤولية مع الأجهزة التنفيذية ،من أجل توفير الرفاهية لهم في حياة تتمتع بالاستقرار الاقتصادي والاجتماعي والصحي والثقافي باعتبارها متكاملة وضرورية والتنسيق بينها ضرورة للمجتمع .

يقوم الأخصائيون الاجتماعيون بمهمة التثقيف الصحي بالتعاون مع الأطباء و أخصائيو التغذية و العلاج الطبيعي،من خلال إدارات وأقسام التثقيف الصحي بوزارة الصحة و مراكزها الميدانية التي تتعامل مع المواطنين مباشرة. و ذلك بغية زيادة المعلومات والاتجاهات والسلوك الصحي للأفراد والجماعات ،وهو الاتجاه الذي يقوم به الأفراد والجماعات نحو الحياة،و تشكله حياتنا اليومية ويمكن تقويته بالمعرفة والمعلومات والخبرات،فهو عملية تربوية توجيهية يقصد منها المعرفة والممارسة.

أسباب النهوض بالتثقيف الصحي

يعود النهوض بالتثقيف الصحي إلى الأسباب التالية:

1- تعاون أفراد المجتمع مع الهيئات الصحية والمعنية بصحة المواطنين .

2- شعور هؤلاء الأفراد بالمسؤولية الصحية إزاء أنفسهم .

3- تكوين شعور بالمسؤولية لدى الأفراد تجاه مجتمعهم .

أهداف التثقيف الصحي

إن الهدف العام من التثقيف الصحي هو خلق مجتمع ذي لياقة صحية كاملة عن طريق التربية، وذلك عن طريق الأهداف الإجرائية التالية:

1- تغيير المفاهيم والقيم فيما يتعلق بالصحة والمرض .

2- تكوين رأي عام يدرك أهمية الصحة ويجعلها موضوع اهتمامه، وبذلك يمكن تغيير سلوكهم واتجاهاتهم إلى أنماط من السلوك التي تؤدي للوقاية من الأمراض.

3- مساعدة الناس كأفراد أو جماعات في بذل الجهود الكافية لتحسين أحوالهم الصحية في حال الإصابة بالمرض.

4- استفادة الناس بأقصى ـ ما يمكن من الخدمات الصحية العلاجية الوقائية الموجودة في مجتمعهم.

مبادئ التثقيف الصحي:

عملية التثقيف الصحي عملية تعليمية تماثل عملية التعليم العام، وتهدف إلى تغيير المعلومات والاتجاهات والشعور والسلوك الإنساني، وتقوم على الأسس التالية :

- قدرة الإنسان على التفكير .

- الجهد المبذول في المتعلم .

- القدوة وفهم السلوك.

ويمارس التثقيف الصحي في مجالات عديدة أهمها الصحة الشخصية، والصحة المنزلية ، والصحة المدرسية .

أساليب التثقيف الصحي :

تستخدم في التثقيف الصحي ـ الأساليب التالية:

أ- وسائل الإعلام:

وهي الوسائل المهيأة لتوصيل المعلومات والخبرات ، وتزويد الناس بالمعلومات السليمة والحقائق الثابتة التي تساعدهم على تكوين رأي صائب في الوقائع و

المشكلات الطارئة، بحيث يعبر هذا الرأي تعبيراً صادقاً عن عقلية الجماهير وميولهم، وهي تمتاز بمساعدة المثقف الصحي على الاتصال بعدد كبير من الناس في وقت واحد، ومن أمثلتها التلفاز والمذياع والشبكة الالكترونية ،غير أنها ذات اتجاه واحد لا يشارك المستمع في تخطيط برامجها، وقد تقل فاعليتها بسبب عدم وصول الوسيلة إلى المستهدفين فيها، أو عدم جذب الانتباه بدرجة كبيرة كافية أو عدم مناسبة الوسيلة لمستوى الجماهير .

ب-الاتصال المباشر:

وتتمثل في مقابلة المثقف للمتعلم من خلال عدة طرق من بينها:

المحادثة الشخصية (المقابلة): وتكون بين الطبيب والمريض أو بين الأخصائي الاجتماعي أو المعاون الصحي أو المدرس وسائر فئات المواطنين .

اللقاءات: ومنها حلقات المناقشة والمحاضرات واللجان الصحية والندوات والمؤتمرات، ويحقق الاتصال المباشر المشاركة الايجابية ،و زيادة التوافق مع الحاجات الشخصية، وتكيف الطريقة وفقاً للظروف ، ووضوح التجارب والانفعال مع المثقف والمتعلم ،و المرونة عندما يحتاج الأمر لتغيير الموضوع .

جـ-المشاركة الشعبية :

وهي تقوم على مشاركة الأهالي في عملية التثقيف في العمليات التالية:

1- تحديد الحاجات والمشكلات الصحية.

2- وضع أولويات لحل هذه المشكلات .

3- إثارة الوعي في المجتمع .

4- إيجاد الموارد والإمكانيات اللازمة للحل .

5-   تنفيذ برامج التثقيف الصحي.

د-التخطيط لبرامج التثقيف الصحي

يتم التخطيط عادة عن طريق تشكيل لجنة ،ويختلف شكل هذه اللجنة والاختصاصات التي تتمثل فيها وفقاً للظروف المحلية، ومهمة هذه اللجنة أن تدرس المشكلات الصحية والبرنامج التثقيفي، الذي يصلح للفئة المستهدفة المقصودة، ويلزم بالتنسيق بين الجهود الأهلية والجهود الحكومية بوضع البرامج الثقافية بالرعاية الصحية اللازمة ، ولابد أن يراعى في التخطيط للتثقيف الصحي بما يلي :

1-   تحديد دور كل عضو من أعضاء الفريق العلاجي .

2-   تحديد المدى الذي تتوقعه الهيئات المهنية من برنامج التثقيف .

3-   مراعاة التسلسل في المادة العلمية التي تحتويها خطة التثقيف .

4-   تحديد الطرق والوسائل التي تتبع في التثقيف الصحي .

5-   تحديد الوقت الذي ينبغي أن يحدد التثقيف الصحي .

ويعمل على تنفيذ ذلك فريق متكامل يكون الأخصائي الاجتماعي من أعضائه.

أسس التثقيف الصحي

يبنى التثقيف الصحي على الأسس التالية:

1-   الوقوف على الموارد والإمكانات الصحية في كل مدينة أو حي أو قرية أو أي مجتمعات سكانية لأن معرفة هذه الموارد سيسهل عملية التثقيف الصحي

2-   معرفة عادات وتقاليد ومفاهيم الناس نحو الصحة والمرض وطرق الوقاية ،لكي تركز على المفاهيم الخاطئة فيها .

3- تحقيق المشاركة الفعلية من جانب فئات المجتمع كافة في عمليات التوعية والتثقيف الصحي ،كالأسرة والمدرسة ورجال الدين والأطباء .

4- وجود التنسيق بين الأجهزة الصحية وأجهزة الخدمات الاجتماعية والتعليمية والعمالية وغيرها .

5- إنتاج واستعمال وسائل سمعية وبصرية ،علماً أن كل مجتمع يحتاج إلى وسائل تثقيفية خاصة ترتبط بمستواه الثقافي والتعليمي .

هذه هي أهم ركائز التثقيف الصحي وبدونها يكون مجرد رعاية صحية تقليدية لا تحدث أي تأثير يذكر، وهي تتطلب مهارات من يقوم بالتثقيف الصحي. هذه المهارات والمعلومات التي تشكل الجانب الأساسي في دراسة الخدمة الاجتماعية . والتي يفترض أن تتوفر في الأخصائي الاجتماعي وتنعكس على أدائه .

إن الالتقاء بين الخدمة الاجتماعية والتثقيف الصحي التقاء حثيث، لا بل أن الخدمة الاجتماعية الطبية تعتمد على برنامج التثقيف الصحي ،في كثير من مسعاها لتحقيق أهدافها في المجال الطبي الصحي ،كما أن التثقيف الصحي يعتمد على طرق الخدمة الاجتماعية في التعامل مع الإنسان فرداً وجماعة ومجتمعاً ، وسنعرض هذا الموضوع على النحو التالي:

الأهداف التي تسعى الخدمة الاجتماعية لتحقيقها عن طريق التثقيف الصحي :

يمكن إجمال هذه الأهداف على النحو التالي:

أ- تحسين صحة الأفراد والأسر جسمياً وعقلياً ونفسياً واجتماعياً. وذلك بالاهتمام بالغذاء والمسكن والرياضة وتنظيم الأسرة.

ب- الوقاية من الأمراض ومن الحوادث وذلك بمساعدة الأفراد على فهم الممارسات والعادات اللازمة للمحافظة على الصحة وتحسينها.

ت- المبادرة إلى العلاج السليم فور حدوث المرض أو وقوع الإصابة والاستمرار في العلاج حتى الشفاء. بالاستفادة من الخدمات الصحية المقدمة والمتوفرة وهنا يجب أن يعرف الأفراد بوجودها وأنشطتها المختلفة ومواعيد العمل بها ،ولابد أن يتكامل التثقيف الصحي مع البرامج الصحية ، كما يجب ألا يعتبر كفرع منفصل عن الصحة العامة ،ويجب أن يعطى إهتمام خاص للتثقيف الصحي في مراكز رعاية الأمومة والطفولة وفي مجال التحكم في الأمراض المعدية والأمراض المتوطنة والصحة العقلية .

ث- تنظيم الانتفاع بالخدمات الصحية والطبية والدوائية والغذائية والاجتماعية التي تقدمها الدولة.

الطرق والوسائل التي يستخدمها الأخصائي الاجتماعي في التثقيف الصحي:

إن طرق التثقيف الصحي قد تكون مباشرة أي وجها لوجه حينما يكون المرسل والمستقبلون في مكان واحد ، وتكون غير مباشرة حينما توجد قناة اتصال أو مجال يوصل بين المرسل والمستقبلين .

تمتاز الطرق المباشرة للتثقيف فيما يلي :

(1) وجود المرسل والمستقبل في مكان واحد بحيث يستطيع كل منهم أن يتبادل الأفكار ويحقق مزيداً من التوافق ولذلك تكون الطريقة المباشرة غالباً أكثر فاعلية، كما أن المحتويات التعليمية أيضا يمكن أن تتقبل تبعا لاهتمامات المستقبلين وكما يحسها المثقف نفسه.

(2) تكون الاستجابة اكبر والاهتمام أكثر – وكذلك الأمر بالنسبة لعمليات الجذب التي تعتبر هامة جداً في مجال التثقيف الصحي. ولكنها عمليات تتطلب مشاركة فاعلة من جانب الجمهور.

والطرق المباشرة نوعان فردية وجماعية،إذ تعتمد الطريقة الفردية المباشرة في المواقف التالية :

1) إذا ما وجد شخص يعاني من مشكلة صحية مثلاً كالدرن أو الأمراض التناسلية وطبيعة المشكلة هنا اجتماعية ونفسية.

2) القيام بالزيارات الخاصة بالخدمات الصحية المختلفة سواء كانت وقائية خلال فترة الوقاية كما في حالة الخدمات الصحية في مجال رعاية الأمومة والطفولة. وخدمات الصحة المدرسية، أو عند علاج الأمراض المعدية أو الأمراض الطفيلية، أو في حالة الأمراض المعدية.

3) حينما يرفض الفرد الذي يقاوم اللحاق بركب النشاط الجماعي، حيث يعتبر هذا الموقف ممثلا لوجهة نظر متعلقة ببعض السلوك الصحي، وهنا على المثقف أن يناقش معه الموقف ليبرز له اهتماماته الخاصة من وجهة نظره .

أما الطريقة الجماعية المباشرة فتستخدم في المواقف التالية:

1) الندوات والمحاضرات حيث يتكلم شخص وينصت الآخرون

2) المناقشات الجماعية حيث يناقش الأفراد مع مثقفهم الصحي مشكلاتهم الصحية.

إذ يمكن للأفراد من خلال المناقشة أن يقدموا أفكارهم ويوجهوا تساؤلاتهم ، وبذلك يمكنهم أن يصلوا إلى المزيد من الفهم والوضوح، كما أن المناقشات سوف تؤدي إلى تضامن أكثر ومشاركة فعالة من جانب أعضاء الجماعة، التي تشعر أن أي تغير يحدث قد نبع منهم وليس مفروضاً عليهم ،ولكي تكون المناقشة الجماعية صالحة تراعى الجوانب النفسية التالية :

• أن لا يسيطر القائد على الجماعة، وعليه أن يساعد فقط في المناقشة ويوضح بعض النقاط ويلخص الأفكار النهائية.

- أن يحترم كل عضو في جماعته،ويشجع على أن يأخذ جانباً من المناقشة .
- أن تضع الجماعة خطتها للعمل ،وتحدد أهدافها المبتغاة بنفسها .

ويتوخى أن تتبع الخطوات التالية:

1- تصنيف مؤسسات المجتمع مثل مراكز رعاية الأمومة والطفولة والمراكز الصحية الريفية والقيادات الخارجية.

2- تنظيم اجتماعات من اجل المناقشة كما هو الحال في مجلس الآباء والمعلمين

3- تنظيم المجتمع وذلك عن طريق :

أ- القيام بالمشروعات الصحية والاجتماعية ، حيث يمكن التركيز على بعض المشكلات الملحة ذات الأولوية المتصلة برعاية الأمومة والطفولة والصحة المدرسية وتنظيم الأسرة ومشاكل التلوث وحوادث المرور والازدحام ،والاستفادة من الإمكانيات المناحة في إدخال التحسينات المطلوبة في البيئة المدرسية أو البيئة الريفية أو في مجال المجتمعات المحلية .

ب- دراسة الثغرات في برامج مكافحة الأمراض الناجمة عن ضعف المشاركة الايجابية من جانب الأهالي ووضع الحلول لها ، والاستفادة من قيادات التنظيمات النسائية والرائدات الريفيات في رفع المستوى الصحي في البيئة المحلية .

ولما كان الناتج النهائي لأية عملية إنما يتناسب طرديا مع الإمكانيات المتاحة لها كما ونوعاً ،ولما كان الهدف الأساسي للتثقيف الصحي هو توفير الحياة الهادئة عن طريق التنمية الصحية ذات الانعكاس المباشر على التنمية الاقتصادية والاجتماعية، لذلك فان هذه العملية لا تحتمل أن يترك أمرها للعفوية أو الصدفة، إنما يتوخى فيها الأسلوب العلمي من حيث التخطيط والإعداد والتنفيذ والمتابعة والتقييم الأنشطة

وبرامج التثقيف الصحي، في حدود اقتصادية وفي ضوء سياسة الدولة، وبما يلائم مختلف المستويات الحضارية والثقافية لقطاعات الشعب في المجتمع .

ويشارك الأخصائيون الاجتماعيون في مختلف خطوات التثقيف الصحي وفي استخدام طرق ووسائل الخدمة الاجتماعية للوصول إلى أهداف التثقيف الصحي وعلى النحو الذي يمكن تفصيله فيما يلي :

1- العمل على كسب ثقة المواطنين من خلال حسن المعاملة وتأدية الخدمة والإجابة على الأسئلة والاستفسارات وسرعة البت في الشكوى.

2- عقد الندوات للجماعات المتجانسة ،ويسهم الأخصائي الاجتماعي يدور فعال في هذه الندوات مع باقي الفنيين بالمركز الصحي .

3- القيام بالتوجيه الفردي أثناء مباشرة العمل اليومي حسب الظروف المواتية .

4- التثقيف الصحي بالمدارس وتنظيم الجمعيات الصحية المدرسية ،والاستفادة من لجان الهوايات العديدة في عملية التثقيف الصحي ،حيث يتناول الأخصائي الاجتماعي مع الطلبة عدة موضوعات منها : أهمية تناول وجبة الفطور قبل الذهاب إلى المدرسة ،النظافة الشخصية ،صحة الأسنان والعناية بها ،عدم تناول الأغذية المكشوفة ،أهمية التطعيم والتحصين ،أهمية الإسراع في العلاج ،حسن استخدام مرافق المدرسة المحافظة على نظافتها.

5- عقد ندوات عامة للمواطنين بعد الاتفاق في هذا الشأن مع القيادات بالمجتمع المحلي . ويمكن عقد هذه الندوات داخل المركز الصحي أو في أي مكان آخر، مثل: المسجد ، المدرسة ، النادي ، المصنع ، المركز الاجتماعي .

إن التثقيف الصحي عملية مستمرة لحل المشكلات ووضع البرامج التكاملية لتحقيق ما هو أفضل، لذا لابد من توفير مقومات لنجاح برنامج التثقيف الصحي من قبل الأخصائي الاجتماعي الذي تقع عليه الواجبات التالية:

1- تشخيص المشكلة.

2- تحديد حجم المشكلة كمعدل الحدوث وانتشار المرض .

3- أسباب المشكلة .

4- تحديد العوامل التي تسهم في حدوث المشكلة.

5- تحديد الشرائح الاجتماعية التي ينبغي شمولها بالتوعية .

6- تحديد أهداف البرامج التثقيفية ومدتها .

7- تحديد وسائل التنفيذ والاستراتيجيات لحل المشكلة .

8- تحديد الفعاليات التي ستنفذ.

9- تحديد الرسالة ومضمونها ووسيلة الاتصال التي ستستخدم.

10- وضع تصور للبرنامج يتضمن الاحتياجات والمواد المطلوبة .

11- المرحلة التنفيذية للبرنامج .

12- تقييم البرنامج بعد التنفيذ وما هي المشاكل التي اعترضت سير التنفيذ والإجراءات المستخدمة .

على هـذا النحـو ،تقـوم الخدمـة الاجتماعيـة بتدخلها المهنـي في قطـاع الصحة،والذي يشكل دوراً مكمـلاً لـدور الكـادر الطبـي ومتناسقاً مـع دور الكـادر الإداري في هذا القطاع،هذا التدخل الذي يؤكد أن التعامل مع المرضى يمتد في البعد الاجتماعي باعتبار تكامل الشخصية لدى المرضى كما الأصحاء في جوانبها الجسمية والعقلية والنفسية والاجتماعية،مثلما يؤكد أيضاً أن التعامـل مـع الحـالات المرضية وتحقيق الضمانة الصحية في البعدين الفردي والجماعي، يجب أن يراعي الخلفية

الثقافية للمجتمع المحلي والـوطني ،وأن يتبـين طبيعـة البنـاء الاجتماعـي والعلاقات الاجتماعية القائمة في المجتمع. [1]

---

[1] انظر:

1. الدج- هـ كارولين، تأهيل المرضى ، دار الفكر العربي، القاهرة 1995م.

2. خاطر- أحمد مصطفى، نظرة تاريخية – مناهج الممارسة – المجالات، المكتب الجامعي الحديث، محطة الرمل، إسكندرية، 1998م.

3. علي - ماهر أبو المعاطي، الممارسة العامة للخدمة الاجتماعية في المجال الطبي ورعاية المعاقين، مركز نشر وتوزيع الكتـاب الجامعي، 2000م.

4. محمد- مصطفى محمد، تطبيقات في مجالات الخدمة الاجتماعية، المكتب الجامعي الحديث، الإسكندرية 1999م.

5. مخلوف- إقبال إبراهيم، الرعايـة الطبية والصـحية ورعاية المعوقين،المكتب الجامعي الحـديث، الأزاريطـة الإسكندرية، 2000م.

6. يوسف - أمير منصور، المدخل الاجتماعي للمجالات الطبية والنفسية التأهيلية، الطبعة الأولى ، الإسكندرية، 1992م.

المصطلحات المستخدمة

الاضطرابات المرضية	Disorganized
الاكتئاب	Depression
الأمراض النفسية	Psychological diseases
الأمراض النفس-جسمية	Psychosomatic diseases
أمراض الهلوسة	Paranoia
الانثروبولوجيا الطبية	Medical Anthropology
الانهيار العصبي	Neurological Collapse
تاريخ الحالة	Case history
تأهيل	Rehabilitation
تثقيف صحي	Health education
تخطيط علاجي	Remedial planning
تخلف عقلي	Mental deficiency
ترويح	Recreation
التوحد	Autism
تنشيط	Refresher training
الخدمة الاجتماعية الطبية	Medical social work
الخدمة الاجتماعية الطبية النفسية	Psychanalytic therapy
الخوف غير الطبيعي	Phobia
دراسة الحالة	Case study

Social welfare	رعاية اجتماعية
Maternal and child healthcare	رعاية الأسرة والطفولة
Medico-social worker	زائرة اجتماعية صحية
Case record	سجل الحالة
Cancer	السرطان
Diabetes mellitus	السكري
Mental health	الصحة العقلية
Common health	الصحة العمومية
Psychological health	الصحة النفسية
Medical sociology	علم الاجتماع الطبي
Neurosis	العصاب
Group therapy	علاج جماعي
Psychotherapy	العلاج النفسي
Schizophrenia	الفصام
Anxiety	القلق
Handicapped	معوق
Acquired immunodeficiency Syndrome	نقص المناعة المكتسبة
Prevention	الوقاية

Printed in the United States
By Bookmasters